LA RÉFORME
INTELLECTUELLE ET MORALE

T0382334

ERNEST RENAN

LA RÉFORME
INTELLECTUELLE ET MORALE

EDITED
WITH AN INTRODUCTION
BY

P. E. CHARVET

*Fellow of Corpus Christi College in the
University of Cambridge*

CAMBRIDGE
AT THE UNIVERSITY PRESS
1950

CAMBRIDGE
UNIVERSITY PRESS

University Printing House, Cambridge CB2 8BS, United Kingdom

Cambridge University Press is part of the University of Cambridge.

It furthers the University's mission by disseminating knowledge in the pursuit of education, learning and research at the highest international levels of excellence.

www.cambridge.org
Information on this title: www.cambridge.org/9781107486928

© Cambridge University Press 1950

First published 1950
First paperback edition 2015

A catalogue record for this publication is available from the British Library

ISBN 978-1-107-48692-8 Paperback

CONTENTS

INTRODUCTION

ERNEST RENAN (1823-1892)

Joseph-Ernest Renan was born at Tréguier in February 1823, the youngest of three children. His father, a seafaring man by profession, appears to have been unskilful in business and when he was drowned at sea in June 1828, his family were left in straitened circumstances which obliged Ernest's brother Alain[1] to go early into the world and to earn what was destined to be a moderate living in industrious obscurity,[2] and his sister Henriette[3] to become a schoolmistress. The young Ernest, meanwhile, was receiving his early schooling[4] at the church school of his native Breton town, and it was here that he felt the first stirrings of a religious vocation. He was an outstanding pupil, and this fact enabled his sister, who in pursuit of her profession had moved from Tréguier to Paris, to bring her brother's name to the notice of l'Abbé Dupanloup,[5] director of the 'Little Seminary' St Nicolas du Chardonnet. Here Ernest was offered a bursary, which brought him to Paris in September 1838.

In his *Souvenirs d'enfance et de jeunesse*, Renan has given us fascinating glimpses—they can hardly be called more—of his life at the Little Seminary, of his subsequent career, brilliant in scholastic accomplishment, at the Great Seminary of Issy, whither he proceeded in the autumn of 1841, and at the seminary of St Sulpice, which he entered in October 1843. His future career now seemed irrevocably marked out before him; yet less than two years later he had decided not only to abandon his previous intention of taking orders but also to sever all connexion with the Church.

---

[1] b. 1809.

[2] 'Mon frère, qui avant dix-neuf ans partit pour Paris et commença dès lors cette vie de travail et de constante application, qui ne devait pas avoir toute sa récompense.' [Vide *Ma Sœur Henriette* (1882).]

[3] b. 1811.   [4] 1832–38.

[5] 1802–78. Bishop of Orléans, 1849. A leading figure in Liberal Catholic circles.

The gradual intellectual process, in the course of which his faith had foundered, can conveniently be followed in the letters[1] he wrote between March 1842 and December 1845 to his sister in Poland, whither she had gone to become governess in a Polish nobleman's family.

These letters and those of Henriette, which appear in the same volume, are interesting, both for what they say and for what they omit. In Henriette's letters there is, for instance, disappointingly little reference to the material details of her life in Poland; a bare hint of its loneliness on a big country estate, nothing more. Her whole interest and attention is absorbed in one theme: her brother, his spiritual and material well-being, and his intellectual progress, of which she had good reason to be proud. On his side there is a parochial lack of reference to the external and political events of the time; this is perhaps not surprising in view of his cloistered and studious life. His warm affection for his sister and his gratitude for her material and moral support are much in evidence, but the dominating theme here, too, is the constant examination of his own intellectual and spiritual position. If it were not that the tone of these letters is so sincere, and the desire so evident to avoid any material step which did not coincide with his convictions, Renan might perhaps be taxed with an excessive degree of egotism.

As early as September 1842 certain remarks escape him which do not suggest a very robust Christian belief. 'Quand-même le christianisme ne serait qu'une rêverie...', he writes. In January 1843 he speaks of the priesthood as a convenient way of indulging his studious tastes, but emphasizes his desire for intellectual freedom, a desire which seems to lead on naturally to his decision in June of the same year to postpone his acceptance of the tonsure. This, though not an irrevocable step, was an earnest of future intentions, and he finally accepted it, albeit with little enthusiasm, in March 1844 at St Sulpice: 'Je ne l'ai faite que parceque je voyais que ne la pas faire, c'était faire la démarche contraire, à laquelle...je me sentais plus opposé.' A year later, when faced with the first irrevocable step in his graduation to Holy Orders,

[1] *Lettres Intimes.*

namely the sub-diaconate, he refuses to comply. 'Je ne crois pas assez,' he writes to Henriette in March 1845. No doubts now remain on the outcome of his previous hesitations and self-questionings. Renan had come to recognize that some of the studies[1] which he had pursued first at Issy and then at St Suplice, and the contemporaneous German Biblical exegesis, of which, thanks to Monsieur Le Hir, Professor of Hebrew at St Sulpice, he had acquired some knowledge, far from giving more brilliance to the weakening light of his faith, had extinguished it altogether.[2]

II

When Renan left St Sulpice in the autumn of 1845, with a sorrow which was shared by the Sulpicians, he had no doubt where his path lay. Since he had himself closed the door to the priesthood of the Church, he would now graduate in the priesthood of learning. Material questions had, however, to be considered. He obtained a minor post on the staff of the Collège Stanislas, but felt himself obliged in conscience to resign, when he discovered that the rules of the school required him to wear clerical habit. He then accepted a meagre position in a teaching establishment in Paris run by Monsieur Crouzet. This post and the exiguous advances which his sister was able from time to time to make him, enabled him to weather the next three years during which he obtained his degrees.[3] In 1852 his studies were crowned by the award of the doctorate, as a result of his thesis on 'Averroës et l'Averroïsme.' For this he had obtained valuable information during his stay in Rome, whither he had been enabled to go in October 1849 thanks to a scholarship from the French Government. He returned from Italy in June 1850, and in April of the following year was appointed to a minor position in the department of manuscripts, at the Bibliothèque Nationale. Renan's material existence, for which his demands were ever modest, was now assured. Henriette

[1] E.g. Philosophy and Hebrew.
[2] Vide Pierre Lasserre, *La Jeunesse d'Ernest Renan; histoire de la crise religieuse au xix siècle* (1925–32). Especially vol. III.
[3] Licencié ès lettres, 1846; bachelier ès sciences, 1847; agrégé de philosophie 1848.

had returned from Poland in August 1850, and after nine years of separation brother and sister had at last achieved their long-cherished ambition to set up house together in Paris. From now on Renan's life was to be one of great literary activity, and although his marriage to Cornélie Scheffer in September 1856 created a three-cornered relationship of some difficulty at first, Henriette never spared herself in helping her brother, as secretary, copyist and adviser. Some idea of the value of her help and of her influence upon him may be gained from the monograph[1] which Renan subsequently wrote as a pious tribute to her memory.[2]

III

Apart from his philological studies, which found expression in contributions to learned periodicals and in his *Histoire générale et système comparé des langues sémitiques*,[3] the most important work to which Renan was now to devote himself was his monumental *Histoire des origines du christianisme*.[4] Together with his *Histoire du peuple d'Israël*[5] which, though written afterwards, is really an introduction to it, this work occupied him for the rest of his life and forms the central pillar of his scholarly achievement.

It was perhaps not unnatural for Renan, once he had abandoned his faith, to turn again and examine it with a scholarly curiosity. It may be pertinent to mention in passing that unlike another one-time seminarist and future 'Président du Conseil', Émile Combes,[6] who was to bite the hand that fed him, Renan never lost or concealed his affection for the men who had taught and fashioned him, nor did he in the treatment of his theme ever depart from a becoming respect. It is not, however, a respect born of religious awe; it is the controlled interest which the professional historian might naturally feel when treating a mysterious complex of past

---

[1] *Ma Sœur Henriette.*
[2] She died in September 1861 during Renan's mission to Syria, on which she accompanied him.   [3] 1855.
[4] This consists of the following volumes: *La vie de Jésus* (1862); *Les Apôtres* (1866); *L'Antéchrist* (1873); *Les Évangiles* (1877); *L'Église chrétienne* (1874); *Marc Aurèle* (1881).   [5] Five vols. (1887–93).
[6] 1835–1921. Président du Conseil, June 1902–January 1905. Rabid anti-clerical.

events fraught with such great consequences in subsequent history, and this attitude, as Renan's adversaries were well aware, served only to make his attack the more insidious.

The development of the Christian religion, from its origins down to the end of the second century A.D., is to be studied by him as a purely human phenomenon. It is evident that Renan's underlying intention will be most marked in the volume which deals with the life of Christ. *La vie de Jésus* is consequently the most important, if not the best portion of the work. In *L'Avenir de la science*[1] Renan had written: 'Ce serait certes une œuvre qui aurait quelque importance philosophique que celle où un critique ferait d'après les sources l'histoire des origines du christianisme.'[2] Yet earlier, in 1845, he had written an *Essai psychologique sur Jésus-Christ*, in which his aim was, to quote his own words: 'd'expliquer par les lois psychologiques l'apparition de Jésus-Christ.' Thus for nearly twenty years he had harboured the intention which now bore fruit.

Success was immediate. 'L'un des événements du siècle' was the comment of the protestant critic and publicist Edmond Schérer.[3] Editions followed each other in quick succession; one hundred thousand copies of the book were sold in two years, and translations in numerous languages carried the author's name and his ideas far and wide. But were they his ideas? David Friedrich Strauss[4] had fired the first shot as far back as 1832 and the Positivist Littré[5] had translated his book into French in 1835. But either because of Strauss's ponderous style or because the French public were as yet unprepared for such views, the book seems to have had little effect in France, although the stir it had caused beyond the Rhine had had a marked effect upon its author's own career.[6] The intervening thirty years had seen the spread of

[1] Written, 1849; published, 1890; see below, Introduction, pp. xxiii ff.
[2] *Avenir de la Science*, chap. x.
[3] 1815–89. Vide Giraud, *De Chateaubriand à Brunetière*, Part II, chap. II.
[4] 1808–74. *Das Leben Jesus, kritisch bearbeitet.*
[5] 1801–81. A disciple of Comte and a prominent Positivist.
[6] Appointed Professor at Zürich in 1839, he was unable to take up the appointment, owing to the storm which *Das Leben Jesus* had created.

Positivism and, amongst the general public, a romantic 'Schwär-merei' for science as a species of magic which was certain to bring prosperity and happiness to humanity. Evidently the moral climate in the early 1860's was much more favourable for Renan than it had been in the previous period for Strauss. Renan had the further advantage of being able to express his ideas in a form which made him a delight to read. 'Ce style', writes M. Victor Giraud, 'est la séduction même.'[1]

There are two other books in French literature of the nineteenth century, the success and consequently the influence of which may be compared with that of *La vie de Jésus*: the first volume of *L'Essai sur l'indifférence* by Lamennais, published in 1817, and *Le génie du Christianisme* by Chateaubriand, published in 1802. Both these works, which as Lasserre[2] points out were also written by Bretons, belong to Christian apologetics and are a further measure of the change which had come over public opinion in the time that separates them from *La vie de Jésus*.

It must not be supposed, however, that the clamour which greeted the work was all applause. For many people its success was a scandal. Snake! Criminal! Antichrist! were amongst the epithets directed at the author. He was declared unworthy even of bearing a convict's chains; he was accused of bribery— a million francs from the Rothschilds[3]—as the price of his sacrilegious deed; the Imperial Government, which could not afford to remain heedless of Catholic sentiment and was generally at one with the Church in opposition to all subversive opinions of whatever kind, deprived him of his chair at the Collège de France.[4]

Renan made no reply to the campaign of calumny and insult,[5] and he refused the proffered position of Assistant Director of the

[1] Op. cit. Part II, chap. II.   [2] Op. cit. vol. I, chap. I, § 7.

[3] The fact that Renan's editor was Calmann-Lévy may perhaps have given rise to this particular piece of nonsense. At any rate H. Lassere, in a polemical brochure against Renan, *L'Evangile selon Renan* (1864), gives emphasis to this irrelevant fact.

[4] He had been appointed to the Chair of Semitic Languages in January 1862. In February his course of lectures was suspended after he had spoken of Jesus as an '...homme incomparable'. The Chair was suppressed in 1864.

[5] Except certain references in the Prefaces of *Les Apôtres* (1866).

Department of Manuscripts in the Imperial Library;[1] he was by
this time an established figure, not only in the academic world,
but for a much wider public, and could afford to pursue his own
way unperturbed by accidents of this sort.

The pother which *La vie de Jésus* occasioned is understandable
enough by reason of its polemical significance. The author's aim
is to present Jesus as a man in history, just one figure, albeit a
remarkable one, in a long succession of prophets, in a land where
the tradition of religious revivalism seemed to grow naturally
from the rocky soil. In pursuance of his thesis Renan must per-
force strip away all that is supernatural; Jesus' strong sense of
a divine mission is reduced to a personal idiosyncrasy, his conception of the kingdom of God is emptied of all but ethical
significance. The miracles are borne away on the comfortable
pillow of the usual shock-absorbing phrases: 'it is probable...',
'it is possible...', 'perhaps....' A notable example is provided,
justifiably enough, by the story of the raising of Lazarus, the
recognized difficulties of which Renan speciously turns by the
suggestion of an illusion, a pious imposture.[2]

Renan had had the advantage of visiting the Holy Land.[3]
He was therefore able to conjure up for us with characteristic
literary skill the background of Jesus's life and death. For those
who think that local colour confers greater vividness upon the
relation of historical events, there is merit here. But for the
character of Jesus, for the events of His life, for His friends, for
the other figures who play some part in the story, Renan was bound
to follow the record provided by the Scriptures themselves. This
he does with great interpretative skill and evident prejudice. The
result, setting aside for the moment any judgement of Renan's
main thesis, can hardly be regarded as more than an elegant
pastiche of the original. It does not require much literary per-
ception to appreciate the quality of the Gospels considered merely
as a story woven around one central and outstanding character,
a story which is eventful, interesting, tender, pathetic, exciting,

---

[1] The Bibliothèque Nationale, renamed.
[2] Vide *Vie de Jésus*, chap. XXII.
[3] During his mission to Syria, 1860–61.

tragic. That it has in the course of centuries constantly excited man's dramatic instinct can occasion no surprise. Renan's version seldom equals, and mostly falls far short of, the original; particularly is this true in his study of Jesus himself, whose character as here presented is edulcorated and sentimentalized. Where the New Testament text could not help, Renan has drawn upon his own imagination and in exchange for the Jesus of the Gospels offers us a study in the manner of Winterhalter.[1]

Whichever way one looks at it, *La vie de Jésus* is a singularly unsatisfactory and outmoded book. The rationalist will doubtless find something more to his taste in Loisy's *La naissance du christianisme*.[2] The Christian, too, welcomes the help that modern scholarship provides in throwing light upon the early events of Christian history and in disentangling the complicated historical skein of the texts themselves. He will, moreover, recognize, as Renan does not, that the evidence of history is evenly balanced[3] between himself and his opponents, and that to bring the scales down on one side or the other requires the addition of a faith derived from other sources. If, on the other hand, he desires a vivid and permanent impression of the living Jesus, he will surely find it in the Gospels rather than in Renan.

The second volume of *Les origines du Christianisme* carries the story from the events of the Resurrection to the middle of the first century A.D. Here at the outset Renan finds himself again face to face with the question of the miraculous, and deals with it as one expects. The appearances of Jesus to His disciples are treated as so many hallucinations produced by a state of mind exalted by grief and expectancy.[4] The Resurrection story thus becomes a matter of crowd hysteria: 'L'histoire de toutes les grandes crises religieuses prouve que ces sortes de visions se communiquent....'[5]

---

[1] 1806–73. An excellent portrait-painter in his proper place (e.g. the Court of Napoleon III).

[2] 1933. English translation by L. P. Jacks (1948).

[3] Vide Hoskins and Davey, *The Riddle of the New Testament* (1931), chap. x.

[4] *Les Apôtres*, chap. i, passim.

[5] *Les Apôtres*, chap. i.

Renan's interpretative virtuosity is much in evidence. In his Introduction he defends his method thus: 'Dans les parties où le pied glisse entre l'histoire et la légende, c'est l'effet général qu'il faut poursuivre.' As a historian who prides himself upon his objective and scientific approach, he might have been expected to limit himself to the task, delicate and complex enough, of stripping away what is dubious or legendary from the core of certain fact, however small, without endeavouring to build up a conjectural whole in the manner of an anatomist called in by Scotland Yard to reconstruct a corpse from a few dismembered parts.

The thoroughgoing rationalist of to-day prefers, it seems, to content himself with the general statement that the story of the Resurrection is no more than a myth built up in the early years of Christian history, a result in the first place of the disciples' need to compensate their sense of personal loss, to satisfy their refusal to accept as final the brutal event which on the human plane had put an end to their cherished hopes. Any attempt to go into details, as Renan does, and to build up a coherent theory, which will satisfy the demands of reason, of what may have happened at the time immediately following the crucifixion, inevitably leads to the creation of a rationalist myth of no greater historical validity than the supposed myth it is intended to replace.[1]

As the story of early Christianity unfolds and enters the field of more certain history, so does Renan's work gain in precision whilst losing nothing in elegance and grace of style. Once he is freed from the necessity of explaining away so much in terms of his own beliefs, we in our turn may admire the skill and patient scholarship with which he evokes the struggles and sufferings of the early Christian Church and traces its gradual establishment in face of external peril and internal schism.

Doubtless since Renan's day scholars have dug this ground more deeply. The 'over all picture' type of history from the pen of one man, so frequent in the nineteenth century, has been largely superseded by the combined work of specialists under the

[1] Vide Loisy, op. cit. chap. III, § 1, footnote to p. 123 (1933 edition).

direction of a general editor, but this does not alter the fact that
for its time *Les origines du Christianisme* and *L'histoire du peuple
d'Israël* rank as a great achievement.[1] What they lack, however,
despite the protestations of rigorous scientific method which the
author makes in his prefaces, is impartiality. Renan's views
obtrude themselves tiresomely upon the reader in points of
significant detail. Nowhere is this truer than in the numerous
character studies: Jesus, St Peter, St Paul, Nero, Marcus
Aurelius immediately spring to mind. On what evidence, one
may well inquire, is Jesus endowed with a faint 'Renanist'
scepticism? 'Jésus posséda au plus haut degré ce que nous
regardons comme la qualité essentielle d'une personne distingué,
je veux dire le don de sourire de son œuvre, d'y être supérieur, de
ne pas s'en laisser obséder....'[2] Again, in a subsequent volume,[3]
Jesus is referred to as '...maître des voluptés savantes...'. That
there were men in the nineteenth century, Chateaubriand and
Maurice Barrès for example, who thought of religion largely in
terms of emotional thrills, may be true, but where is the evidence
for attributing this attitude to Jesus?

St Paul, unlike Jesus (and Renan) was not apparently endowed
with this capacity of elegant disdain; he was a rude man of action,
not a sedentary saint, and Renan makes no secret of his dislike.
Marcus Aurelius, on the other hand, treated the vanities of this
world with appropriate disdain, followed his path of duty with
stoical detachment and placed the pleasures of philosophy above
all other human joys. Marcus Aurelius is the historical figure
after Renan's own heart. In fine, Renan's judgements of men are
constantly related to his own personality; in a word, he is a
romantic.

IV

As early as 1851 Renan had begun contributing articles to learned
journals. His philological studies, mainly concerned with the
Semitic languages, need not here detain us. Of more interest

[1] Vide Loisy's opinion: 'Brillante synthèse qui est à redresser aujourd'-
hui en beaucoup de points, mais qui, au moins dans notre littérature n'a
été ni égalée ni remplacé.' (*Naissance du christianisme. Avant-Propos.*)
[2] *L'Antechrist*, chap. IV. [3] *Marc Aurèle*, chap. XV.

to the general reader are his critical essays, literary, historical, political. In 1859 he published his first volume of collected articles under the title of *Essais de morale et de critique*. Nine years later appeared a second volume of collected articles: *Questions contemporaines*, and in 1871 a third, which is here presented.

As a general rule the writings of a publicist, being largely a matter of commentary upon current political and social questions or upon the latest works of scholarship and fiction, necessarily lose their appeal for succeeding generations. This would appear to apply particularly to literary commentary, the whole aim of which is to guide the taste and choice of the contemporaneous reader. Few, indeed, are the literary critics who succeed in out-living their generation.

The political and historical commentator may perhaps be better placed if his aim be to penetrate beneath the surface of the daily shifting scene of politics and discover the permanent forces underlying the events which he observes. It is this which largely accounts for the merit of the essays comprised in *La réforme intellectuelle et morale*.

With the exception of the last essay, in which incidentally some of Renan's views on education may sound a little odd to English ears,[1] all the essays are inspired, directly or indirectly, by the events of the time, but the profound understanding which Renan possessed of his country's history enables him not only to speak with authority to his countrymen but also to place those events in perspective and to forecast their future trend with some chance of accuracy. 'Notre politique', he writes to Strauss, 'c'est la politique du droit des nations; la vôtre, c'est la politique des races.' There are many other observations which in the light of subsequent events have a striking actuality.

Certain other points stand out clearly: Renan's staunch liber-alism, for instance, which is in refreshing contrast to the political orthodoxies of to-day, and the forthright severity which he at times displays towards his countrymen. If this be due to a patriotic sense, stirred by the national humiliation, it must be

[1] E.g., his distrust of the boarding school.

admitted that it is a patriotism lacking warmth. '*La réforme intellectuelle et morale*', writes M. Daniel Halévy, 'est un livre imposant par la qualité et la tenue des pensées, mais ce n'est pas un livre persuasif. L'auteur est trop visiblement un clerc détaché des choses de ce monde et qui se tient quitte vis-à-vis de son pays pour quelques conseils donnés de haut'.[1]

Before 1870 patriotism was not a sentiment to which Renan had paid much attention. There are scattered references to Renan in the diary of the Goncourt brothers[2] which show him to have been but a lukewarm nationalist. Chauvinism he abhorred; militarism he always mistrusted: 'l'état de conscrit n'est pas favorable au génie'.[3] There was a particular reason why he should look with dismay and sorrow upon the outbreak of war between France and Germany. Like many French intellectuals since the days of Madame de Staël, Renan was a fervent admirer of German scholarship;[4] it had, as we have seen, profoundly influenced his own career. His admiration was particularly directed towards Strauss and Mommsen.[5] In consequence, the outbreak of the Franco-Prussian War was a serious blow to his cherished illusions, comparable in force to the 'crise de conscience' which had driven him out of St Sulpice.

It is perhaps natural that he should at the outset have tried to adopt the attitude of the philosopher holding himself aloof from the contestants. Through a Swiss intermediary he even continued to correspond with Strauss. But as the disasters followed upon each other, and France, invaded and defeated, was threatened with dismemberment, Renan, as is amply borne out by the articles in the present volume, did not remain insensitive to his country's misfortune. Indeed, a recent book[6] reveals an interesting endeavour on the part of Renan to help his country as best he could.

[1] D. Halévy, *Histoire d'une histoire* (Grasset, 1939).
[2] E.g. 2e série, vol. 1 (1890 edition), p. 143: 'C'est vraiment curieux, comme le sentiment *patrie* manque chez certains hommes...', and p. 235.
[3] Lettre à un ami d'Allemagne—Journal des Débats, 16 April 1879. Vide *Discours et Conférences*, 1883.
[4] Vide J. M. Carré, *Les Ecrivains Français et le Mirage Allemand* (1947).
[5] Theodor Mommsen (1817–1903). Ancient historian and philologist.
[6] *Renan et la Guerre de '70*; Mme Henriette Psichari.

It can hardly be denied that this endeavour suggests a singular blindness to the realities of the situation or alternatively a somewhat inflated sense of what his reputation as a man of letters with German contacts could achieve; nevertheless, as a mark of his patriotism it deserves mention.

Before the war Renan had known Crown Prince Frederick of Prussia[1] and the Crown Princess.[2] With the concurrence of Jules Favre,[3] Minister of Foreign Affairs in the Provisional Government, Renan wrote in October 1870 to the Crown Prince, soliciting an interview. His purpose was, to quote his own words: '...de lui soumettrē quelques réflexions sur la situation présente'. From Versailles, where the Crown Prince then was, came an impersonal and wholly discouraging reply which laid the blame for the war at France's door. Refusing to be discouraged by this rebuff, Renan turned to the Crown Princess and pleaded particularly the cause of Alsace and Lorraine, which, if severed from France, would, he said, surely be the cause of future war. 'Les provinces détachées, loin d'être un rempart de paix, seraient une cause perpétuelle de guerre. Il ne faut pas croire que l'on pourrait se les concilier, ni que la France pût oublier une telle mutilation. La haine serait alors irréconciliable....' The Crown Princess's reply was courteous but non-commital, and Renan was obliged to recognize that he was powerless to turn away the blow that was about to fall on his country. In his final letter, passages of which are reproduced in the Preface of *La réforme intellectuelle et morale*, he writes: 'Un abîme est creusé entre la France et l'Allemagne, des siècles ne le combleront pas.'[4]

V

In November 1870, that is to say when the siege of Paris had already begun and the war was at its height, the Provisional Government had yet found the time to reinstate Renan in his

---

[1] Frederick-William (1831–88). Succeeded to the throne in 1888, but died in the same year.

[2] Princess Victoria, daughter of Queen Victoria (1840–1901), m. Frederick-William in 1858.

[3] 1809–80.   [4] See below, p. 2.

chair of Semitic Languages at the Collège de France. One is tempted to inquire whether such an action, however praiseworthy in itself, might not have waited till less critical times. Be that as it may, the reinstatement was on the face of it a liberal gesture, inasmuch as Renan had hardly shown himself to be an enthusiastic democrat or an ardent Republican.[1] What then were Renan's political views? In view of his prominence, the question has its importance and is moreover germane to *La réforme intellectuelle et morale*.

We have seen that in his early exchange of letters with his sister he betrays no concern with the events of the day. After leaving St Sulpice, however, his letters soon begin to reflect an awareness of political events. It would indeed have been difficult for an intelligent young man living in Paris to take no notice of the political currents which at an increasing tempo were setting towards revolution, and in fact the events of the year 1848 figure quite largely in Renan's correspondence with Henriette. They were even the occasion of a certain difference of opinion which, whilst it in no way clouded their mutual affection, seems to have caused them some momentary distress. Henriette, the distant onlooker, deplores the Revolution; Renan, whilst taking no part in the events in the midst of which he is, speaks with little sympathy of the fallen régime: 'Sans doute ils sont coupables, ces pauvres fous, qui versent leur sang, sans même savoir ce qu'ils demandent, mais ceux-là le sont bien plus à mes yeux qui les ont tenus dans l'ilotisme.'[2] In a letter dated 1 July, he condemns the excessive cruelty with which General Cavaignac[3] had repressed the revolutionary movement at the end of June; he denies that he is a Socialist, but in a passage which echoes the humanitarian creed of the hour declares: 'C'est cette foi à l'humanité, ce dévouement à son perfectionnement et par là à son bonheur, que j'appelle la religion nouvelle.' A fortnight later he roundly condemns the attitude of the bourgeoisie; then in his letter of 30 July occurs a passage which not only reflects his personal interests but is peculiarly significant when compared with his subsequent attitude

[1] Vide ibid. passim.
[2] *Nouvelles Lettres Intimes*, 26 June 1848.   [3] 1802-57.

on the same subject: 'Elle (i.e. science) ne peut que gagner', he writes, 'à un posé plus vrai de la condition humaine....' Thus, to judge from the context of this passage, it seems that progressive political ideas, as they are usually termed, have some peculiar quality, which creates a favourable climate for the progress of science. A year later, however, it is clear that Renan's rather frothy democratic enthusiasms have abated: 'le progrès rationnel est tout,' he writes. 'Si le Napoléon qu'il nous faut, le grand organisateur scientifique venait, je lui dirais: usez de moi, si vous voulez....'[1] Here we see taking shape views which were to remain firm throughout his life. In L'Avenir de la science he had given expression to his belief that the key to human progress lay in science; he was now coming to give intellectual recognition to what he had already experienced in his own life, namely that research and learning make upon the individual demands, in the form of unrelenting effort, discipline and sacrifice of the easy life, which raise him above ordinary men. In short, Renan was becoming what he was always to remain, an intellectual aristocrat. This attitude of mind made it possible for him to tolerate at least the Imperial régime and incidentally to accept such benefits as it was prepared to bestow,[2] for the science of government, too, may be regarded as a form of specialization demanding knowledge in many forms beyond the reach of the masses, a continuity of experience or tradition which the unpredictable movements of popular opinion, if allowed free play, may disrupt.[3]

So much for the theory. Unfortunately, the reality did not entirely correspond with it. By 1860, it is true, the Empire was no longer walking hand in hand with the Church; the days when Napoleon III's name could be bracketed with that of St Louis[4]

---

[1] Op. cit. Letter of 21 July 1849.

[2] E.g. the mission to Syria, 1860–61; the Chair of Semitic Languages, January 1862.

[3] Vide Renan's letter to Berthelot of 26 February 1871: 'La France s'est trompée sur la forme que peut prendre la conscience d'un peuple. Un tas de sable n'est pas une nation, or le suffrage universel n'admet que le tas de sable sans cohésion, ni rapports fixes entre les atomes. Nous avons ainsi détruit les organes essentiels d'une société.' Also cf. Faguet, Politiques et Moralistes, 3e série (Renan).

[4] Vide Lavisse, Hist. de la France contemporaine, vol. VI, book IV, chap. II, §7.

were passed. Yet Roman Catholic opinion could not be ignored,[1] and Renan must pay the penalty for his indiscretions. Practical political considerations made it impossible for the Emperor, even had he wished otherwise, to be 'le grand organisateur scientifique' of Renan's desires.

In contrast, a régime carried to power on a wave of mob emotion and which ran counter to Renan's intellectually aristocratic ideas, was the one which appeared to show appreciation of intellectual values, by reinstating him in his professorial chair. It does not appear that Renan's political views were modified after 1870, but in the absence of a liberal monarchy, which it seems he would have preferred,[2] he was bound to recognize that the easy tolerance of the Third Republic provided freer air than the Empire for an intellectual like himself to breathe.

Thus, in two ways at least the war of 1870 was an important turning-point in Renan's intellectual evolution. Germany had revealed itself to him in a hitherto unsuspected light; and a political régime, which as a moralist and political commentator he regarded with little favour, proved after all to have the crowning merit of encouraging the pursuit of knowledge, irrespective of political considerations.

This divorce between his theoretical opinions and reality must in part explain the attitude which became most marked in Renan during the latter part of his life—a detached pessimism. To Paul Déroulède,[3] the hot-headed right-wing deputy, Renan is recorded as having said: 'Jeune homme, la France se meurt; ne troublez pas son agonie.'[4] Of Marcus Aurelius he writes: 'Un moment, grâce à lui, le monde a été gouverné par l'homme le meilleur et le plus grand de son siècle. Il est important que cette expérience ait été faite. Le sera-t-elle une seconde fois?...Le gouvernement

---

[1] Vide C. H. C. Wright, *Background of Modern French Lit.* (1926), chap. XI.

[2] Cf. *La réforme intellectuelle et morale*, passim; and vide Renan's letter to Berthelot, cited above: 'Je vous avoue que j'incline pour les Orléans [*sic*]....'

[3] 1846–1914. President of 'La Ligue des Patriotes', author of *Chants du soldat*.

[4] Vide D. Halévy, *Histoire d'une histoire*, p. 46.

des choses humaines appartiendra-t-il encore une fois aux plus sages? Qu'importe, puisque ce règne serait d'un jour, et que le règne des fous y succéderait sans doute une fois de plus?'[1]

VI

The dichotomy between his political opinions and the apparent conclusions to be drawn from the events of the time was not the only factor to mould the protean personality of Renan. In his case, as in all others, the fundamental influence is belief. 'Ah! que la vie est triste, prise sous certains jours...,' he writes to Henriette at the beginning of January 1848, 'car ma philosophie est triste et le point de vue scientifique qui me commande ne fait guère encore que critiquer et détruire. Il construira sans doute plus tard; mais en attendant nous aurons souffert.' Renan was evidently still suffering from the spiritual void occasioned by the loss of his Christian faith. Yet in the following year he was engaged in the composition of a work already mentioned, L'Avenir de la science. It remained in manuscript until 1890; then the author published it with a preface which shows that in the intervening years his faith in scientific progress at least had undergone no fundamental change. The contrast between the tone of this work and the passage just quoted from the letter to his sister is striking. L'Avenir de la science bears clearly the impress of the neophyte burning with optimistic zeal for his new vocation.

The enthusiast is apt to be a bore; he has so much to say about his subject, and nothing must be sacrificed. L'Avenir de la science suffers from this defect. Renan has not yet learnt that restrained style which he later developed and which may in part explain the spell he threw upon the public of his day. The book remains significant, however, not only in relation to Renan's work as a historian and philologist, but also in relation to his beliefs. Renan not only looks backward to the past, but forward to the future; the title itself is an indication of that. In effect the theme of L'Avenir de la science is commonplace enough, but the scope which Renan gives to it is impressive. Underlying all forms of research,

[1] *Origines du christianisme*, vol. VII, chap. XXVII.

there is a unity provided by the common aim of all sciences, the unravelling of the mystery of life, and this high endeavour carries humanity onwards towards perfection. Renan eschews all forms of materialism in his conception of progress; mere material well-being cannot satisfy humanity;[1] the perfection to be achieved is moral;[2] humanity will for ever be religious if by religion is meant not a mere assemblage of traditional doctrines which are destined to crumble,[3] but an enthusiastic faith in the quest of the divine, that is to say truth; those who contribute to that quest are the saints of modern times.[4]

The unity of science, the important part therein of history and philology—are they not the science of origins?—the idea of progress considered as a moral ideal, these appear to be the fundamental themes of *L'Avenir de la science*.

In a letter[5] to his friend Berthelot,[6] Renan emphasizes anew the unity of science, and the place within that unity of his own field of studies, history. Yet again, in an article entitled: 'La métaphysique et son avenir'[7] he stresses the role of history[8] and attacks his old enemy, metaphysics, for which the Positivist can have little use. 'Les vrais philosophes se sont faits philologues, chimistes, physiologistes. On a cessé de regarder l'âme individuelle comme un objet directe de science positive.' Yet Renan is not a thorough-going Positivist and claims for the scientist the right to have a philosophy none the less, a kind of poetry of science, expressing the latter's aims.[9]

Renan's contributions to scholarship in philology and history can thus be seen to fit into the framework of his philosophical

[1] *L'Avenir de la science*, chap. XVIII.
[2] Chap. I.   [3] Chap. V.   [4] Chap. I.
[5] Vide *Dialogues et Fragments Philosophiques* (1876). The letter itself is dated August 1863.
[6] Marcelin Berthelot (1827–1907), chemist.
[7] *Revue des Deux Mondes*, January 1860.
[8] In *Souvenirs d'Enfance et de Jeunesse* (1883), chap. IV, occurs the well-known passage: 'Je fus entraîné vers les sciences historiques, petites sciences conjecturales qui se défont sans cesse après s'être faites et qu'on négligera dans cent ans'—a good example of his sceptical detachment of that period.
[9] *La Métaphysique et son Avenir* Vide *Œuvres complètes* (1947), vol. I, p. 683.

notions which are a clear reflexion of an age saturated with the positivism of Comte[1] and seeking by a naïve faith in human progress to console itself for the bleakness of the materialist tendencies of the age. If these notions provided Renan with a psychological compensation which, to judge from his letter to his sister of January 1848,[2] he then stood in need of, it may be wondered whether the compensation was complete. It is indeed hard to see how a few broad philosophical generalizations which leave out of account the problem of individual personality and destiny, provide no place in the scheme of things for human sympathies or affection or suffering, are devoid of charity, and leave man to get what warmth he can from the cold light of impersonal scientific truth, can give more than a vicarious satisfaction. But even if Renan did derive a satisfying compensation therefrom, the proximate pessimism which is so marked a characteristic of his later life suggests that as a historian, moralist and political commentator, he was unable to achieve a harmonious synthesis between observed facts and ultimate ideals.

In these circumstances it was wise to be inconclusive, detached, fleeting, contradictory;[3] to spin around the intellectual compass like a weathercock; to be the purveyor of paradoxical ideas, agreeably presented, to a public less concerned with a consistent system of philosophy than with an immediate titillation of the intellect. These Renan provided in full measure.

---

[1] 1798–1853.   [2] See above, p. xxiii.

[3] Vide Jules Lemaître, *Les Contemporains*, 1e série (Ernest Renan): ' Il serait intéressant... de dresser la liste des contradictions de M. Renan. Son Dieu tour à tour existe ou n'exist pas, est personnel ou impersonnel. L'immortalité dont il rêve quelquefois est tour à tour individuelle et collective. Il croit et ne croit pas au progrès.... Il aime les sciences historiques et les dédaigne. Il est pieusement impie. Il est très chaste et il éveille assez souvent des images sensuelles.... Son style parait précis et en réalité fuit comme l'eau entre les doigts....'

The whole study is entertaining and instructive.

Lemaître's remark on Renan's style is particularly justified. Renan's confusion of terms is constant and presumably deliberate. God, religion, belief, saintliness, soul, divine, these words have a specific meaning which one is at liberty to accept or reject, but which one has no right to bandy about as Renan does, until they become nothing but the magnified projection of his own desires and ideals.

VII

As men are pleased, so will they be influenced. Renan's influence was never greater than in the 1880's and the early 1890's, and to judge from its manifestations it might fairly be called a disintegrating influence. He had popularized the treatment of religious themes in terms of hysteria and mental pathology;[1] he had caused some churchmen to adopt the view that a new apologetic was needed and had thus sown the seeds of modernism; the gentle irony and dilettantism of Anatole France, the critical epicureanism of Jules Lemaître,[2] the intellectual egotism of the early Barrès[3] are very reminiscent of him[4]—all very clever, no doubt, but rather meagre and *fin de siècle*.

Disenchanting scepticism is the keynote, and nowhere does it sound more clearly than in the collected speeches and articles which Renan published in 1883.[5] There is something here akin to romantic irony, a recurring theme, in one form or another, of detachment from human things, except for the intellectual enjoyment which they may provide: 'On arrive à votre cénacle', he says in his address to the French Academy, 'à l'âge de l'Ecclésiaste, le plus propre à la sereine gaieté, où l'on commence à voir, après une jeunesse laborieuse, que tout est vanité, mais aussi qu'une foule de choses vaines sont dignes d'être longuement savourées.'

In another address,[6] also published in the same volume, Renan has occasion to mention Auguste Comte, for whom he betrays little sympathy: '...M. Auguste Comte...me semble...répéter en mauvais style ce qu'ont pensé et dit avant lui, en très bon style, Descartes, d'Alembert, Condorcet, Laplace.' Yet as Renan admits, Comte exercised a great influence because he raised a flag for men

---

[1] Vide *Jeanne d'Arc*, by Anatole France.
[2] 1853–1914.
[3] 1862–1923. Cf. 'Culte du moi' trilogy.
[4] Vide C. H. C. Wright, op. cit. chap. xiv, passim; also P. Lasserre, 50 *ans de Pensée française*, passim.
[5] *Discours et Conférences*.
[6] 'Réponse au Discours de M. Pasteur'.

to follow: 'L'humanité veut des noms qui lui servent de types et
de chefs de file...', and he adds, characteristically enough: 'elle
ne met pas dans son choix beaucoup de discernement'. To raise
a flag was precisely what Renan would not or could not do, and
that no doubt explains why after his death in 1892, his influence
as a spiritual force quickly declined.

The sense of intellectual superiority which Renanist scepticism
may perhaps confer does not fit a man to meet moments of crisis
in his own or a nation's life. France was to experience such a
crisis very soon after Renan's death. The Dreyfus[1] case burst
with violence in 1898. It was a question to which Frenchmen
could not remain indifferent; the issues in the last analysis were
clear: reasons of state or individual justice at whatever cost.
At such a time men need to determine what moral values their
lives are anchored to. Graceful intellectual pirouettes and frigid
idealism in the Renan manner are not enough.[2] These may be
stimulating to the intelligence; they are not nourishing to the soul.

Nevertheless, Renan remains, in the first place as an important
representative of an epoch, and secondly as a man of brilliant
intellectual and artistic gifts. It may well be argued that the most
permanent elements of his work are to be found in what may be
termed his 'fugitive pieces': his letters, and his articles and
addresses such as those presented in this volume and in *Discours
et Conférences*. In all these, Renan not only abounds in reflexions
which are both penetrating and pregnant, but displays a breadth
of knowledge and, what is more, of understanding which is most
impressive.

P. E. CHARVET

CAMBRIDGE
January 1950

[1] Alfred Dreyfus (1859–1935), captain of artillery, accused and con-
victed of high treason upon evidence subsequently discovered to be in
part forged, and in part inapplicable to him. Spent five years on Devil's
Island (1894–9) before revision of his case. Finally rehabilitated.
[2] It is a fair bet that, had Renan lived to see the Dreyfus case, he would
himself have abandoned his own detachment and been in the van of the
'Dreyfusards'.

PRÉFACE

Le plus étendu des morceaux contenus dans le présent volume renferme les réflexions qui me furent suggérées durant ces douloureuses semaines où un bon Français ne dut avoir de pensée que pour les souffrances de sa patrie. Je ne me fais pas d'illusion sur l'influence que ces pages peuvent exercer. Le rôle des écrivains à qui est échu le lot des vérités importunes ne diffère pas beaucoup du sort de ce fou de Jérusalem qui allait parcourant sans cesse les murs de la cité vouée à l'extermination, et criant: 'Voix de l'Orient! voix de l'Occident! voix des quatre vents! malheur à Jérusalem et au temple!' Personne ne l'écouta, jusqu'au jour où, frappé par la pierre d'une baliste, il tomba en disant: 'Malheur à moi!' Le petit nombre de personnes qui ont suivi en politique la ligne que j'ai cru devoir adopter, non par intérêt ni ambition, mais par simple goût du bien public, sont les plus complétement vaincues dans la funeste crise qui se déroule sous nos yeux; mais je tiens essentiellement à éviter le reproche d'avoir refusé aux affaires de mon temps et de mon pays l'attention que tout citoyen est obligé d'y donner. Au point où en sont venues les sociétés humaines, il faudrait faire peu d'estime de celui qui rechercherait avidement une part de responsabilité dans les affaires de son temps et de son pays. L'ambitieux à l'ancienne manière, celui qui mettait son plaisir, son honneur et son espérance de fortune dans la participation au gouvernement, serait de nos jours presque un non-sens, et si, à l'heure qu'il est, nous voyions un jeune homme aborder la vie publique avec cette espèce d'ardeur un peu vaine, cette chaleur de cœur et cet optimisme naïf qui caractérisèrent, par exemple, l'époque de la Restauration, nous ne pourrions retenir un sourire, ni nous empêcher de lui prédire de cruelles déceptions. Un des plus mauvais résultats de la démocratie est de faire de la chose publique la proie d'une classe de *politiciens* médiocres et jaloux, naturellement peu respectés de la foule, qui a vu son mandataire d'aujourd'hui humilié hier devant elle, et qui sait par quel charlatanisme on a surpris son suffrage. Toutefois, avant de proclamer que le sage doit se renfermer dans la pensée pure, il faut être bien sûr qu'on a épuisé toutes les chances de faire entendre la voix de la raison. Quand nous aurons été dix fois vaincus, quand dix fois la foule aura préféré à nos avis les déclamations des complaisants ou des exaltés, quand il sera bien prouvé que, nous étant légalement offerts, nous avons été rebutés, refusés, alors nous aurons le droit de nous retirer fiers, tranquilles, et de faire sonner bien haut notre défaite. On n'est pas obligé de réussir, on n'est pas obligé de faire concurrence aux procédés que se permet l'ambition vulgaire; on est obligé d'être sincère. Si Turgot eût assez vécu pour voir la Révolution, il aurait eu presque seul le droit de rester calme, car seul il avait bien indiqué ce qu'il fallait faire pour la prévenir.

J'ai joint à cet essai sur les réformes qui semblent les plus urgentes un ou deux morceaux parus en 1869, qui en sont le commentaire et l'explication.* On trouvera, si l'on veut, que ce sont là des épaves d'une politique bien arriérée; les solutions du libéralisme modéré se voient toujours ajournées par le fait des situations extrêmes; mais elles ne doivent pas pour cela être délaissées; car l'opinion y revient tôt ou tard. Malgré les démentis apparents que les faits m'ont donnés, j'ai relu ces morceaux sans amertume, et j'ai pensé qu'ils gardaient encore quelque prix.

C'est, au contraire, avec une profonde douleur que j'ai réimprimé les deux ou trois morceaux relatifs à la guerre qui se trouvent en ce volume. J'avais fait le rêve de ma vie de travailler, dans la faible mesure de mes forces, à l'alliance intellectuelle, morale et politique de l'Allemagne et de la France, alliance entraînant celle de l'Angleterre, et constituant une force capable de gouverner le monde, c'est-à-dire de le diriger dans la voie de la civilisation libérale, à égale distance des empressements naïvement aveugles de la démocratie et des puériles velléités de retour à un passé qui ne saurait revivre. Ma chimère, je l'avoue, est détruite pour jamais. Un abîme est creusé entre la France et

* Quelques points qui peuvent paraître obscurs dans ces diverses études sont développés plus au long dans mes *Questions contemporaines.* (Paris, 1868.)

l'Allemagne; des siècles ne le combleront pas. La violence faite
à l'Alsace et à la Lorraine restera longtemps une plaie béante; la
prétendue garantie de paix rêvée par les journalistes et les hommes
d'État de l'Allemagne sera une garantie de guerres sans fin.

L'Allemagne avait été ma maîtresse; j'avais la conscience de
lui devoir ce qu'il y a de meilleur en moi. Qu'on juge de ce que
j'ai souffert, quand j'ai vu la nation qui m'avait enseigné l'idéalisme railler tout idéal, quand la patrie de Kant, de Fichte, de
Herder, de Gœthe s'est mise à suivre uniquement les visées d'un
patriotisme exclusif, quand le peuple que j'avais toujours présenté à mes compatriotes comme le plus moral et le plus cultivé
s'est montré à nous sous la forme de soldats ne différant en rien
des soudards de tous les temps, méchants, voleurs, ivrognes,
démoralisés, pillant comme du temps de Waldstein; enfin, quand
la noble révoltée de 1813, la nation qui souleva l'Europe au nom
de la 'générosité', a hautement repoussé de la politique toute
considération de générosité, a posé en principe que le devoir d'un
peuple est d'être positif, égoïste, a traité de crime la touchante
folie d'une pauvre nation, trahie par le sort et par ses souverains,
nation superficielle, dénuée de sens politique, je l'avoue, mais
dont l'unique faute est d'avoir tenté étourdiment une expérience
(celle du suffrage universel) dont aucun autre peuple ne se tirera
mieux qu'elle. L'Allemagne présentant au monde le devoir
comme ridicule, la lutte pour la patrie comme criminelle, quelle
triste désillusion pour ceux qui avaient cru voir dans la culture
allemande un avenir de civilisation générale! Ce que nous aimions
dans l'Allemagne, sa largeur, sa haute conception de la raison et
de l'humanité, n'existe plus. L'Allemagne n'est plus qu'une
nation; elle est à l'heure qu'il est la plus forte des nations; mais
on sait ce que durent ces hégémonies et ce qu'elles laissent après
elles. Une nation qui se renferme dans la pure considération de
son intérêt n'a plus de rôle général. Un pays n'exerce une maîtrise
que par les côtés universels de son génie; patriotisme est le contraire d'influence morale et philosophique. Nous tous qui avons
passé notre vie à nous garder des erreurs du chauvinisme français, comment veut-on que nous épousions les étroites pensées
d'un chauvinisme étranger, tout aussi injuste, tout aussi intolérant

que le chauvinisme français? L'homme peut s'élever au-dessus
des préjugés de sa nation; mais, erreur pour erreur, il préférera
toujours les préjugés patriotiques à ceux qui se présentent comme
de menaçantes insultes ou d'injustes dénigrements.

Nul plus que moi n'a toujours rendu justice aux grandes
qualités de la race allemande, à ce sérieux, à ce savoir, à cette
application, qui suppléent presque au génie et valent mille fois
mieux que le talent, à ce sentiment du devoir, que je préfère
beaucoup au mobile de vanité et d'honneur qui fait notre force
et notre faiblesse. Mais l'Allemagne ne peut se charger de l'œuvre
tout entière de l'humanité. L'Allemagne ne fait pas de choses
désintéressées pour le reste du monde. Très-noble est le libéralisme allemand, se proposant pour objet moins l'égalité des classes
que la culture et l'élévation de la nature humaine en général;
mais les droits de l'homme sont bien aussi quelque chose; or c'est
notre philosophie du xviiie siècle, c'est notre révolution qui les
ont fondés. La réforme luthérienne n'a été faite que pour les pays
germaniques; l'Allemagne n'a jamais eu l'analogue de nos attache-
ments chevaleresques pour la Pologne, pour l'Italie.[1] La nature
allemande, d'ailleurs, semble contenir les deux pôles opposés:
l'Allemand doux, obéissant, respectueux, résigné; l'Allemand ne
connaissant que la force, le chef au commandement inexorable
et dur, le vieil homme de fer enfin; *jura negat sibi nata*. On peut
dire qu'il n'y a rien au monde de meilleur que l'Allemand moral,
et rien de plus méchant que l'Allemand démoralisé. Si les masses
sont chez nous moins susceptibles de discipline qu'en Allemagne,
les classes intermédiaires sont moins capables de vilenie; disons
à l'honneur de la France que, pendant toute la dernière guerre,
il a été presque impossible de trouver un Français pour jouer
passablement le rôle d'espion; le mensonge, la basse rouerie nous
répugnent trop.

La grande supériorité de l'Allemagne est dans l'ordre intellectuel; mais que là encore elle ne se figure pas tout posséder.

---

[1] These were particularly evident in 1848. The old idea of France
'exporting' the revolutionary ideal appealed to the Paris populace and to
the left wing of the Provisional Government; e.g. Ledru-Rollin, Louis
Blanc, Albert.

Le tact, le charme lui manquent. L'Allemagne a beaucoup à faire pour avoir une société comme la société française du XVIIe et du XVIIIe siècle, des gentilshommes comme La Rochefoucauld, Saint-Simon, Saint-Évremond, des femmes comme Mme de Sévigné, Mlle de la Vallière, Ninon de Lenclos. Même de nos jours, l'Allemagne a-t-elle un poëte comme M. Victor Hugo, un prosateur comme Mme Sand, un critique comme M. Sainte-Beuve, une imagination comme celle de M. Michelet, un caractère philosophique comme celui de M. Littré? C'est aux connaisseurs des autres nations à répondre. Nous récusons seulement les jugements injustes de ceux qui ne veulent connaître la France contemporaine que par sa basse presse, par sa petite littérature, par ces mauvais petits théâtres dont le sot esprit, aussi peu français que possible, est le fait d'étrangers et en partie d'Allemands. Si l'on jugeait de l'Allemagne par ses journaux de bas étage, on la jugerait aussi fort mal. Quel plaisir peut-on trouver à se nourrir ainsi d'idées fausses, d'appréciations haineuses et de partialité? On aura beau dire, le monde sans la France sera aussi défectueux qu'il le serait si la France était le monde entier; un plat de sel n'est rien, mais un plat sans sel est bien fade. Le but de l'humanité est supérieur au triomphe de telle ou telle race; toutes les races y servent; toutes ont à leur manière une mission à remplir.

Puisse-t-il se former enfin une ligue des hommes de bonne volonté de toute tribu, de toute langue et de tout peuple, qui sachent créer et maintenir au-dessus de ces luttes ardentes un empyrée des idées pures, un ciel où il n'y ait ni Grec, ni barbare, ni Germain, ni Latin! Quand on engageait Gœthe à faire des poésies contre la France: 'Comment voulez-vous que je prêche la haine, répondait-il, quand je ne la sens pas dans mon cœur?' Telle doit être notre réponse, quand on nous engagera à calomnier l'Allemagne. Soyons inexorablement justes et froids. La France ne nous a pas écoutés, quand nous la conjurions de ne pas lutter contre l'inévitable; l'Allemagne nous a raillés, quand nous l'avons engagée à la modération dans la victoire. Sachons attendre. Les lois de l'histoire sont la justice de Dieu. Dans le livre de Job, Dieu, pour montrer qu'il est fort, se plaît à écraser celui qui triomphe et à exalter l'humilié. La philosophie de l'histoire est

d'accord sur ce point avec le vieux poëme. Toute création
humaine a son ver qui la ronge; une défaite est l'expiation d'une
gloire passée et souvent le garant d'une victoire pour l'avenir.
La Grèce, la Judée ont payé de leur existence nationale leur
destinée exceptionnelle et l'incomparable honneur d'avoir fondé
des enseignements pour toute l'humanité. L'Italie a expié par
deux cents ans de nullité la gloire d'avoir inauguré au moyen âge
la vie civile et d'avoir fait la renaissance; au xixe siècle, cette
double gloire a été son principal titre à une nouvelle vie. L'Allemagne a expié par un long abaissement politique la gloire d'avoir
fait la Réforme; elle touche maintenant le bénéfice de la Réforme.
La France expie aujourd'hui la Révolution; elle en recueillera
peut-être un jour les fruits dans le souvenir reconnaissant des
peuples émancipés.

Consolations de vaincus, dira-t-on, vaine pâture qu'on se jette
à soi-même pour adoucir le malheur présent par les rêves de
l'avenir!—Soit; mais il faut avouer aussi que jamais consolations
ne furent plus solides. Les espérances fondées sur l'instabilité
de la fortune n'ont pas manqué une seule fois de se réaliser depuis
qu'il y a une humanité. *Nil permanet sub sole*, a dit cet aimable
sceptique, si merveilleusement pénétrant, l'Ecclésiaste, le plus
inspiré des auteurs sacrés. L'histoire aura son cours, les vainqueurs d'aujourd'hui seront les vaincus de demain. Que ce
soit là une vérité triste ou gaie, n'importe; c'est une vérité qui
sera vraie dans tous les temps. Voilà pourquoi le souhait du philosophe doit être qu'il y ait le moins possible de vainqueurs et de
vaincus.

'O monde, que tu es méchant et de nature perverse! s'écrie le
plus grand des poëtes persans. Ce que tu as élevé, tu le détruis
toi-même. Regarde ce qu'est devenu Féridoun, le héros qui ravit
l'empire au vieux Zohak. Il a régné pendant cinq siècles; à la
fin il est mort. Il est mort comme nous mourrons tous, soit que
nous ayons été le berger, soit que nous ayons été le troupeau.'

LA RÉFORME INTELLECTUELLE
ET MORALE DE LA FRANCE

PREMIÈRE PARTIE

LE MAL

Ceux qui veulent à tout prix découvrir dans l'histoire l'application d'une rigoureuse justice distributive s'imposent une tâche assez rude. Si, en beaucoup de cas, nous voyons les crimes nationaux suivis d'un prompt châtiment, dans une foule de cas aussi nous voyons le monde régi par des jugements moins sévères ; beaucoup de pays ont pu être faibles et corrompus impunément. C'est certainement un des signes de grandeur de la France que cela ne lui ait pas été permis. Énervée par la démocratie, démoralisée par sa prospérité même, la France a expié de la manière la plus cruelle ses années d'égarement. La raison de ce fait est dans l'importance même de la France et dans la noblesse de son passé. Il y a une justice pour elle ; il ne lui est pas loisible de s'abandonner, de négliger sa vocation ; il est évident que la Providence l'aime ; car elle la châtie. Un pays qui a joué un rôle de premier ordre n'a pas le droit de se réduire au matérialisme bourgeois qui ne demande qu'à jouir tranquillement de ses richesses acquises. N'est pas médiocre qui veut. L'homme qui prostitue un grand nom, qui manque à une mission écrite dans sa nature, ne peut se permettre sans conséquence une foule de choses que l'on pardonne à l'homme ordinaire, qui n'a ni passé à continuer, ni grand devoir à remplir.

Pour voir en ces dernières années que l'état moral de la France était gravement atteint, il fallait quelque pénétration d'esprit, une certaine habitude des raisonnements politiques et historiques. Pour voir le mal aujourd'hui, il ne faut, hélas! que des yeux. L'édifice de nos chimères s'est effondré comme les châteaux féeriques qu'on bâtit en rêve. Présomption, vanité puérile, indiscipline, manque de sérieux, d'application, d'honnêteté, faiblesse de tête, incapacité de tenir à la fois beaucoup d'idées sous le regard, absence d'esprit scientifique, naïve et grossière ignorance, voilà depuis un an l'abrégé de notre histoire. Cette armée, si fière et si prétentieuse, n'a pas rencontré une seule bonne chance. Ces hommes d'État, si sûrs de leur fait, se sont trouvés des enfants. Cette administration infatuée a été convaincue d'incapacité. Cette instruction publique, fermée à tout progrès, est convaincue d'avoir laissé l'esprit de la France s'abîmer dans la nullité. Ce clergé catholique, qui prêchait hautement l'infériorité des nations protestantes, est resté spectateur atterré d'une ruine qu'il avait en partie faite. Cette dynastie, dont les racines[1] dans le pays semblaient si profondes, n'eut pas le 4 septembre[2] un seul défenseur. Cette opposition, qui prétendait avoir dans ses recettes révolutionnaires des remèdes à tous les maux, s'est trouvée au bout de quelques jours aussi impopulaire que la dynastie déchue. Ce parti républicain, qui, plein des funestes[3] erreurs qu'on répand depuis un demi-siècle sur l'histoire de la Révolution, s'est cru capable de répéter[4] une partie qui ne fut gagnée il y a quatre-vingts ans que par suite de circonstances tout à fait différentes de celles d'aujourd'-hui, s'est trouvé n'être qu'un halluciné, prenant ses rêves pour des réalités. Tout a croulé comme en une vision d'Apocalypse. La légende même s'est vue blessée à mort. Celle de l'Empire a été détruite par Napoléon III; celle de 1792 a reçu le coup de

[1] The allusion is presumably to the plebiscite of 8 May 1870 which seemed to give an overwhelming verdict in favour of the Empire. The pretext for the plebiscite was the Senatus-Consult of September 1869 which was the keystone of the liberal policy inaugurated by the Emperor in 1860. The plebiscite was cast in a form which made it impossible for the voter to approve the liberal reforms without approving, by implication, the Imperial régime.

[2] On 3 September news of the defeat and capitulation of Sedan (1 September) spread in Paris. On the 4th the crowd invaded the Chamber then in session. The Republican leaders: Ferry, Gambetta and Favre, subsequently marched at the head of the crowd to the Hôtel de Ville, where the Republic was proclaimed.

[3] Vide M. Daniel Halévy's monograph on this subject, published in 1939 on the occasion of the 150th anniversary year of the outbreak of the Revolution, and entitled *Histoire d'une Histoire* (Grasset).

[4] Allusion to the war of 1792 and to the victories of Valmy (September) and Jemmapes (November) whereby the Prusso-Austrian invasion was repelled.

grâce de M. Gambetta; celle de la Terreur (car la Terreur même
avait chez nous sa légende) a eu sa hideuse parodie dans la Commune;[1] celle de Louis XIV ne sera plus ce qu'elle était depuis le
jour où le descendant de l'électeur de Brandebourg a relevé
l'empire de Charlemagne dans la salle des fêtes de Versailles.
Seul, Bossuet se trouve avoir été prophète, quand il dit: *Et nunc,
reges, intelligite!*

De nos jours (et cela rend la tâche des réformateurs difficile),
ce sont les peuples qui doivent comprendre. Essayons, par une
analyse aussi exacte que possible, de nous rendre compte du mal
de la France, pour tâcher de découvrir le remède qu'il convient
d'y appliquer. Les forces du malade sont très-grandes; ses
ressources sont comme infinies; sa bonne volonté est réelle. C'est
au médecin à ne pas se tromper; car tel régime étroitement conçu,
tel remède appliqué hors de propos, révolterait le malade, le
tuerait ou aggraverait son mal.

I

L'histoire de France est un tout si bien lié dans ses parties, qu'on
ne peut comprendre un seul de nos deuils contemporains sans en
rechercher la cause dans le passé. Nous avons, il y a deux ans,*
exposé ce que nous regardons comme la marche régulière des
États sortis de la féodalité du moyen âge, marche dont l'Angleterre est le type le plus parfait, puisque l'Angleterre, sans rompre
avec sa royauté, avec sa noblesse, avec ses comtés, avec ses communes, avec son Église, avec ses universités, a trouvé moyen
d'être l'État le plus libre, le plus prospère et le plus patriote qu'il

* Dans le travail sur la monarchie constitutionnelle, réimprimé à la
fin de ce volume.

[1] On 18 March 1871 an insurrection broke out in Paris, the immediate
causes of which were the sufferings occasioned by the siege, republican
fears of a royalist restoration by the National Assembly at Bordeaux, and
a sense of patriotic frustration amongst the National Guards in some
districts of Paris at their imminent disarmament under the terms of the
armistice. The Government, with Thiers (journalist, politician and
historian, 1797–1877) at its head, withdrew to Versailles whence on
20 May the regular army under MacMahon launched an attack on the
capital. After a week of street-fighting, he cleared the capital and destroyed
the revolutionary government which had been set up there.

y ait. Tout autre fut la marche de la société française depuis le
xiie siècle. La royauté capétienne, comme il arrive d'ordinaire
aux grandes forces, porta son principe jusqu'à l'exagération.
Elle détruisit la possibilité de toute vie provinciale, de toute
représentation de la nation. Déjà, sous Philippe le Bel, le mal
est évident. L'élément qui a fait ailleurs la vie parlementaire, la
petite noblesse de campagne, a perdu son importance. Le roi ne
convoque les états généraux que pour qu'on le supplie de faire
ce qu'il a déjà décidé. Comme instruments de gouvernement, il
ne veut plus employer que ses parents, puissante aristocratie de
princes du sang, assez égoïstes, et des gens de loi ou d'administration anoblis (*milites regis*), serviteurs complaisants du pouvoir
absolu. Cet état de choses se fait amnistier au xviie siècle par la
grandeur incomparable qu'il donne à la France; mais bientôt
après le contraste devient criant. La nation la plus spirituelle de
l'Europe n'a pour réaliser ses idées qu'une machine politique
informe. Turgot considère les parlements comme le principal
obstacle à tout bien; il n'espère rien des assemblées. Cet homme
admirable, si dégagé de tout amour-propre, se trompait-il? non.
Il voyait juste, et ce qu'il voyait équivalait à dire que le mal était
sans remède. Ajoutez à cela une profonde démoralisation du
peuple; la protestantisme, qui l'eût élevé, avait été expulsé; le
catholicisme n'avait pas fait son éducation. L'ignorance des basses
classes était effroyable. Richelieu, l'abbé Fleury posent nettement en principe que le peuple ne doit savoir ni lire ni écrire.
A côté de cette barbarie, une société charmante, pleine d'esprit,
de lumières et de grâce. On ne vit jamais plus clairement les
aptitudes intimes de la France, ce qu'elle peut et ce qu'elle ne
peut pas. La France sait admirablement faire de la dentelle; elle
ne sait pas faire de la toile de ménage. Les besognes humbles,
comme celle du magister, seront toujours chez nous pauvrement
exécutées. La France excelle dans l'exquis; elle est médiocre
dans le commun. Par quel caprice est-elle avec cela démocratique?
Par le même caprice qui fait que Paris, tout en vivant de la cour
et du luxe, est une ville socialiste, que Paris, qui passe son temps
à persifler toute croyance et toute vertu, est intraitable, fanatique,
badaud, quand il s'agit de sa chimère de république.

Admirables assurément furent les débuts de la Révolution, et, si l'on s'était borné à convoquer les états généraux, à les régulariser, à les rendre annuels, on eût été parfaitement dans la vérité. Mais la fausse politique de Rousseau l'emporta. On voulut faire une constitution *a priori*. On ne remarqua pas que l'Angleterre, le plus constitutionnel des pays, n'a jamais eu de constitution écrite, strictement libellée. On se laissa déborder par le peuple; on applaudit puérilement au désordre de la prise de la Bastille,[1] sans songer que ce désordre emporterait tout plus tard. Mirabeau, le plus grand, le seul grand politique du temps, débuta par des imprudences qui l'eussent probablement perdu, s'il eût vécu; car, pour un homme d'État, il est bien plus avantageux d'avoir débuté par la réaction que par des complaisances pour l'anarchie. L'étourderie des avocats[2] de Bordeaux, leurs déclamations creuses, leur légèreté morale achevèrent de tout ruiner. On se figura que l'État, qui s'était incarné dans le roi, pouvait se passer du roi, et que l'idée abstraite de la chose publique suffirait pour maintenir un pays où les vertus publiques font trop souvent défaut.

Le jour où la France coupa la tête à son roi, elle commit un suicide. La France ne peut être comparée à ces petites patries antiques, se composant le plus souvent d'une ville avec sa banlieue, où tout le monde était parent. La France était une grande société d'actionnaires formée par un spéculateur de premier ordre, la maison capétienne. Les actionnaires ont cru pouvoir se passer du chef, et puis continuer seuls les affaires. Cela ira bien, tant que les affaires seront bonnes; mais, les affaires devenant mauvaises, il y aura des demandes de liquidation. La France avait été faite par la dynastie capétienne. En supposant que la vieille Gaule eût le sentiment de son unité nationale, la domination romaine, la conquête germanique avaient détruit ce sentiment. L'empire franc, soit sous les Mérovingiens, soit sous les Carlovingiens, est une construction artificielle dont l'unité ne gît que

---

[1] 14 July 1789.
[2] Members of the Girondin party in the Legislative Assembly and the Convention, 1791–93. Their opposition to 'La Montagne' party ended in the majority of them being arrested and guillotined, October 1793.

dans la force des conquérants. Le traité de Verdun,[1] qui rompt
cette unité, coupe l'empire franc du nord au sud en trois bandes,
dont l'une, la part de Charles ou Carolingie, répond si peu à ce
que nous appelons la France, que la Flandre entière et la Catalogne
en font partie, tandis que vers l'est elle a pour limites la Saône
et les Cévennes. La politique capétienne arrondit ce lambeau
incorrect, et en huit cents ans fit la France comme nous l'entendons, la France qui a créé tout ce dont nous vivons, ce qui nous
lie, ce qui est notre raison d'être. La France est de la sorte le
résultat de la politique capétienne continuée avec une admirable
suite. Pourquoi le Languedoc est-il réuni à la France du nord,
union que ni la langue, ni la race, ni l'histoire, ni le caractère des
populations n'appelaient? Parce que les rois de Paris, pendant
tout le XIIIe siècle, exercèrent sur ces contrées une action persis-
tante et victorieuse. Pourquoi Lyon fait-il partie de la France?
Parce que Philippe le Bel, au moyen des subtilités de ses légistes,
réussit à le prendre dans les mailles de son filet. Pourquoi les
Dauphinois sont-ils nos compatriotes? Parce que, le dauphin
Humbert étant tombé dans une sorte de folie, le roi de France se
trouva là pour acheter ses terres à beaux deniers comptants.
Pourquoi la Provence a-t-elle été entraînée dans le tourbillon de
la Carolingie, où rien ne semblait d'abord faire penser qu'elle
dût être portée? Grâce aux roueries de Louis XI et de son compère
Palamède de Forbin.[2] Pourquoi la Franche-Comté, l'Alsace, la
Lorraine se sont-elles réunies à la Carolingie, malgré la ligne
méridienne tracée par le traité de Verdun? Parce que la maison
de Bourbon retrouva pour agrandir le domaine royal le secret
qu'avaient si admirablement pratiqué les premiers Capétiens.
Pourquoi enfin Paris, ville si peu centrale, est-elle la capitale de la
France? Parce que Paris a été la ville des Capétiens, parce que
l'abbé de Saint-Denis est devenu roi de France.* Naïveté sans

---

* '...Challes, li rois de Saint Denis.' (*Roman de Roncevaux*, laisse 40.)
Hugues le Blanc dut sa fortune à la possession des grandes abbayes de
Saint-Denis, de Saint-Germain-des-Prés, de Saint-Martin de Tours, qui

[1] Partition treaty (843) between the sons of Louis le Pieux, which
broke up the Empire of Charlemagne.
[2] Palamède de Forbin (d. 1508). Minister of René, Count of Provence,
he persuaded the latter's successor to leave the kingdom at his death
(1480) to Louis XI, King of France.

égale! Cette ville, qui réclame sur le reste de la France un privilège aristocratique de supériorité et qui doit ce privilège à la royauté, est en même temps le centre de l'utopie républicaine. Comment Paris ne voit-il pas qu'il n'est ce qu'il est que par la royauté, qui'il ne reprendra toute son importance de capitale que par la royauté, qu'une république, selon la règle posée par l'illustre fondateur des États-Unis d'Amérique, créerait nécessairement pour son gouvernement central, à Amboise ou à Blois, un petit Washington?

Voilà ce que ne comprirent pas les hommes ignorants et bornés qui prirent en main les destinées de la France à la fin du dernier siècle. Ils se figurèrent qu'on pouvait se passer du roi; ils ne comprirent pas que, le roi une fois supprimé, l'édifice dont le roi était la clef de voûte croulait. Les théories républicaines du XVIIIe siècle avaient pu réussir en Amérique, parce que l'Amérique était une colonie formée par le concours volontaire d'émigrants cherchant la liberté; elles ne pouvaient réussir en France, parce que la France avait été construite en vertu d'un tout autre principe. Une dynastie nouvelle faillit sortir de la convulsion terrible qui agitait la France; mais on vit alors combien il est difficile aux nations modernes de se créer d'autres maisons souveraines que celles qui sont sorties de la conquête germanique. Le génie extraordinaire qui avait élevé Napoléon sur le pavois l'en précipita, et la vieille dynastie revint, en apparence décidée à tenter l'expérience de monarchie constitutionnelle qui avait si tristement échoué entre les mains du pauvre Louis XVI.

Il était écrit que, dans cette grande et tragique histoire de France, le roi et la nation rivaliseraient d'imprudence. Cette fois, les fautes de la royauté furent les plus graves. Les ordonnances de juillet 1830 peuvent vraiment être qualifiées de crime politique; on ne les tira de l'article 14[1] de la Charte que par un sophisme

faisait de lui le tuteur de pays riches et prospères. La bannière du roi capétien, c'est la bannière de Saint-Denis. Son cri de ralliement est *Montjoie Saint-Denis*. Les premiers Capétiens chantent au chœur à Saint-Denis.

[1] 'La Charte' was promulgated on 4 June 1814. Article 14 runs as follows: ' Le roi est le Chef Suprême de l'État, il commandes les forces de terre et de mer,...et fait les règlements et ordonnances nécessaires pour l'exécution des lois et la sûreté de l'État.'

évident. Cet article 14 n'avait nullement dans la pensée de Louis
XVIII le sens que lui prêtèrent les ministres de Charles X. Il
n'est pas admissible que l'auteur de la Charte eût mis dans la
Charte un article qui en renversait toute l'économie. C'était le
cas d'appliquer l'axiome: *Contra eum qui dicere potuit clarius
præsumptio est facienda.* Si avant M. de Polignac[1] quelqu'un eût
pu penser que cet article donnait au roi le droit de supprimer la
Charte, c'eût été l'objet d'une perpétuelle protestation; or personne ne protesta; car personne ne pensa jamais que cet insignifiant
article contînt le droit implicite des coups d'État. L'insertion de
cet article ne vint pas de la royauté, qui s'y serait réservé un
moyen d'éluder ses engagements; il faisait partie du projet de
constitution élaboré par les chambres de 1814, fort attentives à
ne pas exagérer les droits du roi; il ne donna lieu alors à aucune
observation; 'on n'y voyait qu'une sorte de lieu commun em-
prunté aux constitutions antérieures, et personne n'y soup-
çonnait le sens redoutable et mystérieux qu'on a voulu depuis
y attacher*.'

Les députés de 1830 eurent donc raison de résister aux ordonnances, et les citoyens qui étaient à portée d'entendre leur appel
firent bien de s'armer. La situation était celle du roi d'Angleterre,
qui plus d'une fois s'est trouvé en lutte avec son parlement. Mais,
dès que le roi, vaincu, eut retiré les ordonnances, il fallait s'arrêter
et maintenir le roi dans son palais. Il lui convint d'abdiquer; il
fallait prendre celui en faveur de qui il abdiquait. On fit autrement. Hâtons-nous de dire que dix-huit années d'un règne plein
de sagesse justifièrent à beaucoup d'égards le choix du 10 août
1830,[2] et que ce choix pouvait s'autoriser de quelques-uns des
précédents de la révolution de 1688 en Angleterre; mais, pour
qu'une substitution aussi hardie devînt légitime, il fallait qu'elle
durât. Par une série d'impardonnables étourderies de la part de
la nation et par suite d'une regrettable faiblesse de la dynastie
nouvelle, cette consécration manqua. Le roi et ses fils, au lieu de

---

* M. de Viel-Castel, *Hist. de la Restauration*, t. I, p. 429.

[1] Auguste-Jules, Comte and later Prince de Polignac (1780–1847).
Chief Minister of Charles X from November 1829 to July 1830.

[2] Louis-Philippe was proclaimed King of the French on 7 August
1830.

maintenir leur droit par les armes, se retirèrent et laissèrent l'émeute parisienne violer outrageusement la volonté de la nation. Déchirure funeste faite à un titre un peu caduc en son origine et qui ne pouvait acquérir de force que par sa persistance. Une dynastie doit à la nation, qui toujours est censée l'appuyer, de résister à une minorité turbulente. L'humanité est satisfaite, pourvu qu'après la bataille le pouvoir vainqueur se montre généreux et traite les rebelles, non comme des coupables, mais comme des vaincus.

Nous entrions pour la plupart dans la vie publique, quand survint le néfaste incident du 24 février.[1] Avec un instinct parfaitement juste, nous sentîmes que ce qui se passa ce jour-là était un grand malheur. Libéraux par principes philosophiques, nous vîmes bien que les arbres de la liberté qu'on plantait avec une joie si naïve ne verdiraient jamais; nous comprîmes que les problèmes sociaux qui se posaient d'une façon audacieuse étaient destinés à jouer un rôle de premier ordre dans l'avenir du monde. Le baptême de sang des journées de juin,[2] les réactions qui suivirent nous serrèrent le cœur; il était clair que l'âme et l'esprit de la France couraient un véritable péril. La légèreté des hommes de 1848 fut vraiment sans pareille. Ils donnèrent à la France, qui ne le demandait pas, le suffrage universel. Ils ne songèrent pas que ce suffrage ne bénéficierait qu'à cinq millions de paysans, étrangers à toute idée libérale. Je voyais assidûment à cette époque M. Cousin. Dans les longues promenades que ce profond connaisseur de toutes les gloires françaises me faisait faire dans les rues de Paris de la rive gauche, m'expliquant l'histoire de chaque maison et de ses propriétaires au XVIIe siècle, il me disait souvent ce mot:

[1] During the night of 23–24 February, the bodies of members of the crowd killed by a discharge from the battalion of infantry, guarding the Ministry of Foreign Affairs, were paraded through the streets in a cart by torch-light, and on the morning of the 24th the fighting began.

[2] The elections of 23 April conducted for the first time in France on the principle of universal suffrage had produced a National Assembly of Conservative tendencies which determined to put an end to the difficult situation in Paris whither, as a result of the creation of the Ateliers Nationaux, thousands of workmen had come from the provinces. On 22 June the Ateliers were suppressed by decree and in the days following the revolt of the workmen was broken by General Cavaignac.

'Mon ami, on ne comprend pas encore quel crime a été la révolution de février; le dernier terme de cette révolution sera peut-être
le démembrement de la France.'

Le coup d'État du 2 décembre[1] nous froissa profondément. Dix
ans nous portâmes le deuil du droit; nous protestâmes selon nos
forces contre le système d'abaissement intellectuel savamment
dirigé par M. Fortoul,[2] à peine mitigé par ceux qui lui succédèrent.
Il arriva cependant ce qui arrive toujours. Le pouvoir inauguré
par la violence s'améliorait en vieillissant; il se prit à voir que le
développement libéral de l'homme est un intérêt majeur pout tout
gouvernement. Le pays, d'un autre côté, était enchanté de ce
gouvernement médiocre. Il avait ce qu'il voulait; chercher à
renverser un tel gouvernement malgré le vœu évident du plus
grand nombre eût été insensé. Ce qu'il y avait de plus sage était de
tirer du mal le meilleur parti possible, de faire comme les évêques
du ve siècle et du vie, qui, ne pouvant repousser les barbares,
cherchaient à les éclairer. Nous consentîmes donc à servir le
gouvernement de l'empereur Napoléon III dans ce qu'il avait de
bon, c'est-à-dire en tant qu'il touchait aux intérêts éternels de la
science, de l'éducation publique, du progrès des lumières, à ces
devoirs sociaux enfin qui ne chôment jamais.

Il est incontestable, d'ailleurs, que le règne de l'empereur
Napoléon III, malgré ses immenses lacunes, avait résolu une
moitié du problème. La majorité de la France était parfaitement
contente. Elle avait ce qu'elle voulait, l'ordre et la paix. La
liberté manquait, il est vrai; la vie politique était des plus faibles;
mais cela ne blessait qu'une minorité d'un cinquième ou d'un
sixième de la nation, et encore dans cette minorité faut-il distinguer
un petit nombre d'hommes instruits, intelligents, vraiment
libéraux, d'une foule peu réfléchie, animée de cet esprit séditieux
qui a pour unique programme d'être toujours en opposition avec
le gouvernement et de chercher à le renverser. L'administration

[1] On 2 December 1851 the National Assembly was dissolved by force
and under the new constitution (14 January 1852) Louis-Napoleon's
tenure of the Presidency was prolonged for ten years. One year later
(December 1852) the Empire was proclaimed.
[2] Hippotyte (1811–56), Minister of Public Instruction after the *coup
d'état*.

était très-mauvaise; mais quiconque ne niait pas le principe des droits de la dynastie souffrait peu. Les hommes d'opposition eux-mêmes étaient plutôt gênés dans leur activité que persécutés. La fortune du pays s'augmentait dans des proportions inouïes. A la date du 8 mai 1870, après de très-graves fautes commises, sept millions et demi d'électeurs se déclarèrent encore satisfaits. Il ne venait à l'esprit de presque personne qu'un tel état pût être exposé à la plus effroyable des catastrophes. Cette catastrophe, en effet, ne sortit pas d'une nécessité générale de situation; elle vint d'un trait particulier du caractère de l'empereur Napoléon III.

II

L'empereur Napoléon III avait fondé sa fortune en répondant au besoin de réaction, d'ordre, de repos qui fut la conséquence de la révolution de 1848. Si l'empereur Napoléon III se fût renfermé dans ce programme, s'il se fût contenté de comprimer à l'intérieur toute idée, toute liberté politique, de développer les intérêts matériels, de s'appuyer sur un cléricalisme modéré et sans conviction, son règne et celui de sa dynastie eussent été assurés pour longtemps. Le pays s'enfonçait de plus en plus dans la vulgarité, oubliait sa vieille histoire; la nouvelle dynastie était fondée. La France telle que l'a faite le suffrage universel est devenue profondément matérialiste; les nobles soucis de la France d'autrefois, le patriotisme, l'enthousiasme du beau, l'amour de la gloire, ont disparu avec les classes nobles qui représentaient l'âme de la France. Le jugement et le gouvernement des choses ont été transportés à la masse; or la masse est lourde, grossière, dominée par la vue la plus superficielle de l'intérêt. Ses deux pôles sont l'ouvrier et le paysan. L'ouvrier n'est pas éclairé; le paysan veut avant tout acheter de la terre, arrondir son champ. Parlez au paysan, au socialiste de l'Internationale, de la France, de son passé, de son génie, il ne comprendra pas un tel langage. L'honneur militaire, de ce point de vue borné, paraît une folie; le goût des grandes choses, la gloire de l'esprit sont des chimères; l'argent dépensé pour l'art et la science est de l'argent perdu, dépensé follement, pris dans la poche de gens qui se soucient aussi peu que possible d'art et de science. Voilà l'esprit provincial que l'empereur servit merveilleusement dans les premières années de son règne. S'il était resté le docile et aveugle serviteur de cette réaction mesquine, aucune opposition n'aurait réussi à l'ébranler. Toutes les oppositions réunies eussent trouvé leur limite en deux millions de voix tout au plus. Le chiffre des opposants augmentait chaque année; d'où quelques personnes concluaient qu'il grandirait jusqu'à devenir majorité. Erreur; ce chiffre eût rencontré un point d'arrêt qu'il n'eût pas dépassé. Disons-le, puisque nous avons la certitude que ces lignes ne seront lues que par des personnes intelligentes: un gouvernement qui aura pour unique désir de s'établir en France et de s'y éterniser aura désormais, je le crains, une voie bien simple à suivre: imiter le programme de Napoléon III, moins la guerre. De la sorte il amènera la France au degré d'abaissement où arrive toute société qui renonce aux hautes visées; mais il ne mourra qu'avec le pays, de la mort lente de ceux qui s'abandonnent au courant de la destinée, sans jamais le contrarier.

Tel n'était pas l'empereur Napoléon III. Il était supérieur en un sens à la majorité du pays; il aimait le bien; il avait un goût, peu éclairé sans doute, réel cependant, de la noble culture de l'humanité. A plusieurs égards, il était en totale dissonance avec ceux qui l'avaient nommé. Il rêvait la gloire militaire; le fantôme de Napoléon Ier le hantait. Cela est d'autant plus étrange que l'empereur Napoléon III voyait fort bien qu'il n'avait ni aptitudes, ni pratique pour la guerre, et qu'il savait que la France avait perdu à cet égard toutes ses qualités. Mais l'idée innée l'emportait. L'empereur sentait si bien que ses vues personnelles à cet égard étaient une sorte de *nævus* qu'il fallait cacher, que toujours, à l'époque de la fondation de son pouvoir, nous le voyons occupé à protester qu'il veut la paix.[1] Il reconnaissait que c'était là le moyen de se rendre populaire. La guerre de Crimée[2] ne fut acceptée dans l'opinion que parce qu'on la crut sans conséquence

---

[1] At the end of the tour which he undertook through France in the late summer and autumn of 1852, the Prince-President, as he then still was, declared in a speech at Bordeaux: 'L'Empire c'est la paix.'

[2] 1854–56.

pour la paix générale. La guerre d'Italie[1] ne fut pardonnée que quand on la vit tourner court et rester à mi-chemin.

Le plus simple bon sens commandait à l'empereur Napoléon III de ne jamais faire la guerre. La France, il le savait, ne la désirait en aucune sorte.* En outre, un pays travaillé par les révolutions, qui a des divisions dynastiques, n'est pas capable d'un grand effort militaire. Le roi Jean, Charles VII, François Ier et même Louis XIV traversèrent des situations aussi critiques que celle de Napoléon III après la capitulation de Sedan; ils ne furent pas pour cela renversés, ni même un moment ébranlés. Le roi de Prusse Frédéric-Guillaume III, après la bataille d'Iéna,[2] se trouva plus solide que jamais sur son trône; mais Napoléon III ne pouvait supporter une défaite. Il était comme un joueur qui jouerait à la condition d'être fusillé s'il perd une partie. Un pays divisé sur les questions dynastiques doit renoncer à la guerre; car, au premier échec, cette cause de faiblesse apparaît, et fait de tout accident un cas mortel. L'homme qui a une blessure mal cicatrisée peut se livrer aux actes de la vie ordinaire sans qu'on s'aperçoive de son infirmité; mais tout exercice violent lui est interdit; à la première fatigue sa blessure se rouvre, et il tombe. On ne conçoit pas que Napoléon III se soit fait une si complète illusion sur la solidité de l'édifice qu'il avait fait lui-même d'argile. Comment ne vit-il pas qu'un tel édifice ne résisterait pas à une secousse, et que le choc d'un ennemi puissant devait nécessairement le faire crouler?

La guerre déclarée au mois de juillet 1870 est donc une aberration personnelle, l'explosion ou plutôt le retour offensif d'une idée depuis longtemps latente dans l'esprit de Napoléon III, idée que les goûts pacifiques du pays l'obligeaient de dissimuler, et à laquelle il semble qu'il avait lui-même presque renoncé. Il n'y a pas un exemple de plus complète trahison d'un État par son souverain, en prenant le mot trahison pour désigner l'acte du mandataire qui substitue sa volonté à celle du mandant. Est-ce à dire que le pays ne soit pas responsable de ce qui est arrivé?

* Enquête des préfets. *Journal des Débats*, 3 et 4 octobre 1870.

[1] Battles of Magenta and Solferino, June 1859; Peace of Villafranca, July 1859. The price of French intervention was the cession to France of Nice and Savoy, March 1860. [2] 14 October 1806.

Hélas! nous ne pouvons le soutenir. Le pays a été coupable de s'être donné un gouvernement peu éclairé et surtout une chambre misérable, qui, avec une légèreté dépassant toute imagination, vota sur la parole d'un ministre[1] la plus funeste des guerres. Le crime de la France fut celui d'un homme riche qui choisit un mauvais gérant de sa fortune, et lui donne une procuration illimitée; cet homme mérite d'être ruiné; mais on n'est pas juste si l'on prétend qu'il a fait lui-même les actes que son fondé de pouvoirs a faits sans lui et malgré lui.

Quiconque connaît la France, en effet, dans son ensemble et dans ses variétés provinciales, n'hésitera pas à reconnaître que le mouvement qui emporte ce pays depuis un demi-siècle est essentiellement pacifique. La génération militaire, froissée par le défaites de 1814 et de 1815, avait à peu près disparu sous la Restauration et sous le règne de Louis-Philippe. Un patriote profondément honnête, mais souvent superficiel, raconta nos anciennes victoires d'un ton de triomphe qui souvent put blesser l'étranger; mais cette dissonance allait s'affaiblissant chaque jour. On peut dire qu'elle avait cessé depuis 1848. Deux mouvements commencèrent alors, qui devaient être la fin non-seulement de tout esprit guerrier, mais de tout patriotisme: je veux parler de l'éveil extraordinaire des appétits matériels chez les ouvriers et chez les paysans. Il est clair que le socialisme des ouvriers est l'antipode de l'esprit militaire; c'est presque la négation de la patrie; les doctrines de l'Internationale[2] sont là pour le prouver. Le paysan, d'un autre côté, depuis qu'on lui a ouvert la voie de la richesse et qu'on lui a montré que son industrie est la plus sûrement lucrative, le paysan a senti redoubler son horreur pour la conscription. Je parle par expérience. Je fis la campagne électorale de mai 1869[3] dans une circonscription toute rurale de Seine-et-

[1] Reference presumably to Emile Ollivier (1825–1913). Head of the Government at the outbreak of the Franco-Prussian War, he declared in a speech that he accepted the responsibilities of war '...d'un cœur léger'.

[2] Cf. Marx and Engels, Communist Manifesto (1847): '...workers of the world, unite.' The first International was founded in 1866 at the Congress of Geneva.

[3] Renan was candidate in the Constituency of Meaux, but was not elected.

Marne; je puis assurer que je ne trouvai pas sur mon chemin un seul élément de l'ancienne vie militaire du pays. Un gouvernement à bon marché, peu imposant, peu gênant, un honnête désir de liberté, une grande soif d'égalité, une totale indifférence à la gloire du pays, la volonté arrêtée de ne faire aucun sacrifice à des intérêts non palpables, violà ce qui me parut l'esprit du paysan dans la partie de la France où le paysan est, comme on dit, le plus avancé.

Je ne veux pas dire qu'il ne restât plus de traces du vieil esprit qui se nourrit des souvenirs du premier empire. Le parti très peu nombreux qu'on peut appeler bonapartiste, au sens propre, entourait l'empereur de déplorables excitations. Le parti catholique, par ses lieux communs erronés sur la prétendue décadence des nations protestantes, cherchait aussi à rallumer un feu presque éteint. Mais cela ne touchait nullement le pays. L'expérience de 1870 l'a bien montré; l'annonce de la guerre fut accueillie avec consternation; les sottes rodomontades des journaux, les criailleries des gamins sur le boulevard sont des faits dont l'histoire n'aura de compte à tenir que pour montrer à quel point une bande d'étourdis peut donner le change sur les vrais sentiments d'un pays. La guerre prouva jusqu'à l'évidence que nous n'avions plus nos anciennes facultés militaires. Il n'y a rien là qui doive étonner celui qui s'est fait une idée juste de la philosophie de notre histoire. La France du moyen âge est une construction germanique, élevée par une aristocratie militaire germanique avec des matériaux gallo-romains. Le travail séculaire de la France a consisté à expulser de son sein tous les éléments déposés par l'invasion germanique, jusqu'à la Révolution, qui a été la dernière convulsion de cet effort. L'esprit militaire de la France venait de ce qu'elle avait de germanique; en chassant violemment les éléments germaniques et en les remplaçant par une conception philosophique et égalitaire de la société, la France a rejeté du même coup tout ce qu'il y avait en elle d'esprit militaire. Elle est restée un pays riche, considérant la guerre comme une sotte carrière, très-peu rémunératrice. La France est ainsi devenue le pays le plus pacifique du monde; toute son activité s'est tournée vers les problèmes sociaux, vers l'acquisition de la richesse et les progrès de l'industrie. Les classes éclairées n'ont pas laissé dépérir le goût de l'art, de la science, de la littérature, d'un luxe élégant; mais la carrière militaire a été abandonnée. Peu de familles de la bourgeoisie aisée, ayant à choisir un état pour leur fils, ont préféré aux riches perspectives du commerce et de l'industrie une profession dont elles ne comprennent pas l'importance sociale. L'école de Saint-Cyr[1] n'a guère eu que le rebut de la jeunesse, jusqu'à ce que l'ancienne noblesse et le parti catholique aient commencé à la peupler, changement dont les conséquences n'ont pas encore eu le temps de se développer. Cette nation a été autrefois brillante et guerrière; mais elle l'a été par sélection, si j'ose le dire. Elle entretenait et produisait une noblesse admirable, pleine de bravoure et d'éclat. Cette noblesse une fois tombée, il est resté un fond indistinct de médiocrité, sans originalité ni hardiesse, une roture ne comprenant ni le privilège de l'esprit ni celui de l'épée. Une nation ainsi faite peut arriver au comble de la prospérité matérielle; elle n'a plus de rôle dans le monde, plus d'action à l'étranger. D'autre part, il est impossible de sortir d'un pareil état avec le suffrage universel. Car on ne dompte pas le suffrage universel avec lui-même; on le trompe, on l'endort; mais, tant qu'il règne, il oblige ceux qui relèvent de lui de pactiser avec lui et de subir sa loi. Il y a cercle vicieux à rêver qu'on peut réformer les erreurs d'une opinion inconvertissable en prenant son seul point d'appui dans l'opinion.

La France n'a fait, du reste, que suivre en cela le mouvement général de toutes les nations de l'Europe, la Prusse et la Russie exceptées. M. Cobden, que je vis vers 1857, était enchanté de nous. L'Angleterre nous avait devancés dans cette voie du matérialisme industriel et commercial; seulement, bien plus sages que nous, les Anglais surent faire marcher leur gouvernement d'accord avec la nation, tandis que notre maladresse a été telle, que le gouvernement de notre choix a pu nous engager malgré nous dans la guerre. Je ne sais si je me trompe; mais il y a une vue d'ethnographie historique qui s'impose de plus en plus à mon esprit. La similitude de l'Angleterre et de la France du Nord m'apparaît chaque jour

[1] The military Academy, founded in 1808, now removed to Coëtquidan in Brittany.

davantage. Notre étourderie vient du Midi, et, si la *France* n'avait pas entraîné le Languedoc[1] et la Provence dans son cercle d'activité, nous serions sérieux, actifs, protestants, parlementaires. Notre fond de race est le même que celui des Iles-Britanniques; l'action germanique, bien qu'elle ait été assez forte dans ces îles pour faire dominer un idiome germanique, n'a pas, en somme, été plus considérable sur l'ensemble des trois royaumes que sur l'ensemble de la France. Comme la France, l'Angleterre me paraît en train d'expulser son élément germanique, cette noblesse obstinée, fière, intraitable, qui la gouvernait du temps de Pitt, de Castlereagh, de Wellington. Que cette pacifique et toute chrétienne école d'économistes est loin de la passion des hommes de fer qui imposèrent à leur pays de si grandes choses! L'opinion publique de l'Angleterre, telle qu'elle se produit depuis trente ans, n'est nullement germanique; on y sent l'esprit celtique, plus doux, plus sympathique, plus humain. Ces sortes d'aperçus doivent être pris d'une façon très-large; on peut dire cependant que ce qui reste encore d'esprit militaire dans le monde est un fait germanique. C'est probablement par la race germanique, en tant que féodale et militaire, que le socialisme et la démocratie égalitaire, qui chez nous autres Celtes ne trouveraient pas facilement leur limite, arriveront à être domptés, et cela sera conforme aux précédents historiques; car un des traits de la race germanique a toujours été de faire marcher de pair l'idée de conquête et l'idée de garantie; en d'autres termes, de faire dominer le fait matériel et brutal de la propriété résultant de la conquête sur toutes les considérations des droits de l'homme et sur les théories abstraites de contrat social. La réponse à chaque progrès du socialisme pourra être de la sorte un progrès du germanisme, et on entrevoit le jour où tous les pays de socialisme seront gouvernés par des Allemands. L'invasion du ive et du ve siècle se fit par des raisons analogues, les pays romains étant devenus incapables de produire de bons gendarmes, de bons mainteneurs de propriété.

En réalité notre pays, surtout la province, allait vers une forme sociale qui, malgré la diversité des apparences, avait plus d'une

[1] Passed to the French Crown after the death of Raymond VII, Comte de Toulouse, 1197–1249. Provence, see p. 12, n. 2.

analogie avec l'Amérique, vers une forme sociale où beaucoup de choses tenues autrefois pour choses d'État seraient laissées à l'initiative privée. Certes, on pouvait n'être pas le partisan d'un tel avenir; il était clair que la France en se développant dans ce sens resterait fort au-dessous de l'Amérique. A son manque d'éducation, de distinction, à ce vide que laisse toujours dans un pays l'absence de cour, de haute société, d'anciennes institutions, l'Amérique supplée par le feu de sa jeune croissance, par son patriotisme, par la confiance exagérée peut-être qu'elle a dans sa force, par la persuasion qu'elle travaille à la grande œuvre de l'humanité, par l'efficacité de ses convictions protestantes, par sa hardiesse et son esprit d'entreprise, par l'absence presque totale de germes socialistes, par la facilité avec laquelle la différence du riche et du pauvre y est acceptée, par le privilége surtout qu'elle a de se développer à l'air libre, dans l'infini de l'espace et sans voisins. Privée de ces avantages, faisant son expérience, pour ainsi dire, en vase clos, à la fois trop pesante et trop légère, trop crédule et trop railleuse, la France n'aurait jamais été qu'une Amérique de second ordre, mesquine, médiocre, peut-être plus semblable au Mexique ou à l'Amérique du Sud qu'aux États-Unis. La royauté conserve dans nos vieilles sociétés une foule de choses bonnes à garder; avec l'idée que j'ai de la vieille France et de son génie, j'appellerais cet adieu à la gloire et aux grandes choses: *Finis Franciæ*. Mais, en politique, il faut se garder de prendre ses sympathies pour ce qui doit être; ce qui réussit en ce monde est d'ordinaire le rebours de nos instincts, à nous autres idéalistes, et presque toujours nous sommes autorisés à conclure, de ce qu'une chose nous déplaît, qu'elle sera. Ce désir d'un état politique impliquant le moins possible de gouvernement central est le vœu universel de la province. L'antipathie qu'elle témoigne contre Paris n'est pas seulement la juste indignation contre les attentats d'une minorité factieuse: ce n'est pas seulement le Paris révolutionnaire,[1] c'est le Paris gouvernant que la France n'aime pas.

---

[1] The saying; 'Paris makes revolutions, France accepts them', may have had some truth until February 1848, but not since. Vide A. Thibaudet, *La République des Professeurs* (Grasset, 1927), chap. II, 'La Révolution de la Province'.

Paris est pour la France synonyme d'exigences gênantes. C'est Paris qui lève les hommes, qui absorbe l'argent, qui l'emploie à une foule de fins que la province ne comprend pas. Le plus capable des administrateurs du dernier règne me disait, à propos des élections de 1869, que ce qui lui paraissait le plus compromis en France était le système de l'impôt, la province à chaque élection forçant ses élus à prendre des engagements, qu'il faudrait bien tenir tôt ou tard dans une certaine mesure et dont l'accomplissement serait la destruction des finances de l'État. La première fois que je rencontrai Prevost-Paradol,[1] au retour de sa campagne électorale dans la Loire-Inférieure, je lui demandai son impression dominante: 'Nous verrons bientôt la fin de l'État,' me dit-il. C'est exactement ce que j'aurais répondu, s'il m'avait demandé mes impressions de Seine-et-Marne. Que le préfet se mêle d'aussi peu de choses que possible, que l'impôt et le service militaire soient aussi réduits que possible, et la province sera satisfaite. La plupart des gens n'y demandent guère qu'une seule chose, c'est qu'on les laisse tranquillement faire fortune. Seuls, les pays pauvres montrent encore de l'avidité pour les places; dans les départements riches, les fonctions ne sont pas considérées et sont tenues pour un des emplois les moins avantageux qu'on ait à faire de son activité.

Tel est l'esprit de ce qu'on peut appeler la démocratie provinciale. Un pareil esprit, on le voit, diffère sensiblement de l'esprit républicain; il peut s'accommoder de l'empire et de la royauté constitutionnelle aussi bien que de la république, et même mieux à quelques égards. Aussi indifférent à telle ou telle dynastie qu'à tout ce qui peut s'appeler gloire ou éclat, il préfère au fond avoir une dynastie, comme garantie d'ordre; mais il ne veut faire aucun sacrifice à l'établissement de cette dynastie. C'est le pur matérialisme politique, l'antipode de la part d'idéalisme qui est l'âme des théories légitimistes et républicaines. Un tel parti, qui est celui de l'immense majorité des Français, est trop superficiel, trop borné pour pouvoir conduire les destinées d'un pays.

[1] 1829–70. Journalist and politician. At first in opposition to Napoleon III, he rallied to the Liberal Empire and was appointed ambassador at Washington.

L'énorme sottise qu'il fit à son point de vue quand il prit en 1848 le prince Louis-Napoléon pour gérant de ses affaires, il la renouvellera vingt fois. Son sort est d'être dupe sans fin, car il est défendu à l'homme bassement intéressé d'être habile; la simple platitude bourgeoise ne peut susciter la quantité de dévouement nécessaire pour créer un ordre de choses et pour le maintenir.

Il y a du vrai, en effet, dans le principe germanique qu'une société n'a un droit plein à son patrimoine que tandis qu'elle peut le garantir. Dans un sens général, il n'est pas bon que celui qui possède soit incapable de défendre ce qu'il possède. Le duel des chevaliers du moyen âge, la menace de l'homme armé venant présenter la bataille au propriétaire qui s'endort dans la mollesse, était à quelques égards légitime. Le droit du brave a fondé la propriété; l'homme d'épée est bien le créateur de toute richesse, puisqu'en défendant ce qu'il a conquis il assure le bien des personnes qui sont groupées sous sa protection. Disons au moins qu'un état comme celui qu'avait rêvé la bourgeoisie française, état où celui qui possédait et jouissait ne tenait pas réellement l'épée (par suite de la loi sur le remplacement)[1] pour défendre sa propriété, constituait un véritable *porte à faux* d'architecture sociale. Une classe possédante qui vit dans une oisiveté relative, qui rend peu de services publics, et qui se montre néanmoins arrogante, comme si elle avait un droit de naissance à posséder et comme si les autres avaient par naissance le devoir de la défendre, une telle classe, dis-je, ne possédera pas longtemps. Notre société devient trop exclusivement une association de faibles; une telle société se défend mal; il lui est difficile de réaliser ce qui est le grand *criterium* du droit et de la volonté qu'a une réunion d'hommes de vivre ensemble et de se garantir mutuellement, je veux dire une puissante force armée. L'auteur de la richesse est aussi bien celui qui la garantit par ses armes que celui qui la crée par son travail. L'économie politique, uniquement préoccupée de la création de la richesse par le travail, n'a jamais compris la féodalité, laquelle était au fond tout aussi légitime que la constitution de l'armée moderne.

---

[1] System whereby a man called to the colours, could buy himself a substitute. Finally abolished by the law of 1872 on military service.

Les ducs, les marquis, les comtes, étaient au fond les généraux, les colonels, les commandants d'une *Landwehr*, dont les appointements consistaient en terres et en droits seigneuriaux.

III

Ainsi la tradition d'une politique nationale se perdait de jour en jour. Le principe du goût que la majorité des Français a pour la monarchie étant essentiellement matérialiste, et aussi éloigné que possible de ce qui peut s'appeler fidélité, *loyalisme*, amour de ses princes, la France, tout en voulant une dynastie, se montre très-coulante sur le choix de la dynastie elle-même. Le règne éphémère mais brillant de Napoléon Ier avait suffi pour créer un titre auprès de ce peuple, étranger à toute idée de légitimité séculaire. Le prince Louis-Napoléon se présentant en 1848 comme héritier de ce titre, et paraissant fait exprès pour tirer la France d'un état[1] qui lui est antipathique et dont elle s'exagérait les dangers, la France le saisit comme une bouée de sauvetage, l'aida dans ses entreprises les plus téméraires, se fit complice de ses coups d'État. Pendant près de vingt ans, les fauteurs du 10 décembre purent croire qu'ils avaient eu raison. La France développa prodigieusement ses ressources intérieures. Ce fut une vraie révélation. Grâce à l'ordre, à la paix, aux traités de commerce, Napoléon III apprit à la France sa propre richesse. L'abaissement politique intérieur mécontentait une fraction intelligente; le reste avait trouvé ce qu'il voulait, et il n'est pas douteux que le règne de Napoléon III restera pour certaines classes de la nation un véritable idéal. Je le répète, si Napoléon III eût voulu ne pas faire la guerre, la dynastie des Bonapartes était fondée pour des siècles. Mais telle est la faiblesse d'un état dénué de base morale, qu'un jour de folie suffit pour tout perdre. Comment l'empereur ne vit-il pas que la guerre avec l'Allemagne était une épreuve trop forte pour un pays aussi affaibli que la France? Un entourage ignorant et sans sérieux, conséquence du péché d'origine de la monarchie nouvelle, une cour où il n'y avait qu'un seul homme

[1] I.e. the Republic.

intelligent (ce prince plein d'esprit[1] et connaissant merveilleusement son siècle, que la fatalité de sa destinée laissa presque
sans autorité), rendaient possibles toutes les surprises, tous les
malheurs.

Pendant que la fortune publique, en effet, prenait des accroisse-
ments inouïs, pendant que le paysan acquérait par ses économies
des richesses qui n'élevaient en rien son état intellectuel, sa civilité,
sa culture, l'abaissement de toute aristocratie se produisait en
d'effrayantes proportions; la moyenne intellectuelle du public
descendait étrangement. Le nombre et la valeur des hommes dis-
tingués qui sortaient de la nation se maintenaient, augmentaient
peut-être; dans plus d'un genre de mérite, les nouveaux venus
ne le cédaient à aucun des noms illustres des générations écloses
sous un meilleur soleil; mais l'atmosphère s'appauvrissait; on
mourait de froid. L'Université, déjà faible, peu éclairée, était
systématiquement affaiblie; les deux seuls bons enseignements
qu'elle possédât, celui de l'histoire et celui de la philosophie,
furent à peu près supprimés. L'École polytechnique, l'École
normale étaient découronnées. Quelques efforts[2] d'amélioration
qui se firent à partir de 1860 restèrent incohérents et sans suite.
Les hommes de bonne volonté qui s'y compromirent ne furent pas
soutenus. Les exigences cléricales auxquelles on se soumettait ne
laissaient passer qu'une inoffensive médiocrité; tout ce qui était
un peu original se voyait condamné à une sorte de bannissement
dans son propre pays. Le catholicisme restait la seule force
organisée en dehors de l'État et confisquait à son profit l'action
extérieure de la France. Paris était envahi par l'étranger viveur,
par les provinciaux, qui n'y encourageaient qu'une petite presse
ridicule et la sotte littérature, aussi peu parisienne que possible, du
nouveau genre bouffon. Le pays, en attendant, s'enfonçait dans
un matérialisme hideux. N'ayant pas de noblesse pour lui donner
l'exemple, le paysan enrichi, content de sa lourde et triviale
aisance, ne savait pas vivre, restait gauche, sans idées. *Oves non*

---

[1] Allusion presumably to Prince Joseph Bonaparte (1822–91), son of
Jérôme Bonaparte, and cousin of Napoleon III.
[2] The allusion is perhaps to the work of Victor Duruy as Minister of
Public Instruction, 1863–69, who re-established the degree in philosophy.

habentes pastorem, telle était la France: un feu sans flamme ni lumière; un cœur sans chaleur; un peuple sans prophètes sachant dire ce qu'il sent; une planète morte, parcourant son orbite d'un mouvement machinal.

La corruption administrative n'était pas le vol organisé, comme cela s'est vu à Naples, en Espagne; c'était l'incurie, la paresse, un laisser aller universel, une complète indifférence pour la chose publique. Toute fonction était devenue une sinécure, un droit à une rente pour ne rien faire. Avec cela, tout le monde était inattaquable. Grâce à une loi sur la diffamation qui a l'air d'avoir été faite pour protéger les moins honorables des citoyens, grâce surtout à l'universel discrédit où la presse tomba par sa vénalité, une prime énorme était assurée à la médiocrité et à la malhonnêteté. Celui qui hasardait quelque critique devenait vite un être à part et bientôt un homme dangereux. On ne le persécutait pas; cela était bien inutile. Tout se perdait dans une mollesse générale, dans un manque complet d'attention et de précision. Quelques hommes d'esprit et de cœur, qui donnaient d'utiles conseils, étaient impuissants. L'impertinence vaniteuse de l'administration officielle, persuadée que l'Europe l'admirait et l'enviait, rendait toute observation inutile et toute réforme impossible.

L'opposition était-elle plus éclairée que le gouvernement? à peine. Les orateurs de l'opposition se montraient, en ce qui concerne les affaires allemandes, plus étourdis encore que M. Rouher.[1] En somme, l'opposition ne représentait nullement un principe supérieur de moralité. Étrangère à toute idée de politique savante, elle ne sortait pas de l'ornière du superficiel radicalisme français. A part quelques hommes de valeur, qu'on s'étonne de voir issus d'une source aussi trouble que le suffrage parisien, le reste n'était que déclamation, parti pris démocratique. La province valait mieux à quelques égards. Des besoins d'une vie locale régulière, d'une sérieuse décentralisation au profit de la commune, du canton, du département, le désir impérieux d'élections libres, la volonté arrêtée de réduire le gouvernement au strict nécessaire, de

[1] Eugène Rouher (1814–84); played an important political role under Napoleon III notably in the Mexican adventure, 1862–67, 'la grande pensée du règne'.

diminuer considérablement l'armée, de supprimer les sinécures, d'abolir l'aristocratie des fonctionnaires, constituaient un programme assez libéral, quoique mesquin, puisque le fond de ce programme était de payer le moins possible, de renoncer à tout ce qui peut s'appeler gloire, force, éclat. De ces vœux accomplis, fût résulté avec le temps une petite vie provinciale, matériellement très-florissante, indifférente à l'instruction et à la culture intellectuelle, assez libre; une vie de bourgeois aisés, indépendants les uns des autres, sans souci de la science, de l'art, de la gloire, du génie; une vie, je le répète, assez semblable à la vie américaine, sauf la différence des mœurs et du tempérament.

Tel était l'avenir de la France, si Napoléon III n'eût volontairement couru à sa ruine. On allait à pleines voiles vers la médiocrité. D'une part, les progrès de la prospérité matérielle absorbaient la bourgeoisie; de l'autre, les questions sociales étouffaient complètement les questions nationales et patriotiques. Ces deux ordres de questions se font en quelque sorte équilibre; l'avénement des unes signale l'éclipse des autres. La grande amélioration qui s'était faite dans la situation de l'ouvrier était loin d'être favorable à son amélioration morale. Le peuple est bien moins capable que les classes élevées ou éclairées de résister à la séduction des plaisirs faciles, qui ne sont sans inconvénients que quand on est blasé sur leur compte. Pour que le bien-être ne démoralise pas, il faut y être habitué; l'homme sans éducation s'abîme vite dans le plaisir, le prend lourdement au sérieux, ne s'en dégoûte pas. La moralité supérieure du peuple allemand vient de ce qu'il a été jusqu'à nos jours très-maltraité. Les politiques qui soutiennent qu'il faut que le peuple souffre pour qu'il soit bon n'ont malheureusement pas tout à fait tort.

Le dirai-je? notre philosophie politique concourait au même résultat. Le premier principe de notre morale, c'est de supprimer le tempérament, de faire dominer le plus possible la raison sur l'animalité; or c'est là l'inverse de l'esprit guerrier. Quelle pouvait être notre règle de conduite, à nous autres libéraux, qui ne pouvons pas admettre le droit divin en politique, quand nous n'admettons pas le surnaturel en religion? Un simple droit humain, un compromis entre le rationalisme absolu de Condorcet et du XVIIIe siècle, ne reconnaissant que le droit de la raison à gouverner l'humanité, et les droits résultant de l'histoire. L'expérience manquée de la Révolution nous a guéris du culte de la raison; mais, en y mettant toute la bonne volonté possible, nous n'avons pu en venir au culte de la force ou du droit fondé sur la force, qui est le résumé de la politique allemande. Le consentement des diverses parties d'un État nous paraît l'*ultima ratio* de l'existence de cet État. — Tels étaient nos principes, et ils avaient deux défauts essentiels: le premier, c'est qu'il se trouvait au monde des gens qui en avaient de tout autres, qui vivaient des dures doctrines de l'ancien régime, lequel faisait consister l'unité de la nation dans les droits du souverain, tandis que nous nous imaginions que le XIXe siècle avait inauguré un droit nouveau, le droit des populations; le second défaut, c'est que ces principes, nous ne réussîmes pas toujours à les faire prévaloir chez nous. Les principes que je disais tout à l'heure sont bien des principes français, en ce sens qu'ils sortent logiquement de notre philosophie, de notre révolution, de notre caractère national avec ses qualités et ses défauts. Malheureusement, le parti qui les professe n'est, comme tous les partis intelligents, qu'une minorité, et cette minorité a été trop souvent vaincue chez nous. L'expédition de Rome[1] a été la plus évidente dérogation à la seule politique qui pouvait nous convenir. La tentative de nous immiscer dans les affaires allemandes a été une flagrante inconséquence, et celle-ci ne doit pas être mise uniquement à la charge du gouvernement déchu; l'opposition n'avait cessé d'y pousser depuis Sadowa. Ceux qui ont toujours repoussé la politique de conquête ont le droit de dire: 'Prendre l'Alsace malgré elle est un crime; la céder autrement que devant une nécessité absolue serait un crime aussi.' Mais ceux qui ont prêché la doctrine des frontières naturelles et des convenances nationales n'ont pas le droit de trouver mauvais qu'on leur fasse ce qu'ils voulaient faire aux autres. La doctrine des frontières naturelles et celle du droit des populations ne peuvent

---

[1] In order to please the Catholics, Louis-Napoleon sent an expeditionary force, under General Oudinot, which recaptured the city from the Republicans, June 1849, and restored Pius IX. A French force remained in Rome until after the outbreak of the war of 1870 and was a source of difficulty for Napoleon III towards the end of his reign.

être invoquées par la même bouche, sous peine d'une évidente contradiction.

Ainsi nous nous sommes trouvés faibles, désavoués par notre propre pays. La France pouvait se désintéresser de toute action extérieure comme le fit sagement Louis-Philippe. Dès qu'elle agissait à l'étranger, elle ne pouvait servir que son propre principe, le principe des nations libres, composées de provinces libres, maîtresses de leurs destinées. C'est de ce point de vue que nous vîmes avec sympathie la guerre d'Italie de l'empereur Napoléon III, même à quelques égards la guerre de Crimée, et surtout l'aide qu'il donna à la formation d'une Allemagne du Nord autour de la Prusse. Nous crûmes un moment que notre rêve allait se réaliser, c'est-à-dire l'union politique et intellectuelle de l'Allemagne, de l'Angleterre et de la France, constituant à elles trois une force directrice de l'humanité et de la civilisation, faisant digue à la Russie, ou plutôt la dirigeant dans sa voie et l'élevant. Hélas! que faire avec un esprit étrange et inconsistant? La guerre d'Italie eut pour contre-partie l'occupation prolongée de Rome, négation complète de tous les principes français; la guerre de Crimée, qui n'eût été légitime que si elle avait abouti à émanciper les bonnes populations tenues dans la sujétion par la Turquie, n'eut pour résultat que de fortifier le principe ottoman; l'expédition du Mexique fut un défi jeté à toute idée libérale. Les titres réels qu'on s'était acquis à la reconnaissance de l'Allemagne, on les perdit en prenant après Sadowa une attitude de mauvaise humeur et de provocation.

Il est injuste, disons-le encore, de rejeter toutes ces fautes sur le compte du dernier régime, et un des tours les plus dangereux que pourrait prendre l'amour-propre national serait de s'imaginer que nos malheurs n'ont eu pour cause que les fautes de Napoléon III, si bien que, Napoléon III une fois écarté, la victoire et le bonheur devraient nous revenir. La vérité est que toutes nos faiblesses eurent une racine plus profonde, une racine qui n'a nullement disparu, la démocratie mal entendue. Un pays démocratique ne peut être bien gouverné, bien administré, bien commandé. La raison en est simple. Le gouvernement, l'administration, le commandement sont dans une société le résultat d'une sélection qui tire de la masse un certain nombre d'individus qui gouvernent, administrent, commandent. Cette sélection peut se faire de quatre manières qui ont été appliquées tantôt isolément, tantôt concurremment dans diverses sociétés : 1° par la naissance; 2° par le tirage au sort; 3° par l'élection populaire; 4° par les examens et les concours.

Le tirage au sort n'a guère été appliqué qu'à Athènes et à Florence, c'est-à-dire dans les deux seules villes où il y ait eu un peuple d'aristocrates, un peuple donnant par son histoire, au milieu des plus étranges écarts, le plus fin et le plus charmant spectacle. Il est clair que dans nos sociétés, qui ressemblent à de vastes Scythies, au milieu desquelles les cours, les grandes villes, les universités représentent des espèces de colonies grecques, un tel mode de sélection amènerait des résultats absurdes; il n'est pas besoin de s'y arrêter.

Le système des examens et des concours n'a été appliqué en grand qu'en Chine. Il y a produit une sénilité générale et incurable. Nous avons été nous-mêmes assez loin dans ce sens, et ce n'est pas là une des moindres causes de notre abaissement.

Le système de l'élection ne peut être pris comme base unique d'un gouvernement. Appliquée au commandement militaire, en particulier, l'élection est une sorte de contradiction, la négation même du commandement, puisque, dans les choses militaires, le commandement est absolu; or l'élu ne commande jamais absolument à son électeur. Appliquée au choix de la personne du souverain, l'élection encourage le charlatanisme, détruit d'avance le prestige de l'élu, l'oblige à s'humilier devant ceux qui doivent lui obéir. A plus forte raison ces objections s'appliquent-elles si le suffrage est universel. Appliqué au choix des députés, le suffrage universel n'amènera jamais, tant qu'il sera direct, que des choix médiocres. Il est impossible d'en faire sortir une chambre haute, une magistrature, ni même un bon conseil départemental ou municipal. Essentiellement borné, le suffrage universel ne comprend pas la nécessité de la science, la supériorité du noble et du savant. Il ne peut être bon qu'à former un corps de notables, et encore à condition que l'élection se fasse dans une forme que nous spécifierons plus tard.

Il est incontestable que, s'il fallait s'en tenir à un moyen de sélection unique, la naissance vaudrait mieux que l'élection. Le hasard de la naissance est moindre que le hasard du scrutin. La naissance en traîne d'ordinaire des avantages d'éducation et quelquefois une certaine supériorité de race. Quand il s'agit de la désignation du souverain et des chefs militaires, le *criterium* de la naissance s'impose presque nécessairement. Ce *criterium*, après tout, ne blesse que le préjugé français, qui voit dans la fonction une rente à distribuer au fonctionnaire bien plus qu'un devoir public. Ce préjugé est l'inverse du vrai principe de gouvernement, lequel ordonne de ne considérer dans le choix du fonctionnaire que le bien de l'État ou, en d'autres termes, la bonne exécution de la fonction. Nul n'a droit à une place ; tous ont droit que les places soient bien remplies. Si l'hérédité de certaines fonctions était un gage de bonne gestion, je n'hésiterais pas à conseiller pour ces fonctions l'hérédité.

On comprend maintenant comment la sélection du commandement, qui, jusqu'à la fin du XVIIe siècle, s'est faite si remarquablement en France, est maintenant si abaissée, et a pu produire ce corps de gouvernants, de ministres, de députés, de sénateurs, de maréchaux, de généraux, d'administrateurs que nous avions au mois de juillet[1] de l'année dernière, et qu'on peut regarder comme un des plus pauvres personnels d'hommes d'État que jamais pays ait vus en fonction. Tout cela venait du suffrage universel, puisque l'empereur, source de toute initiative, et le Corps législatif, seul contre-poids aux initiatives de l'empereur, en venaient. Ce misérable gouvernement était bien le résultat de la démocratie ; la France l'avait voulu, l'avait tiré de ses entrailles. La France du suffrage universel n'en aura jamais de beaucoup meilleur. Il serait contre nature qu'une moyenne intellectuelle qui atteint à peine celle d'un homme ignorant et borné se fît représenter par un corps de gouvernement éclairé, brillant et fort. D'un tel procédé de sélection, d'une démocratie aussi mal entendue ne peut sortir qu'un complet obscurcissement de la conscience d'un pays. Le collège grand électeur formé par tout le monde est inférieur au plus médiocre souverain d'autrefois ; la cour

[1] I.e. July 1870.

de Versailles valait mieux pour les choix des fonctionnaires que le suffrage universel d'aujourd'hui; ce suffrage produira un gouvernement inférieur à celui du xviiie siècle à ses plus mauvais jours.

Un pays n'est pas la simple addition des individus qui le composent; c'est une âme, une conscience, une personne, une résultante vivante. Cette âme peut résider en un fort petit nombre d'hommes; il vaudrait mieux que tous pussent y participer; mais ce qui est indispensable, c'est que, par la sélection gouvernementale, se forme une tête qui veille et pense pendant que le reste du pays ne pense pas et ne sent guère. Or la sélection française est la plus faible de toutes. Avec son suffrage universel non organisé, livré au hasard, la France ne peut avoir qu'une tête sociale sans intelligence ni savoir, sans prestige ni autorité. La France voulait la paix, et elle a si sottement choisi ses mandataires qu'elle a été jetée dans la guerre. La chambre d'un pays ultra-pacifique a voté d'enthousiasme la guerre la plus funeste. Quelques braillards de carrefour, quelques journalistes imprudents ont pu passer pour l'expression de l'opinion de la nation. Il y a en France autant de gens de cœur et de gens d'esprit que dans aucun autre pays; mais tout cela n'est pas mis en valeur. Un pays qui n'a d'autre organe que le suffrage universel direct est dans son ensemble, quelle que soit la valeur des hommes qu'il possède, un être ignorant, sot, inhabile à trancher sagement une question quelconque. Les démocrates se montrent bien sévères pour l'ancien régime, qui amenait souvent au pouvoir des souverains incapables ou méchants. Sûrement les États qui font résider la conscience nationale dans une famille royale et son entourage ont des hauts et des bas; mais prenons dans son ensemble la dynastie capétienne, qui a régné près de neuf cents ans; pour quelques periodes de baisse an xive, au xvie, au xviiie siècle, quelles admirables séries au xiie, au xiiie, au xviie siècle, de Louis le Jeune à Philippe le Bel, de Henri IV à la deuxième moitié du règne de Louis XIV! Il n'y a pas de système électif qui puisse donner une représentation comme celle-là. L'homme le plus médiocre est supérieur à la résultante collective qui sort de trente-six millions d'individus, comptant chacun pour une unité. Puisse l'avenir me donner tort! Mais on peut craindre qu'avec des ressources infinies de courage, de bonne volonté, et même d'intelligence, la France ne s'étouffe comme un feu mal disposé. L'égoïsme, source du socialisme, la jalousie, source de la démocratie, ne feront jamais qu'une société faible, incapable de résister à de puissants voisins. Une société n'est forte qu'à la condition de reconnaître le fait des supériorités naturelles, lesquelles au fond se réduisent à une seule, celle de la naissance, puisque la supériorité intellectuelle et morale n'est elle-même que la supériorité d'un germe de vie éclos dans des conditions particulièrement favorisées.

IV

Si nous eussions été seuls au monde ou sans voisins, nous aurions pu continuer indéfiniment notre décadence et même nous y complaire ; mais nous n'étions pas seuls au monde. Notre passé de gloire et d'empire venait comme un spectre troubler notre fête. Celui dont les ancêtres ont été mêlés à de grandes luttes n'est pas libre de mener une vie paisible et vulgaire ; les descendants de ceux que ses pères ont tués viennent sans cesse le réveiller dans sa bourgeoise félicité et lui porter l'épée au front.

Toujours légère et inconsidérée, la France avait à la lettre oublié qu'elle avait insulté il y a un demi-siècle la plupart des nations de l'Europe, et en particulier la race qui offre en tout le contraire de nos qualités et de nos défauts. La conscience française est courte et vive ; la conscience allemande est longue, tenace et profonde. Le Français est bon, étourdi ; il oublie vite le mal qu'il a fait et celui qu'on lui a fait ; l'Allemand est rancunier, peu généreux ; il comprend médiocrement la gloire, le point d'honneur ; il ne connaît pas le pardon. Les revanches de 1814 et de 1815 n'avaient pas satisfait l'énorme haine que les guerres funestes de l'Empire avaient allumée dans le cœur de l'Allemagne. Lentement, savamment, elle préparait la vengeance d'injures qui pour nous étaient des faits d'un autre âge, avec lequel nous ne nous sentions aucun lien et dont nous ne croyions nullement porter la responsabilité.

Pendant que nous descendions insouciants la pente d'un matérialisme inintelligent ou d'une philosophie trop généreuse, laissant presque se perdre tout souvenir d'esprit national (sans songer que notre état social était si peu solide qu'il suffisait pour tout perdre du caprice de quelques hommes imprudents), un tout autre esprit, le vieil esprit de ce que nous appelons l'ancien régime, vivait en Prusse, et à beaucoup d'égards en Russie. L'Angleterre et le reste de l'Europe, ces deux pays exceptés, étaient engagés dans la même voie que nous, voie de paix, d'industrie, de commerce, présentée par l'école des économistes et par la plupart des hommes d'État comme la voie même de la civilisation. Mais il y avait deux pays où l'ambition dans le sens d'autrefois, l'envie de s'agrandir, la foi nationale, l'orgueil de race duraient encore. La Russie, par ses instincts profonds, par son fanatisme à la fois religieux et politique, conservait le feu sacré des temps anciens, ce qu'on trouve bien peu chez un peuple usé comme le nôtre par l'égoïsme, c'est-à-dire la prompte disposition à se faire tuer pour une cause à laquelle ne se rattache aucun intérêt personnel. En Prusse, une noblesse privilégiée, des paysans soumis à un régime quasi-féodal, un esprit militaire et national poussé jusqu'à la rudesse, une vie dure, une certaine pauvreté générale, avec un peu de jalousie contre les peuples qui mènent une vie plus douce, maintenaient les conditions qui ont été jusqu'ici la force des nations. Là, l'état militaire, chez nous déprécié ou considéré comme synonyme d'oisiveté et de vie désœuvrée, était le principal titre d'honneur, une sorte de carrière savante. L'esprit allemand avait appliqué à l'art de tuer[1] la puissance de ses méthodes. Tandis que, de ce côté du Rhin, tous nos efforts consistaient à extirper les souvenirs selon nous néfastes du premier empire, le vieil esprit des Blücher, des Scharnhorst vivait là encore. Chez nous, le patriotisme se rapportant aux souvenirs militaires était ridiculisé sous le nom de *chauvinisme*;[2]

[1] The French had not entirely neglected the art, since the infantry at least, had the superior Chassepot rifle, and were supported by the new 'Mitrailleuse'—'the damned coffee-mills' as Von der Tann, the Bavarian commander, called them. (Vide Brogan, *The Development of Modern France*, chap. I, § iii.)

[2] Nicolas Chauvin was a soldier under the First Republic and Napoleon. With seventeen wounds to his credit, his bravery was equalled by his bombast.

là-bas, tous sont ce que nous appelons des *chauvins*, et s'en font gloire. La tendance du libéralisme français était de diminuer l'État au profit de la liberté individuelle; l'État en Prusse était bien plus tyrannique qu'il ne le fut jamais chez nous; le Prussien, élevé, dressé, moralisé, instruit, enrégimenté, toujours surveillé par l'État, était bien plus gouverné (mieux gouverné aussi sans doute) que nous ne le fûmes jamais, et ne se plaignait pas. Ce peuple est essentiellement monarchique; il n'a nul besoin d'égalité; il a des vertus, mais des vertus de classes. Tandis que parmi nous un même type d'honneur est l'idéal de tous, en Allemagne, le noble, le bourgeois, le professeur, le paysan, l'ouvrier, ont leur formule particulière du devoir; les devoirs de l'homme, les droits de l'homme sont peu compris; et c'est là une grande force, car l'égalité est la plus grande cause d'affaiblissement politique et militaire qu'il y ait. Joignez-y la science, la critique, l'étendue et la précision de l'esprit, toutes qualités que développe au plus haut degré l'éducation prussienne, et que notre éducation française oblitère ou ne développe pas; joignez-y surtout les qualités morales et en particulier la qualité qui donne toujours la victoire à une race sur les peuples qui l'ont moins, la chasteté,*[1] et vous comprendrez que, pour quiconque a un peu de philosophie de l'histoire et a compris ce que c'est que la vertu des nations, pour

* Les femmes comptent en France pour une part énorme du mouvement social et politique; en Prusse, elles comptent pour infiniment moins.

[1] This and the foregoing rather sweeping strictures no doubt have their source in the bitterness of defeat. A similar note of exaggerated penitence was discernible in the 'Pétainisme' of 1940. On the particular point mentioned here, cf. Maritain's comment in *A travers le désastre* (Editions de la Maison Française, Inc. 1941), chap. III:
'Que la défaite de la France, comme tout grand malheur, apporte avec elle à tous et à chacun une exigence de purification morale et de redressement, c'est l'évidence. Mais il est parfaitement déraisonnable de chercher la raison propre et décisive de cette défaite dans les péchés des Français, alors que les péchés de leurs vainqueurs crient contre le ciel.'
And in a footnote he adds:
'Il est tout à fait déraisonnable, en particulier, de voir dans cette défaite le châtiment des fautes contre la fécondité du mariage, comme si ces fautes n'avaient été commises qu'en France, et comme si la morale de haras pratiquée en Allemagne n'entraînait pas d'autres fautes et des profanations aussi avilissantes.'

quiconque a lu les deux beaux traités de Plutarque, *De la vertu et de la fortune d'Alexandre, De la vertu et de la fortune des Romains*, il ne pouvait y avoir de doute sur ce qui se préparait. Il était facile de voir que la révolution française, faiblement arrêtée un moment par les événements de 1814 et de 1815, allait une seconde fois voir se dresser devant elle son éternelle ennemie, la race germanique ou plutôt slavo-germanique du Nord, en d'autres termes, la Prusse, demeurée pays d'ancien régime, et ainsi préservée du matérialisme industriel, économique, socialiste, révolutionnaire, qui a dompté la virilité de tous les autres peuples. La résolution fixe de l'aristocratie prussienne de vaincre la révolution française a eu ainsi deux phases distinctes, l'une de 1792 à 1815, l'autre de 1848 à 1871, toutes deux victorieuses, et il en sera probablement encore ainsi à l'avenir, à moins que la révolution ne s'empare de son ennemi lui-même, ce à quoi l'annexion de l'Allemagne à la Prusse fournira de grandes facilités, mais non encore pour un avenir immédiat.

La guerre est essentiellement une chose d'ancien régime. Elle suppose une grande absence de réflexion égoïste, puisque après la victoire, ceux qui ont le plus contribué à la faire remporter, je veux dire les morts, n'en jouissent pas ; elle est le contraire de ce manque d'abnégation, de cette âpreté dans la revendication des droits individuels, qui est l'esprit de notre moderne démocratie. Avec cet esprit-là il n'y a pas de guerre possible. La démocratie est le plus fort dissolvant de l'organisation militaire. L'organisation militaire est fondée sur la discipline ; la démocratie est la négation de la discipline. L'Allemagne a bien son mouvement démocratique ; mais ce mouvement est subordonné au mouvement patriotique national. La victoire de l'Allemagne ne pouvait donc manquer d'être complète ; car une force organisée bat toujours une force non organisée, même numériquement supérieure. La victoire de l'Allemagne a été la victoire de l'homme discipliné sur celui qui ne l'est pas, de l'homme respectueux, soigneux, attentif, méthodique sur celui qui ne l'est pas ; ç'a été la victoire de la science et de la raison ; mais ç'a été en même temps la victoire de l'ancien régime, du principe qui nie la souveraineté du peuple et le droit des populations à régler leur sort. Ces dernières idées, loin de fortifier une race, la désarment, la rendent impropre à toute action militaire, et, pour comble de malheur, elles ne la préservent pas de se remettre entre les mains d'un gouvernement qui lui fasse faire les plus grandes fautes. L'acte inconcevable du mois de juillet 1870 nous jeta dans un gouffre. Tous les germes putrides qui eussent amené sans cela une lente consomption devinrent un accès pernicieux; tous les voiles se déchirèrent; des défauts de tempérament qu'on ne faisait que soupçonner apparurent d'une manière sinistre.

Une maladie ne va jamais seule; car un corps affaibli n'a plus la force de comprimer les causes de destruction qui sont toujours à l'état latent dans l'organisme, et que l'état de santé empêche de faire éruption. L'horrible épisode de la Commune est venu montrer une plaie sous la plaie, un abîme au-dessous de l'abîme. Le 18 mars 1871[1] est, depuis mille ans, le jour où la conscience française a été le plus bas. Nous doutâmes un moment si elle se reformerait, si la force vitale de ce grand corps, atteinte au point même du cerveau où réside le *sensorium commune*, serait suffisante pour l'emporter sur la pourriture qui tendait à l'envahir. L'œuvre des Capétiens parut compromise, et on put croire que la future formule philosophique de notre histoire cloirait en 1871 le grand développement commencé par les ducs de France au IXe siècle. Il n'en a pas été ainsi. La conscience française, quoique frappée d'un coup terrible, s'est retrouvée elle-même; elle est sortie en trois ou quatre jours[2] de son évanouissement. La France s'est reprise à la vie, le cadavre que les vers déjà se disputaient a retrouvé sa chaleur et son mouvement. Dans quelles conditions va se produire cette existence d'outre-tombe? Sera-ce le court éclair de la vie d'un ressuscité? La France va-t-elle reprendre un chapitre interrompu de son histoire? Ou bien va-t-elle entrer dans une phase entièrement nouvelle de ses longues et mystérieuses destinées? Quels sont les vœux qu'un bon Français peut former en de telles circonstances? quels sont les conseils qu'il peut donner à son pays? Nous allons essayer de le dire, non avec cette assurance qui serait en de pareils jours l'indice d'un esprit bien superficiel, mais avec cette réserve qui fait une large part aux hasards de tous les jours et aux incertitudes de l'avenir.

[1] Vide p. 9, n. 1.
[2] I.e. when the government under Thiers established itself at Versailles.

DEUXIÈME PARTIE

LES REMÈDES

Une chose connue de tout le monde est la facilité avec laquelle notre pays se réorganise. Des faits récents[1] ont prouvé combien la France a été peu atteinte dans sa richesse. Quant aux pertes d'hommes, s'il était permis de parler d'un pareil sujet avec une froideur qui a l'air cruel, je dirais qu'elles sont à peine sensibles. Une question se pose donc à tout esprit réfléchi. Que va faire la France? Va-t-elle se remettre sur la pente d'affaiblissement national et de matérialisme politique où elle était engagée avant la guerre de 1870, ou bien va-t-elle réagir énergiquement contre la conquête étrangère, répondre à l'aiguillon qui l'a piquée au vif, et, comme l'Allemagne de 1807, prendre dans sa défaite le point de départ d'une ère de rénovation?—La France est très-oublieuse. Si la Prusse n'avait pas exigé de cessions territoriales, je n'hésiterais pas à répondre que le mouvement industriel, économique, socialiste, eût repris son cours; les pertes d'argent eussent été réparées au bout de quelques années; le sentiment de la gloire militaire et de la vanité nationale se fût perdu de plus en plus. Oui, l'Allemagne avait entre les mains après Sedan le plus beau rôle de l'histoire du monde. En restant sur sa victoire, en ne faisant violence à aucune partie de la population française, elle enterrait la guerre pour l'éternité, autant qu'il est permis de parler d'éternité, quand il s'agit des choses humaines. Elle n'a pas voulu de ce rôle; elle a pris violemment deux millions de Français, dont une très-petite fraction peut être supposée consentante à une telle séparation. Il est clair que tout ce qui reste de patriotisme français n'aura de longtemps qu'un objectif, regagner les provinces perdues. Ceux même qui sont philosophes avant d'être patriotes ne pourront être insensibles au cri de deux millions d'hommes, que nous avons été obligés de jeter à la mer pour sauver le reste des naufragés, mais qui étaient liés avec nous pour la vie et pour la mort. La France a donc là une pointe d'acier

---

[1] Thiers had no difficulty in raising the loan necessary to cover the war indemnity of 5 milliard francs.

enfoncée en sa chair, qui ne la laissera plus dormir. Mais quelle voie va-t-elle suivre dans l'œuvre de sa réforme? En quoi sa renaissance ressemblera-t-elle à tant d'autres tentatives de résurrection nationale? Quelle y sera la part de l'originalité française? C'est ce qu'il faut rechercher, en tenant *a priori* pour probable qu'une conscience aussi impressionnable que la conscience française aboutira, sous l'étreinte de circonstances uniques, aux manifestations les plus inattendues.

I

Il existe un modèle excellent de la manière dont une nation peut se relever des derniers désastres. C'est la Prusse elle-même qui nous l'a donné, et elle ne peut nous reprocher de suivre son exemple. Que fit la Prusse après la paix de Tilsitt?[1] Elle se résigna, se recueillit. Le territoire qui lui restait était tout au plus le cinquième de ce qui nous reste; ce territoire était le plus pauvre de l'Europe, et les conditions militaires qui lui étaient faites semblaient de nature à le condamner pour jamais à l'impuissance. Il y avait de quoi décourager un patriotisme moins âpre. La Prusse s'organisa silencieusement; loin de chasser sa dynastie, elle se serra autour d'elle, adora son roi médiocre, sa reine Louise,[2] qui pourtant avait été une des causes immédiates de la guerre. Toutes les capacités de la nation furent appelées; Stein[3] dirigea tout avec son ardeur concentrée. La réforme de l'armée fut un chef-d'œuvre d'étude et de réflexion; l'université de Berlin fut le centre de la régénération de l'Allemagne; une collaboration cordiale fut demandée aux savants, aux philosophes, qui ne mirent qu'une condition à leur concours, celle qu'ils mettent et doivent mettre toujours, leur liberté. De ce sérieux travail poursuivi pendant cinquante ans, la Prusse sortit la première nation de l'Europe. Sa

[1] Signed 8 July 1807. The kingdom of Westphalia and the Grand-Duchy of Warsaw were created, Prussia itself being reduced to four provinces.

[2] von Mecklemburg-Strelitz (1776–1810). Urged her husband King Frederick-William III to declare war in 1806.

[3] Baron Heinrich von Stein (1757–1831). Recalled to power after the treaty of Tilsit, was mainly responsible with Scharnhorst and Gneisenau for the liberal reforms in Prussia.

régénération eut une solidité que ne saurait donner la simple vanité patriotique, elle eut une base morale; elle fut fondée sur l'idée du devoir, sur la fierté que donne le malheur noblement supporté.

Il est clair que, si la France voulait imiter son exemple, elle serait prête en moins de temps. Si le mal de la France venait d'un épuisement profond, il n'y aurait rien à faire; mais tel n'est pas le cas; les ressources sont immenses; il s'agit de les organiser. Il est incontestable aussi que les circonstances nous viendraient en aide. 'La figure de ce monde passe,' dit l'Écriture. Certaines personnes mourront; les difficultés intérieures de l'Allemagne reviendront; le parti catholique et le parti démocratique des deux Internationales, comme on dit en Prusse créeront à M. de Bismark et à ses successeurs de perpétuelles difficultés; il faut songer que l'unité de l'Allemagne n'est nullement encore l'unité de la France; il y a des parlements à Dresde, à Munich, à Stuttgard; qu'on se figure Louis XIV dans de pareilles conditions. En Prusse, la rivalité du parti féodal et du parti libéral, habilement conjurée par M. de Bismark, éclatera; le rayonnement fécond et pacifique du germanisme s'arrêtera. Le facteur de la conscience slave, c'est la conscience allemande; la conscience des Slaves grandira et s'opposera de plus en plus à celle des Allemands; l'inconvénient qu'il y a pour un État à détenir des pays malgré eux se révélera de plus en plus; la crise interminable de l'Autriche amènera les péripéties les plus dangereuses; Vienne deviendra de toute manière un embarras pour Berlin; quoi qu'on fasse, cet empire est né bicéphale; il vivra difficilement. La roue de fortune tourne et tournera toujours. Après avoir monté, on descend; et voilà pourquoi l'orgueil est quelque chose de si peu raisonnable. Les organisations militaires sont comme les outillages industriels; un outillage vieillit vite, et il est rare que l'industriel réforme de lui-même l'outillage qui est en sa possession; cet outillage, en effet, représente un immense capital d'établissement; on veut le garder; on ne le change que si la concurrence vous y force. En ce cas, il arrive presque toujours que le concurrent a l'avantage; car il construit à neuf, et n'a pas de concession à faire à un établissement antérieur. Sans le fusil à aiguille, la France n'eût jamais remplacé son fusil à piston; mais le fusil à aiguille l'ayant mise en mouvement, elle a fait le chassepot.[1] Les organisations militaires se succèdent de la sorte comme les machines de l'industrie. La machine militaire de Frédéric le Grand eut en son temps l'excellence; en 1792,[2] elle était totalement vieillie et impuissante. La machine de Napoléon eut ensuite la force; de nos jours, la machine de M. de Moltke[3] a prouvé son immense supériorité. Ou les choses humaines vont changer leur marche, ou ce qui est le meilleur aujourd'hui ne le sera pas demain. Les aptitudes militaires changent d'une génération à l'autre. Les armées de la République et de l'Empire succédèrent à celles qui furent battues à Rosbach.[4] Une fois la France entraînée, une fois son embonpoint bourgeois et ses habitudes casanières secoués, impossible de dire ce qui arrivera.

Il est donc certain que, si la France veut se soumettre aux conditions d'une réforme sérieuse, elle peut très-vite reprendre sa place dans le concert européen. Je ne saurais croire qu'aucun homme d'État sérieux ait fait en Allemagne le raisonnement qu'ont sans cesse répété les journaux allemands; 'Prenons l'Alsace et la Lorraine pour mettre la France hors d'état de recommencer.' S'il ne s'agit que de surface territoriale et de chiffres d'âmes, la France est à peine entamée. La question est de savoir si elle voudra entrer dans la voie d'une réforme sérieuse, en d'autres termes, imiter la conduite de la Prusse après Iéna.

Cette voie serait austère; ce serait celle de la pénitence. En quoi consiste la vraie pénitence? Tous les Pères de la vie spirituelle sont d'accord sur ce point: la pénitence ne consiste pas à mener une vie dure, à jeûner, à se mortifier. Elle consiste à se corriger de ses défauts, et parmi ses défauts à se corriger justement de ceux qu'on aime, de ce défaut favori qui est presque toujours le fond même de notre nature, le principe secret de nos actions. Quel est pour la France ce défaut favori, dont il importe avant tout qu'elle se corrige? c'est le goût de la démocratie superficielle.

[1] Vide p. 37, n. 1.
[2] Vide p. 8, n. 4.
[3] Graf Helmuth von Moltke (1800–91). Chief of Prussian General Staff, 1857.
[4] Victory of Frederick the Great over the French under Soubise, November 1757.

La démocratie fait notre faiblesse militaire et politique; elle fait notre ignorance, notre sotte vanité; elle fait, avec le catholicisme arriéré, l'insuffisance de notre éducation nationale. Je comprendrais donc qu'un bon esprit et un bon patriote, plus jaloux d'être utile à ses concitoyens que de leur plaire, s'exprimât à peu près en ces termes:

'Corrigeons-nous de la démocratie. Rétablissons la royauté, rétablissons dans une certaine mesure la noblesse; fondons une solide instruction nationale primaire et supérieure; rendons l'éducation plus rude, le service militaire obligatoire pour tous; devenons sérieux, appliqués, soumis aux puissances, amis de la règle et de la discipline. Soyons humbles surtout. Défions-nous de la présomption. La Prusse a mis soixante-trois ans à se venger d'Iéna; mettons-en au moins vingt à nous venger de Sedan; pendant dix ou quinze ans, abstenons-nous complètement des affaires du monde;[1] renfermons-nous dans le travail obscur de notre réforme intérieure. A aucun prix ne faisons de révolution, cessons de croire que nous avons en Europe le privilège de l'initiative; renonçons à une attitude qui fait de nous une perpétuelle exception à l'ordre général. De la sorte, il est incontestable que, les changements ordinaires du monde y aidant, nous aurons dans quinze ou vingt ans retrouvé notre rang.

'Nous ne le retrouverions pas autrement. La victoire de la Prusse a été la victoire de la royauté de droit quasi-divin (de droit historique); une nation ne saurait se réformer sur le type prussien sans la royauté historique et sans la noblesse. La démocratie ne discipline ni ne moralise. On ne se discipline pas soi-même; des enfants mis ensemble sans maître ne s'élèvent pas; ils jouent et perdent leur temps. De la masse ne peut émerger assez de raison pour gouverner et réformer un peuple. Il faut que la réforme et l'éducation viennent du dehors, d'une force n'ayant d'autre intérêt que celui de la nation, mais distincte de la nation et indépendante d'elle. Il y a quelque chose que la démocratie ne fera

---

[1] In fact the most active period of French colonial expansion, since the eighteenth century, was to begin after 1870. Tunis, 1881; Tonkin, 1884; Madagascar, 1885; numerous settlements in the regions of the Niger and the Congo, 1883–5; Moroccan Protectorate, 1912.

jamais, c'est la guerre, j'entends la guerre savante comme la Prusse l'a inaugurée. Le temps des volontaires indisciplinés et des corps francs est passé. Le temps des brillants officiers, ignorants, braves, frivoles, est passé aussi. La guerre est désormais un problème scientifique et d'administration, une œuvre compliquée que la démocratie superficielle n'est pas plus capable de mener à bonne fin que des constructeurs de barques ne sauraient faire une frégate cuirassée. La démocratie à la française ne donnera jamais assez d'autorité aux savants pour qu'ils puissent faire prévaloir une direction rationnelle. Comment les choisirait-elle, obsédée qu'elle est de charlatans et incompétente pour décider entre eux? La démocratie, d'ailleurs, ne sera pas assez ferme pour maintenir longtemps l'effort énorme qu'il faut pour une grande guerre.[1] Rien ne se fait en ces gigantesques entreprises communes, si chacun, selon une expression vulgaire, 'en prend et en laisse'; or la démocratie ne peut sortir de sa mollesse sans entrer dans la terreur. Enfin, la république doit toujours être en suspicion contre l'hypothèse d'un général victorieux. La monarchie est si naturelle à la France, que tout général qui aurait donné à son pays une éclatante victoire serait capable de renverser les institutions républicaines. La république ne peut exister que dans un pays vaincu ou absolument pacifié. Dans tout pays exposé à la guerre, le cri du peuple sera toujours le cri des Hébreux à Samuël: 'Un roi qui marche à notre tête et fasse la guerre avec nous.'

'La France s'est trompée sur la forme que peut prendre la conscience d'un peuple. Son suffrage universel est comme un tas de sable, sans cohésion ni rapport fixe entre les atomes. On ne construit pas une maison avec cela. La conscience d'une nation réside dans la partie éclairée de la nation, laquelle entraîne et commande le reste. La civilisation à l'origine a été une œuvre aristocratique, l'œuvre d'un tout petit nombre (nobles et prêtres), qui l'ont imposée par ce que les démocrates appellent force et imposture; la conservation de la civilisation est une œuvre aristocratique aussi. Patrie, honneur, devoir, sont choses créées et maintenues par un tout petit nombre au sein d'une foule qui,

[1] In 1914 the socialist, Marcel Sembat, published a book entitled: *Faites la paix, ou faites un roi.*

abandonnée à elle-même, les laisse tomber. Que fût devenue Athènes, si on eût donné le suffrage à ses deux cent mille esclaves et noyé sous le nombre la petite aristocratie d'hommes libres qui l'avaient faite ce qu'elle était? La France de même avait été créée par le roi, la noblesse, le clergé, le tiers état. Le peuple proprement dit et les paysans, aujourd'hui maîtres absolus de la maison, y sont en réalité des intrus, des frelons impatronisés dans une ruche qu'ils n'ont pas construite. L'âme d'une nation ne se conserve pas sans un collège officiellement chargé de la garder. Une dynastie est la meilleure institution pour cela; car, en associant les chances de la nation à celles d'une famille, une telle institution crée les conditions les plus favorables à une bonne continuité. Un sénat comme celui de Rome et de Venise remplit très-bien le même office; les institutions religieuses, sociales, pédagogiques, gymnastiques des Grecs y suffisaient parfaitement; le prince électif à vie a même soutenu des états sociaux assez forts; mais ce qui ne s'est jamais vu, c'est le rêve de nos démocrates, une maison de sable, une nation sans institutions traditionnelles, sans corps chargé de faire la continuité de la conscience nationale, une nation fondée sur ce déplorable principe qu'une génération n'engage pas la génération suivante, si bien qu'il n'y a nulle chaîne des morts aux vivants, nulle sûreté pour l'avenir. Rappelez-vous ce qui a tué toutes les sociétés coopératives d'ouvriers: l'incapacité de constituer dans de telles sociétés une direction sérieuse, la jalousie contre ceux que la société avait revêtus d'un mandat quelconque, la prétention de les subordonner toujours à leurs mandants, le refus obstiné de leur faire une position digne. La démocratie française fera la même faute en politique; il ne sortira jamais une direction éclairée de ce qui est la négation même de la valeur du travail intellectuel et de la nécessité d'un tel travail.

'Et ne dites pas qu'une assemblée pourra remplir ce rôle des vieilles dynasties et des vieilles aristocraties. Le nom seul de république est une excitation à un certain développement démocratique malsain; on le verra bien au progrès d'exaltation qui se manifestera dans les élections, comme cela eut lieu en 1850 et 1851. Pour arrêter ce mouvement, une assemblée se montrera impitoyable; mais alors se dévoilera une autre tendance, celle qui porte à préférer une monarchie libérale à une république réaction-naire. La fatalité de la république est à la fois de provoquer l'anarchie et de la réprimer très-durement. Une assemblée n'est jamais un grand homme. Une assemblée a les défauts qui chez un souverain sont les plus rédhibitoires : bornée, passionnée, emportée, décidant vite, sans responsabilité, sous le coup de l'idée du moment. Espérer qu'une assemblée composée de notabilités dé-partementales, d'honnêtes provinciaux, pourra prendre et soutenir le brillant héritage de la royauté, de la noblesse françaises, est une chimère. Il faut un centre aristocratique permanent, conservant l'art, la science, le goût, contre le béotisme démocratique et provincial. Paris le sent bien; jamais aristocratie n'a tenu à son privilège séculaire autant que Paris à ce privilège qu'il s'attribue d'être une institution de la France, d'agir à certains jours comme tête et souverain, et de réclamer l'obéissance du reste du pays; mais que Paris, en réclamant son privilège de capitale, se prétende encore républicain et ait fondé le suffrage de tous, c'est là une des plus fortes inconséquences dont l'histoire des siècles ait gardé le souvenir.

'La synagogue de Prague a dans ses traditions une vieille légende qui m'a toujours paru un symbole frappant. Un cabbaliste du xvie siècle avait fait une statue si parfaitement conforme aux pro-portions de l'archétype divin, qu'elle vivait, agissait. En lui mettant sous la langue le nom ineffable de Dieu (le mystique tétragramme), le cabbaliste conférait même à l'homme de plâtre la raison, mais une raison obscure, imparfaite, qui avait toujours besoin d'être guidée; il se servait de lui comme d'un domestique pour diverses besognes serviles; le samedi, il lui ôtait de la bouche le talisman merveilleux, pour qu'il observât le saint repos. Or une fois il oublia cette précaution bien nécessaire. Pendant qu'on était au service divin, on entendit dans le *ghetto* un bruit épouvan-table; c'était l'homme de plâtre qui cassait, brisait tout. On accourt, on se saisit de lui. A partir de ce moment, on lui ôta pour jamais le tétragramme, et on le mit sous clef dans le grenier de la synagogue, où il se voit encore. Hélas! nous avions cru qu'en faisant balbutier quelques mots de raison à l'être informe que la lumière intérieure n'éclaire pas, nous en faisions un homme. Le jour où nous l'avons abandonné à lui-même, la machine brutale s'est détraquée; je crains qu'il ne faille la remiser pour des siècles.

'Relever un droit historique, en place de cette malheureuse formule du droit 'divin' que les publicistes d'il y a cinquante ans mirent en vogue, serait donc la tâche qu'il faudrait se proposer. La monarchie, en liant les intérêts d'une nation à ceux d'une famille riche et puissante, constitue le système de plus grande fixité pour la conscience nationale. La médiocrité du souverain n'a même en un tel système que de faibles inconvénients. Le degré de raison nationale émanant d'un peuple qui n'a pas contracté un mariage séculaire avec une famille est, au contraire, si faible, si discontinu, si intermittent qu'on ne peut le comparer qu'à la raison d'un homme tout à fait inférieur ou même à l'instinct d'un animal. Le premier pas est donc évidemment que la France reprenne sa dynastie. Un pays n'a qu'une dynastie, celle qui a fait son unité au sortir d'un état de crise ou de dissolution. La famille qui a fait la France en neuf cents ans existe; plus heureux que la Pologne, nous possédons notre vieux drapeau d'unité; seulement, une déchirure funeste le dépare. Les pays dont l'existence est fondée sur la royauté souffrent toujours les maux les plus graves quand il y a des dissidences sur l'hérédité légitime. D'un autre côté, l'impossible est l'impossible....Sans doute on ne peut soutenir que la branche d'Orléans, depuis sa retraite sans combat en février[1] (acte qui put être le fait de bons citoyens, mais ne fut pas celui de princes), ait des droits royaux bien stricts, mais elle a un titre excellent, le souvenir du règne de Louis-Philippe, l'estime et l'affection de la partie éclairée de la nation.

'Il ne faut pas nier, d'un autre côté, que la Révolution et les années qui ont suivi furent à beaucoup d'égards une de ces crises génératrices où tous les casuistes politiques reconnaissent que se fonde le droit des dynasties. La maison Bonaparte emergea du chaos révolutionnaire qui accompagna et suivit la mort de Louis XVI, comme la maison capétienne sortit de l'anarchie qui accompagna en France la décadence de la maison carlovingienne. Sans

[1] I.e. February 1848.

les événements de 1814 et de 1815, il est probable que la maison Bonaparte héritait du titre des Capétiens. La remise en valeur du titre bonapartiste à la suite de la révolution de 1848 lui a donné une réelle force. Si la révolution de la fin du dernier siècle doit un jour être considérée comme le point de départ d'une France nouvelle, il est possible que la maison Bonaparte devienne la dynastie de cette nouvelle France; car Napoléon Ier sauva la révolution d'un naufrage inévitable, et personnifia très-bien les besoins nouveaux. La France est certainement monarchique; mais l'hérédité repose sur des raisons politiques trop profondes pour qu'elle les comprenne. Ce qu'elle veut, c'est une monarchie sans la loi bien fixe, analogue à celle des Césars romains. La maison de Bourbon ne doit pas se prêter à ce désir de la nation; elle manquerait à tous ses devoirs si elle consentait jamais à jouer les rôles de podestats, de stathouders, de présidents provisoires de républiques avortées. On ne se taille pas un justaucorps dans le manteau de Louis XIV. La maison Bonaparte, au contraire, ne sort pas de son rôle en acceptant ces positions indécises, qui ne sont pas en contradiction avec ses origines et que justifie la pleine acceptation qu'elle a toujours faite du dogme de la souveraineté du peuple.

'La France est dans la position de l'Hercule du sophiste Prodicus,[1] *Hercules in bivio*. Il faut que d'ici à quelques mois[2] elle décide de son avenir. Elle peut garder la république: mais qu'on ne veuille pas des choses contradictoires. Il y a des esprits qui se figurent une république puissante, influente, glorieuse. Qu'ils se détrompent et choisissent. Oui, la république est possible en France, mais une république à peine supérieure en importance

[1] Born in the Isle of Ceos, fifth century B.C. In his allegory, the young Hercules is depicted as choosing the steep and narrow path of virtue rather than the broad and flowered road of vice.
[2] It must be remembered that the Republic proclaimed on 4 September 1870 in Paris had still not been constitutionally confirmed. It was to receive this confirmation, and then only by implication and in the teeth of strong opposition, in the constitution of 1875. In the meantime royalists of both factions were actively pursuing negotiations for the restoration of the Comte de Chambord as Henri V. But Thiers judged the political position most clearly when he declared: 'c'est la république qui nous divise le moins.'

à la confédération helvétique et moins considérée. La république ne peut avoir ni armée ni diplomatie; la république serait un état militaire d'une rare nullité; la discipline y serait très-imparfaite; car, ainsi que l'a bien montré M. Stoffel,[1] il n'y a pas de discipline dans l'armée, s'il n'y en a pas dans la nation. Le principe de la république, c'est l'élection; une société républicaine est aussi faible qu'un corps d'armée qui nommerait ses officiers; la peur de n'être pas réélu paralyse toute énergie. M. de Savigny[2] a montré qu'une société a besoin d'un gouvernement venant du dehors, d'au delà, d'avant elle, que le pouvoir social n'émane pas tout entier de la société, qu'il y a un droit philosophique et historique (divin, si l'on veut) qui s'impose à la nation. La royauté n'est nullement, comme affecte de le croire notre superficielle école constitutionnelle, une présidence héréditaire. Le président des États-Unis n'a pas fait la nation, tandis que le roi a fait la nation. Le roi n'est pas une émanation de la nation; le roi et la nation sont deux choses; le roi est en dehors de la nation. La royauté est ainsi un fait divin pour ceux qui croient au surnaturel, un fait historique pour ceux qui n'y croient pas. La volonté actuelle de la nation, le plébiscite, même sérieusement pratiqué, ne suffit pas. L'essentiel n'est pas que telle volonté particulière de la majorité se fasse; l'essentiel est que la raison générale de la nation triomphe. La majorité numérique peut vouloir l'injustice, l'immoralité; elle peut vouloir détruire son histoire, et alors la souveraineté de la majorité numérique n'est plus que la pire des erreurs.

'C'est, en tout cas, l'erreur qui affaiblit le plus une nation. Une assemblée élue ne réforme pas. Donnez à la France un roi jeune, sérieux, austère en ses mœurs; qu'il règne cinquante ans, qu'il groupe autour de lui des hommes âpres au travail, fanatiques de leur œuvre, et la France aura encore un siècle de gloire et de prospérité. Avec la république, elle aura l'indiscipline, le désordre, des francs tireurs, des volontaires cherchant à faire croire au pays qu'ils se vouent à la mort pour lui, et n'ayant pas assez d'abnéga-

[1] Baron Eugène Stoffel, gunner officer; Bonapartist candidate in 1873 against the Republicans Barodet and Rémusat.
[2] Frederick Charles von Savigny (1779–1861), German jurist.

tion pour accepter les conditions communes de la vie militaire. Ces conditions, obéissance, hiérarchie, etc., sont le contraire de tout ce que conseille le catéchisme démocratique, et voilà pourquoi une démocratie ne saurait vivre avec un état militaire considérable. Cet état militaire ne peut se développer sous un pareil régime, ou, s'il se développe, il absorbe la démocratie. On m'objectera l'Amérique; mais, outre que l'avenir de ce pays est très-obscur, il faut dire que l'Amérique, par sa position géographique, est placée, en ce qui concerne l'armée, dans une situation toute particulière, à laquelle la nôtre ne saurait être comparée.

'Je ne conçois qu'une issue à ces hésitations, qui tuent le pays; c'est un grand acte d'autorité nationale. On peut être royaliste sans admettre le droit divin, comme on peut être catholique sans croire à l'infaillibilité du pape, chrétien sans croire au surnaturel et à la divinité de Jésus-Christ.[1] La dynastie est en un sens antérieure et supérieure à la nation, puisque c'est la dynastie qui a fait la nation; mais elle ne peut rien contre la nation ni sans elle. Les dynasties ont des droits sur le pays qu'elles représentent historiquement; mais le pays a aussi des droits sur elles, puisque les dynasties n'existent qu'en vue du pays. Un appel adressé au pays dans des circonstances extraordinaires pourrait constituer un acte analogue au grand fait national qui créa la dynastie capétienne, ou à la décision de l'université de Paris[2] lors de l'avénement des Valois. Nos anciens théoriciens de la monarchie conviennent que la légitimité des dynasties s'établit à certains moments solennels, où il s'agit avant tout de tirer la nation de l'anarchie et de remplacer un titre dynastique périmé.

[1] Characteristic renanist theology.
[2] At the death of Charles IV (1328), last surviving son of Philippe le Bel, the two claimants to the throne were Edward III, King of England, grandson of Philippe le Bel by his mother, Isabella of France, and Philippe, son of Charles of Valois and nephew of Philippe le Bel. The claims of the latter through the collateral male line were preferred to those of the former through the direct female line. Cf. Froissart, *Chronicles*, Bk. I, chap xli '...li douse per de France dissent et encores dient que la couronne de France est de si noble condition qu'elle ne puet venir par nulle succession à femelle ne à fil de femelle. Si regardèrent li douse per de France à Messire Phelippe de Valois....'

'C'est également par le procédé historique, je veux dire en profitant habilement des pans de murs qui nous restent d'une plus vieille construction, et en développant ce qui existe, que l'on pourrait former quelque chose pour remplacer les anciennes traditions de famille. Pas de royauté sans noblesse; ces deux choses reposent au fond sur le même principe, une sélection créant artificiellement pour le bien de la société une sorte de race à part. La noblesse n'a plus chez nous aucune signification de race. Elle résulte d'une cooptation presque fortuite, où l'usurpation des titres, les malentendus, les petites fraudes, et surtout l'idée puérile qui consiste à croire que la préposition *de* est une marque de noblesse, tiennent presque autant de place que la naissance et l'anoblissement légal. Le suffrage à deux degrés introduirait un principe aristocratique bien meilleur. L'armée serait un autre moyen d'anoblissement. L'officier de notre future *Landwehr*, milice locale sans cesse exercée, deviendrait vite un hobereau de village, et cette fonction aurait souvent une tendance à être héréditaire; le capitaine cantonal, vers l'âge de cinquante ans, aimerait à transmettre son office à son fils, qu'il aurait formé et que tous connaîtraient. La même chose arriva au moyen âge par la nécessité de se défendre. Le *Ritter*, qui avait un cheval, sorte de brigadier de gendarmerie, devint un petit seigneur.

'La base de la vie provinciale devrait ainsi être un honnête gentilhomme de village, bien loyal, et un bon curé de campagne tout entier dévoué à l'éducation morale du peuple. Le devoir est une chose aristocratique, il faut qu'il ait sa représentation spéciale. Le maître, dit Aristote, a plus de devoirs que l'esclave; les classes supérieures en ont plus que les classes inférieures. Cette *gentry* provinciale ne doit pas être tout; mais elle est une base nécessaire. Les universités, centres de haute culture intellectuelle, la cour, école de mœurs brillantes, Paris, résidence du souverain et ville de grand monde, corrigeront ce que la *gentry* provinciale a d'un peu lourd, et empêcheront que la bourgeoisie, trop fière de sa moralité, ne dégénère en pharisaïsme. Une des utilités des dynasties est justement d'attribuer aux choses exquises ou sérieuses une valeur que le public ne peut leur donner, de discerner certains produits particulièrement aristocratiques que la masse ne comprend pas. Il fut bien plus facile à Turgot d'être ministre en 1774 qu'il ne le serait de nos jours. De nos jours, sa modestie, sa gaucherie, son manque de talent comme orateur et comme écrivain l'eussent arrêté dès les premiers pas. Il y a cent ans, pour arriver, il lui suffit d'être compris et apprécié de l'abbé de Véry, prêtre philosophe, très-écouté de madame de Maurepas.

'Tout le monde est à peu près d'accord sur ce point qu'il nous faut une loi militaire[1] calquée pour les lignes générales sur le système prussien. Il y aura dans le premier moment d'émotion des députés pour la faire. Mais, ce moment passé, si nous restons en république, il n'y aura pas de députés pour la maintenir ou la faire exécuter. A chaque élection, le député sera obligé de prendre à cet égard des engagements qui énerveront son action future. Si la Prusse avait le suffrage universel, elle n'aurait pas le service militaire universel, ni l'instruction obligatoire. Depuis longtemps la pression de l'électeur aurait fait alléger ces deux charges. Le système prussien n'est possible qu'avec des nobles de campagne, chefs-nés de leur village, toujours en contact avec leurs hommes, les formant de longue main, les réunissant en un clin d'œil. Un peuple sans nobles est au moment du danger un troupeau de pauvres affolés, vaincu d'avance par un ennemi organisé. Qu'est-ce que la noblesse, en effet, si ce n'est la fonction militaire considérée comme héréditaire et mise au premier rang des fonctions sociales? Quand la guerre aura disparu du monde, la noblesse disparaîtra aussi; non auparavant. On ne forme pas une armée, comme on forme une administration des domaines ou des tabacs, par le choix libre des familles et des jeunes gens. La carrière militaire entendue de la sorte est trop chétive pour attirer les bons sujets. La sélection militaire de la démocratie est misérable; un Saint-Cyr formé sous un tel régime sera toujours excessivement faible. S'il y a, au contraire, une classe qui soit appliquée à la guerre par le fait de la naissance, cela donnera pour l'armée une moyenne de bons esprits, qui sans cela iraient à d'autres applications.

'Sont-ce là des rêves? Peut-être; mais alors, je vous l'assure, la France est perdue. Elle ne le serait pas, si l'on pouvait croire

[1] Vide p. 26, n. 1.

que l'Allemagne sera entraînée à son tour dans la ronde du sabbat démocratique, où nous avons laissé toute notre vertu; mais cela n'est pas probable. Ce peuple est soumis, résigné au delà de tout ce qu'on peut croire. Son orgueil national est si fort exalté par ses victoires, que, pendant une ou deux générations encore, les problèmes sociaux n'occuperont qu'une part limitée de son activité. Un peuple, comme un homme, préfère toujours s'appliquer à ce en quoi il excelle; or la race germanique sent sa supériorité militaire. Tant qu'elle sentira cela, elle ne fera ni révolution, ni socialisme. Cette race est vouée pour longtemps à la guerre et au patriotisme; cela la détournera de la politique intérieure, de tout ce qui affaiblit le principe de hiérarchie et de discipline. S'il est vrai, comme il semble, que la royauté et l'organisation nobiliaire de l'armée sont perdues chez les peuples latins, il faut dire que les peuples latins appellent une nouvelle invasion germanique et la subiront.'

II

Heureux qui trouve dans des traditions de famille ou dans le fanatisme d'un esprit étroit l'assurance qui seule tranche tous ces doutes! Quant à nous, trop habitués à voir[1] les différents côtés des choses pour croire à des solutions absolues, nous admettrions aussi qu'un très-honnête citoyen parlât ainsi qu'il suit:

'La politique ne discute pas les solutions imaginaires. On ne change pas le caractère d'une nation. Il suffit que le plan de réforme que vous venez de tracer ait été celui de la Prusse pour que j'ose affirmer que ce ne sera pas celui de la France. Des réformes supposant que la France abjure ses préjugés démocratiques sont des réformes chimériques. La France, croyez-le, restera un pays de gens aimables, doux, honnêtes, droits, gais, superficiels, pleins de bon cœur, de faible intelligence politique; elle conservera son administration médiocre, ses comités entêtés, ses corps routiniers, persuadée qu'ils sont les premiers du monde;

---

[1] A clear indication of what was to constitute the most characteristic element of Renan's thought from now onwards, a refusal to be '...un penseur engagé'.

elle s'enfoncera de plus en plus dans cette voie de matérialisme, de républicanisme vulgaire vers laquelle tout le monde moderne, excepté la Prusse et la Russie, paraît se tourner. Cela veut-il dire qu'elle n'aura jamais sa revanche? C'est peut-être justement par là qu'elle l'aura. Sa revanche serait alors un jour d'avoir devancé le monde dans la route qui conduit à la fin de toute noblesse, de toute vertu. Pendant que les peuples germaniques et slaves conserveraient leurs illusions de jeunes races, nous leur resterions inférieurs; mais ces races vieilliront à leur tour; elles entreront dans la voie de toute chair. Cela ne se fera pas aussi vite que le croit l'école socialiste, toujours persuadée que les questions qui la préoccupent absorbent le monde au même degré. Les questions de rivalité entre les races et les nations paraissent devoir longtemps encore l'emporter sur les questions de salaire et de bien-être, dans les parties de l'Europe qu'on peut appeler d'ancien monde; mais l'exemple de la France est contagieux. Il n'y a jamais eu de révolution française qui n'ait eu son contre-coup à l'étranger. La plus cruelle vengeance que la France pût tirer de l'orgueilleuse noblesse qui a été le principal instrument de sa défaite serait de vivre en démocratie, de démontrer par le fait la possibilité de la république. Il ne faudrait peut-être pas beaucoup attendre pour que nous pussions dire à nos vainqueurs comme les morts d'Isaïe: *Et tu vulneratus es sicut et nos; nostri similis effectus es!*

'Que la France reste donc ce qu'elle est; qu'elle tienne sans défaillance le drapeau de libéralisme qui lui a fait un rôle depuis cent ans. Ce libéralisme est souvent une cause de faiblesse, c'est une raison pour que le monde y vienne; car le monde va s'énervant et perdant de sa rigueur antique. La France en tout cas est plus sûre d'avoir sa revanche, si elle la doit à ses défauts, que si elle est réduite à l'attendre de qualités qu'elle n'a jamais eues. Nos ennemis peuvent être rassurés si le Français, pour reprendre sa place, doit préalablement devenir un Poméranien ou un Diethmarse. Ce qui a vaincu la France, c'est un reste de force morale, de rudesse, de pesanteur et d'esprit d'abnégation qui s'est trouvé avoir encore résisté, sur un point perdu du monde, à l'effet délétère de la réflexion égoïste. Que la démocratie française réussisse à constituer un état viable, et ce vieux levain aura bien vite disparu sous l'action du plus énergique dissolvant de toute vertu que le monde ait connu jusqu'ici.'

Peut-être, en effet, le parti qu'a pris la France sur le conseil de quelques hommes d'État[1] qui la connaissent bien, d'ajourner les questions constitutionnelles et dynastiques est-il le plus sage. Nous nous y conformerons. Sans sortir de ce programme, on peut indiquer quelques réformes qui, en toute hypothèse, doivent être méditées.

III

Ceux mêmes qui n'admettent pas que la France se soit trompée en proclamant sans réserve la souveraineté du peuple ne peuvent nier au moins, s'ils ont quelque esprit philosophique, qu'elle n'ait choisi un mode de représentation nationale très-imparfait.* La nomination des pouvoirs sociaux au suffrage universel direct est la machine politique la plus grossière qui ait jamais été employée. Un pays se compose de deux éléments essentiels: 1° les citoyens pris isolément comme de simples unités; 2° les fonctions sociales, les groupes, les intérêts, la propriété. Deux chambres sont donc nécessaires et jamais gouvernement régulier, quel qu'il soit, ne vivra sans deux chambres. Une seule chambre nommée par le suffrage des citoyens pris comme de simples unités pourra ne pas renfermer un seul magistrat, un seul général, un seul professeur, un seul administrateur. Une telle chambre pourra mal représenter la propriété, les intérêts, ce qu'on peut appeler les collèges moraux de la nation. Il est donc absolument nécessaire qu'à côté d'une assemblée élue par les citoyens sans distinction de professions, de titres, de classes sociales, il y ait une assemblée formée par un autre procédé, et représentant les capacités, les spécialités, les intérêts divers, sans lesquels il n'y a pas d'État organisé.

* J'ai été heureux de m'être rencontré, dans les vues qui suivent, avec quelques bons esprits qui cherchent en ce moment le remède à nos institutions si défectueuses. J. Foulon-Ménard, *Fonctions de l'État*, Nantes, 1874; J. Guadet, *Du suffrage universel et de son application d'après un mode nouveau*, Bordeaux, 1871.

[1] Vide p. 50, n. 2. 'Il faut que d'ici à quelques mois.'

Est-il indispensable que la première de ces deux chambres, pour être une vraie représentation des citoyens, soit nommée par l'universalité des citoyens? Non certes, et le brusque établissement du suffrage universel en 1848 a été, de l'aveu de tous les politiques, une grande faute. Mais il ne s'agit plus de revenir sur ce fait. Toute mesure, comme la loi du 31 mai 1851,[1] ayant pour but de priver des citoyens d'un droit qu'ils ont exercé depuis vingt-trois ans serait un acte blâmable. Ce qui est légitime, possible et juste, c'est de faire que le suffrage, tout en restant parfaitement universel, ne soit plus direct, c'est d'introduire des degrés dans le suffrage. Toutes les constitutions de la première république, hormis celle de 1793, qui ne fonctionna jamais, admirent ce principe élémentaire. Les deux degrés corrigeraient ce que le suffrage universel a nécessairement de superficiel; la réunion des électeurs au second degré constituerait un public politique digne de candidats sérieux. On peut accorder que tout citoyen possède un certain droit à la direction de la chose publique; mais il faut régler ce droit, en éclairer l'exercice. Que cent citoyens d'un même canton, en confiant leur procuration à un de leurs concitoyens habitant le même canton, le fassent électeur; cela donnera environ quatre-vingt mille électeurs pour toute la France. Ces quatre-vingt mille électeurs formeraient des collèges départementaux, dont chaque fraction cantonale se réunirait au chef-lieu de canton, aurait ses assises libres, et voterait pour tout le département. Le scrutin de liste,[2] si absurde avec le suffrage universel direct, aurait alors sa pleine raison d'être, surtout si le nombre des membres de la première chambre était réduit, comme il devrait l'être, à quatre ou cinq cents. Dans ce système, les

[1] Electoral law which required, as a condition of exercising the vote, that the voter be domiciled in a commune for at least three years. It further required, as a proof of this fact, that the voter's name should have appeared for that time on the tax-payers' roll.
This law, which deprived some three million voters of their right to vote, virtually abolished universal suffrage, and indirectly reintroduced the system of 'le Cens' which existed under the Restoration and Louis-Philippe.
[2] System whereby the voter casts his vote for a list of candidates belonging to one group or party, within a given area, instead of for one candidate ('scrutin uninominal').

opérations pour le choix des électeurs du second degré seraient, il est vrai, publiques; mais il y aurait là une garantie de moralité. La procuration électorale devrait être conférée pour quinze ou vingt ans; si on forme le collège électoral en vue de chaque élection particulière, on perdra presque tous les avantages de la réforme dont il s'agit.

J'avoue que je préférerais un système plus représentatif encore, et où la femme, l'enfant fussent comptés. Je voudrais que, dans les élections primaires, l'homme marié votât pour sa femme (en d'autres termes, que sa voix comptât pour deux), que le père votât pour ses enfants mineurs; je concevrais même la mère, la sœur confiant leur pouvoir à un fils, à un frère majeurs. Il est sûrement impossible[1] que la femme participe directement à la vie politique; mais il est juste qu'elle soit comptée. Il y aurait trop d'inconvénients à ce qu'elle pût choisir la personne à laquelle elle donnerait sa procuration politique; mais la femme qui a son mari, son père, ou bien un frère, un fils majeurs a des procureurs naturels, dont elle doit pouvoir, si j'ose le dire, doubler la personnalité le jour du scrutin. De la sorte, la société devient un ensemble lié, cimenté, où tout est devoir réciproque, responsabilité, solidarité. Les électeurs du second degré seraient des aristocrates locaux, des autorités, des notables nommés presque à vie. Ces électeurs pourraient être rassemblés par cantons en temps de crise; ils seraient les gardiens des mœurs, les surveillants des deniers publics; ils tiendraient école de gravité et de sérieux. Les conseils généraux de département émaneraient de procédés électoraux analogues, légèrement modifiés.

Tout autres et infiniment plus variés devraient être les moyens servant à composer la seconde chambre. Supposons que le nombre des membres soit de trois cent soixante. D'abord, il y faudrait une trentaine de siéges héréditaires, réservés aux survivants d'anciennes familles, dont les titres résisteraient à un travail historique et critique. Les membres à vie seraient nommés par des procédés divers. On pourrait faire désigner un membre par

---

[1] Renan is seldom unwise enough to be so dogmatic, and yet French women had to wait until after the liberation of 1944 for the right to vote.

le conseil général de chaque département. Le chef de l'État nommerait cinquante membres; la chambre haute elle-même se recruterait jusqu'à concurrence de trente membres; la première chambre en nommerait trente autres. Les cent vingt ou cent trente membres restants représenteraient les corps nationaux, les fonctions sociales. L'armée et la marine y figureraient par les maréchaux et les amiraux; la magistrature, les corps enseignants, les clergés y verraient siéger leurs chefs; chaque classe de l'Institut nommerait un membre; il en serait de même des corporations industrielles, des chambres de commerce, etc. Les grandes villes, enfin, sont des personnes morales, ayant un esprit propre. Je voudrais que toute grande ville de plus de cent mille âmes eût un élu dans la chambre haute; Paris en aurait quatre ou cinq. Cette chambre représenterait ainsi tout ce qui est une individualité dans l'État; ce serait vraiment un corps conservateur de tous les droits et de toutes les libertés.

Il est permis d'espérer que deux chambres ainsi formées serviraient au progrès libéral, et non à la révolution. Vu certaines particularités du caractère français, il serait bon d'interdire la publicité des séances, laquelle fait trop souvent dégénérer les débats en parade. On fonderait ainsi un genre d'éloquence simple et vrai, bien préférable au ton de nos harangues prolixes, déclamatoires, de mauvais goût. Le compte rendu a l'inconvénient de déplacer l'objectif de l'orateur, de le porter à viser le public plutôt que la Chambre et de faire servir le gouvernement du pays à l'agitation du pays. Si la France veut un avenir de réformes et de revanches, il faut qu'elle évite d'user ses forces en luttes parlementaires. Le gouvernement parlementaire est excellent pour les époques de prospérité; il sert à faire éviter les fautes très-graves et les excès, ce qui certes est capital: mais il n'excite pas les grands efforts moraux. La Prusse n'aurait pas accompli sa renaissance à la suite d'Iéna, si elle eût pratiqué la vie parlementaire. Elle traversa quarante ans de silence, qui servirent merveilleusement à tremper le caractère de la nation.

Il est incontestable que Paris est la seule capitale possible de la France; mais ce privilége doit être payé par des charges. Nonseulement il faut que Paris renonce à ses attentats sur la représentation de la France; Paris, étant constitué par la résidence des autorités centrales à l'état de ville à part, ne peut avoir les droits d'une ville ordinaire. Paris ne saurait avoir[1] ni maire, ni conseil élu dans les conditions ordinaires, ni garde civique. Le souverain ne doit pas trouver dans la ville où il réside une autre souveraineté que la sienne. Les usurpations dont la commune de Paris s'est rendue coupable à toutes les époques ne justifient que trop les appréhensions à cet égard.

Avec de solides institutions, la liberté de la presse pourrait être laissée entière. Dans un état social vraiment assis, l'action de la presse est très-utile comme contrôle; sans la presse, des abus extrêmement graves sont inévitables. C'est aux classes honnêtes à décourager par leur mépris la presse scandaleuse. Quant à la liberté des clubs,[2] l'expérience a montré que cette liberté n'a aucun avantage sérieux, et qu'elle ne vaut pas la peine qu'on y fasse des sacrifices.

La cause de la décentralisation administrative[3] est trop complètement gagnée pour que nous y insistions. Que si l'on veut parler d'une décentralisation plus profonde, qui ferait de la France une fédération d'États analogue aux États-Unis d'Amérique, il faut s'entendre. Il n'y a pas d'exemple dans l'histoire d'un État unitaire et centralisé décrétant son morcellement. Un tel morcellement[4] a failli se faire au mois de mars dernier; il se ferait le jour où la France serait mise encore plus bas qu'elle ne l'a été par la guerre de 1870 et par la Commune; il ne se fera jamais par mesure légale. Un pouvoir organisé ne cède que ce qu'on lui arrache. Quand de grandes machines de gouvernement, comme

[1] Under the Constitution of 'le 22 Frimaire, an VIII' (i.e. 13 December 1799), which established the consulate, Paris was placed under the dual control of the 'prefet de la Seine' and the 'prefet de police'. This administrative organization obtains to-day.
[2] Political committees which first came into existence during the French Revolution: e.g. Feuillants, Cordeliers, Girondins, Jacobins. Clubs sprang up again in 1848 and in 1870, after the proclamation of the Republic.
[3] However sound the cause, France remains the highly centralized state which the monarchy founded and which Napoleon completed.
[4] The idea in the minds of the leading 'Communards' was that the big cities of France should establish independent 'communes' which should be linked together in a federation.

l'empire romain, l'empire franc, commencent à s'affaiblir, les
parties disloquées de ces ensembles font leurs conditions au
pouvoir central, se dressent des chartes, forcent le pouvoir central
à les signer. En d'autres termes, la formation d'une confédération
(hors le cas des colonies) est l'indice d'un empire qui s'effondre.
Ajournons donc de tels propos, d'autant plus que, si les crocs de
fer qui retiennent ensemble les pierres de la vieille construction
se relâchaient, il n'est pas sûr que ces pierres resteraient à leur
place et ne se disjoindraient pas tout à fait.

La colonisation en grand est une nécessité politique tout à fait
de premier ordre. Une nation qui ne colonise pas est irrévocable-
ment vouée au socialisme, à la guerre du riche et du pauvre. La
conquête d'un pays de race inférieure par une race supérieure,
qui s'y établit pour le gouverner, n'a rien de choquant. L'Angleterre pratique ce genre de colonisation dans l'Inde, au grand
avantage de l'Inde, de l'humanité en général, et à son propre
avantage. La conquête germanique du ve et du vie siècle est
devenue en Europe la base de toute conservation et de toute
légitimité. Autant les conquêtes entre races égales doivent être
blâmées, autant la régénération des races inférieures ou abâtardies
par les races supérieures est dans l'ordre providentiel de l'humanité.
L'homme du peuple est presque toujours chez nous un noble
déclassé ; sa lourde main est bien mieux faite pour manier l'épée
que l'outil servile. Plutôt que de travailler, il choisit de se battre,
c'est-à-dire qu'il revient à son premier état. *Regere imperio
populos*, voilà notre vocation. Versez cette dévorante activité sur
des pays qui, comme la Chine, appellent la conquête étrangère.
Des aventuriers qui troublent la société européenne faites un *ver
sacrum*, un essaim comme ceux des Francs, des Lombards, des
Normands ; chacun sera dans son rôle. La nature a fait une race
d'ouvriers ; c'est la race chinoise, d'une dextérité de main merveilleuse sans presque aucun sentiment d'honneur ; gouvernez-la
avec justice, en prélevant d'elle pour le bienfait d'un tel gouvernement un ample douaire au profit de la race conquérante, elle sera
satisfaite ;—une race de travailleurs de la terre, c'est le nègre ;
soyez pour lui bon et humain, et tout sera dans l'ordre ;—une race
de maîtres et de soldats, c'est la race européenne. Réduisez cette

noble race à travailler dans l'ergastule comme des nègres et des Chinois, elle se révolte. Tout révolté est chez nous, plus ou moins, un soldat qui a manqué sa vocation, un être fait pour la vie héroïque, et que vous appliquez à une besogne contraire à sa race, mauvais ouvrier, trop bon soldat. Or la vie qui révolte nos travailleurs rendrait heureux un Chinois, un *fellah*, êtres qui ne sont nullement militaires. Que chacun fasse ce pour quoi il est fait, et tout ira bien. Les économistes se trompent en considérant le travail comme l'origine de la propriété. L'origine de la propriété, c'est la conquête et la garantie donnée par le conquérant aux fruits du travail autour de lui. Les Normands ont été en Europe les créateurs de la propriété; car, le lendemain du jour où ces bandits eurent des terres, ils établirent pour eux et pour tous les gens de leur domaine un ordre social et une sécurité qu'on n'avait pas vus jusque-là.

IV

Dans la lutte qui vient de finir, l'infériorité de la France a été surtout intellectuelle; ce qui nous a manqué, ce n'est pas le cœur, c'est la tête. L'instruction publique est un sujet d'importance capitale; l'intelligence française s'est affaiblie; il faut la fortifier. Notre plus grande erreur est de croire que l'homme naît tout élevé; l'Allemand, il est vrai, croit trop à l'éducation; il en devient pédant; mais nous y croyons trop peu. Le manque de foi à la science est le défaut profond de la France; notre infériorité militaire et politique n'a pas d'autre cause; nous doutons trop de ce que peuvent la réflexion, la combinaison savante. Notre système d'instruction a besoin de réformes radicales; presque tout ce que le premier empire a fait[1] à cet égard est mauvais. L'instruction publique ne peut être donnée directement par l'autorité centrale; un ministère de l'instruction publique sera toujours une très-médiocre machine d'éducation.

L'instruction primaire est la plus difficile à organiser. Nous envions à l'Allemagne sa supériorité à cet égard; mais il n'est pas philosophique de vouloir les fruits sans le tronc et les racines. En Allemagne, l'instruction populaire est venue du protestantisme.

[1] Vide below, p. 67, n. 1.

Le luthéranisme ayant fait consister la religion à lire un livre, et plus tard ayant réduit la dogmatique chrétienne à une quintessence impalpable, a donné une importance hors de ligne à la maison d'école; l'illettré a presque été chassé du christianisme; la communion parfois lui est refusée. Le catholicisme,[1] au contraire, faisant consister le salut en des sacrements et en des croyances surnaturelles, tient l'école pour chose secondaire. Excommunier celui qui ne sait ni lire ni écrire nous paraît impie. L'école n'étant pas l'annexe de l'église est la rivale de l'église. Le curé s'en défie, la veut aussi faible que possible, l'interdit même si elle n'est pas toute cléricale. Or, sans la collaboration et la bonne volonté du curé, l'école de village ne prospérera jamais. Que ne pouvons-nous espérer que le catholicisme se réforme, qu'il se relâche de ses règles surannées! Quels services ne rendrait pas un curé, pasteur catholique, offrant dans chaque village le type d'une famille bien réglée, surveillant l'école, presque maître d'école lui-même, donnant à l'éducation du paysan le temps qu'il consacre aux fastidieuses répétitions de son bréviaire! En réalité, l'église et l'école sont également nécessaires; une nation ne peut pas plus se passer de l'une que de l'autre; quand l'église et l'école se contrarient, tout va mal.

Nous touchons ici à la question qui est au fond de toutes les autres. La France a voulu rester catholique; elle en porte les conséquences. Le catholicisme est trop hiératique pour donner un aliment intellectuel et moral à une population; il fait fleurir le mysticisme transcendant à côté de l'ignorance; il n'a pas d'efficacité morale; il exerce des effets funestes sur le développement du cerveau. Un élève des jésuites ne sera jamais un officier susceptible d'être opposé à un officier prussien; un élève des écoles élémentaires catholiques ne pourra jamais faire la guerre savante avec les armes perfectionnées. Les nations catholiques qui ne se réformeront pas seront toujours infailliblement battues

[1] This passage seems strangely biased when it is remembered that under the *ancien régime*, there existed no organized primary or secondary education other than that provided by religious bodies (e.g. the Jesuits and 'Les Frères des Écoles Chrétiennes') and when it is further remembered that throughout the nineteenth century the education question was a constant battleground between Catholics and non-Catholics.

par les nations protestantes. Les croyances surnaturelles sont comme un poison qui tue si on le prend à trop haute dose. Le protestantisme en mêle bien une certaine quantité à son breuvage; mais la proportion est faible et devient alors bienfaisante. Le moyen âge avait créé deux maîtrises de la vie de l'esprit, l'Église, l'Université; les pays protestants ont gardé ces deux cadres; ils ont créé la liberté dans l'Église, la liberté dans l'Université, si bien que ces pays peuvent avoir à la fois des Églises établies, un enseignement officiel, et une pleine liberté de conscience et d'enseignement. Nous autres, pour avoir la liberté, nous avons été obligés de nous séparer de l'Église; les jésuites avaient depuis longtemps réduit nos universités à un rôle secondaire. Aussi nos efforts ont été faibles, ne se rattachant à aucune tradition ni à aucune institution du passé.

Un libéral comme nous est ici fort embarrassé; car notre premier principe est que, dans ce qui touche à la liberté de conscience, l'État ne doit se mêler de rien. La foi, comme toutes les choses exquises, est susceptible; au moindre contact, elle crie à la violence. Ce qu'il faut désirer, c'est une réforme libérale du catholicisme, sans intervention de l'État. Que l'Église admette deux catégories de croyants, ceux qui sont pour la lettre et ceux qui s'en tiennent à l'esprit. A un certain degré de la culture rationnelle, la croyance au surnaturel devient pour plusieurs une impossibilité; ne forcez pas ceux-là à porter une chape de plomb. Ne vous mêlez pas de ce que nous enseignons, de ce que nous écrivons, et nous ne vous disputerons pas le peuple; ne nous contestez pas notre place à l'université, à l'académie, et nous vous abandonnerons sans partage l'école de campagne. L'esprit humain est une échelle où chaque degré est nécessaire; ce qui est bon à tel niveau n'est pas bon à tel autre; ce qui est funeste pour l'un ne l'est pas pour l'autre. Conservons au peuple son éducation religieuse, mais qu'on nous laisse libres. Il n'y a pas de fort développement de la tête sans liberté; l'énergie morale n'est pas le résultat d'une doctrine en particulier, mais de la race et de la vigueur de l'éducation. Nous avait-on assez parlé de la décadence de cette Allemagne qu'on présentait comme une officine d'erreurs énervantes, de dangereuses subtilités! Elle était tuée, disait-on, par le sophisme, le protestantisme, le matérialisme, le panthéisme, le fatalisme. Je ne jurerais pas, en effet, que M. de Moltke ne professe quelqu'une de ces erreurs; mais on avouera que cela ne l'empêche pas d'être un bon officier d'état-major. Renonçons à ces déclamations fades. La liberté de penser, alliée à la haute culture, loin d'affaiblir un pays, est une condition du grand développement de l'intelligence. Ce n'est pas telle ou telle solution qui fortifie l'esprit; ce qui le fortifie, c'est la discussion, la liberté. On peut dire que pour l'homme cultivé il n'y a pas de mauvaise doctrine; car pour lui toute doctrine est un effort vers le vrai, un exercice utile à la santé de l'esprit.[1] Vous voulez garder vos jeunes gens dans une sorte de gynécée intellectuel: vous en ferez des hommes bornés. Pour former de bonnes têtes scientifiques, des officiers sérieux et appliqués, il faut une éducation ouverte à tout, sans dogme rétrécissant. La supériorité intellectuelle et militaire appartiendra désormais à la nation qui pensera librement. Tout ce qui exerce le cerveau est salutaire. Il y a plus: la liberté de penser dans les universités a cet avantage que le libre penseur, satisfait de raisonner à son aise dans sa chaire au milieu de personnes placées au même point de vue que lui, ne songe plus à faire de la propagande parmi les gens du monde et les gens du peuple. Les universités allemandes présentent à ce sujet le spectacle le plus curieux.

Notre instruction secondaire, quoique fort critiquable, est la meilleure partie de notre système d'enseignement. Les bons élèves d'un lycée de Paris sont supérieurs aux jeunes Allemands pour le talent d'écrire, l'art de la rédaction; ils sont mieux préparés à être avocats ou journalistes; mais ils ne savent pas assez de choses. Il faut se persuader que la science prend de plus en plus le dessus sur ce qu'on appelle en France les lettres. L'enseignement doit surtout être scientifique; le résultat de l'éducation doit être que le jeune homme sache le plus possible de ce que l'esprit humain a découvert sur la réalité de l'univers. Quand je dis scientifique, je ne dis pas pratique, professionnel; l'État n'a pas à s'occuper des applications de métier; mais il doit prendre garde que l'éducation qu'il donne ne se borne à une rhétorique creuse,

[1] A characteristic passage. Vide introduction, p. xxv.

qui ne fortifie pas l'intelligence. Chez nous, les dons brillants, le talent, l'esprit, le génie sont seuls estimés; en Allemagne, ces dons sont rares, peut-être parce qu'ils ne sont pas fort prisés; les bons écrivains y sont peu nombreux; le journalisme, la tribune politique n'ont pas l'éclat qu'ils ont chez nous; mais la force de tête, l'instruction, la solidité du jugement sont bien plus répandues, et constituent une moyenne de culture intellectuelle supérieure à tout ce qu'on avait pu obtenir jusqu'ici d'une nation.

C'est surtout dans l'enseignement supérieur qu'une réforme est urgente. Les écoles spéciales, imaginées par la Révolution, les chétives facultés[1] créées par l'Empire, ne remplacent nullement le grand et beau système des universités autonomes et rivales, système que Paris a créé au moyen âge et que toute l'Europe a conservé, excepté justement la France qui l'a inauguré vers 1200. En y revenant, nous n'imiterons personne, nous ne ferons que reprendre notre tradition. Il faut créer en France cinq ou six universités, indépendantes les unes des autres, indépendantes des villes où elles seront établies, indépendantes du clergé. Il faut supprimer du même coup les écoles spéciales, École polytechnique, École normale, etc., institutions inutiles quand on possède un bon système d'universités, et qui empêchent les universités de se développer. Ces écoles ne sont, en effet, que des prélèvements funestes faits sur les auditeurs des universités.* L'université enseigne tout, prépare à tout, et dans son sein toutes les branches de l'esprit humain se touchent et s'embrassent. A côté des universités, il peut, il doit y avoir des écoles d'application; il ne peut y avoir des écoles d'État fermées et faisant concurrence aux universités. On se plaint que les facultés des lettres, des sciences,

* On n'entend pas nier l'utilité de tels établissements comme internats ou séminaires; mais l'enseignement intérieur n'y devrait pas dépasser la conférence entre élèves, selon les usages anciens.

[1] E.g. L'École polytechnique, 1794; L'École normale supérieure, 1808. L'Université Impériale, i.e. a corporation which included teachers of all grades, was founded by a law of May 1806, supplemented by a decree of March 1808. France was divided into sixteen regions, each being the seat of an academy, consisting of a Rector, a council, and inspectors, and embodying all teachers within the region. Only members of one of the University's faculties (letters, science, law, medicine, theology) could conduct schools.

n'aient pas d'élèves assidus. Quoi de surprenant? Leurs auditeurs naturels sont à l'École normale, à l'École polytechnique, où ils reçoivent le même enseignement, mais sans rien sentir du mouvement salutaire, de la communauté d'esprit que crée l'université.

Ces universités établies dans des villes de province,* sans préjudice naturellement de l'université de Paris et des grands établissements uniques, tels que le Collège de France, propres à Paris, me paraissent le meilleur moyen de réveiller l'esprit français. Elles seraient des écoles de sérieux, d'honnêteté, de patriotisme. Là se fonderait la vraie liberté de penser, qui ne va pas sans de solides études. Là aussi se ferait un salutaire changement dans l'esprit de la jeunesse. Elle se formerait au respect; elle prendrait le sentiment de la valeur de la science. Un fait qui donne bien à réfléchir est celui-ci. Il est reconnu que nos écoles sont des foyers d'esprit démocratique peu réfléchi et d'une incrédulité portée vers une propagande populaire étourdie. C'est tout le contraire en Allemagne, où les universités sont des foyers d'esprit aristocratique, réactionnaire (comme nous disons) et presque féodal, des foyers de libre pensée, mais non de prosélytisme indiscret. D'où vient cette différence? De ce que la liberté de discussion, dans les universités allemandes, est absolue. Le rationalisme est loin de porter à la démocratie. La réflexion apprend que la raison n'est pas la simple expression des idées et des vœux de la multitude, qu'elle est le résultat des aperceptions d'un petit nombre d'individus privilégiés. Loin d'être portée à livrer la chose publique aux caprices de la foule, une génération ainsi élevée sera jalouse de maintenir le privilège de la raison; elle sera appliquée, studieuse et très-peu révolutionnaire. La science sera pour elle comme un titre de noblesse, auquel elle ne renoncera pas facilement, et qu'elle défendra même avec une certaine âpreté. Des jeunes gens élevés dans le

---

* Une circonstance d'un autre ordre rendra l'application de ce système presque indispensable, c'est l'établissement du service militaire obligatoire pour tous. Une telle organisation militaire n'est possible que si le jeune homme peut faire ses études d'université (droit, médecine, etc.) en même temps que son service militaire, ainsi que cela se pratique en Allemagne. Cette combinaison suppose des villes d'étude régionales, qui soient en même temps des centres sérieux d'instruction militaire.

sentiment de leur supériorité se révolteront de ne compter que pour un comme le premier venu. Pleins du juste orgueil que donne la conscience de savoir la vérité que le vulgaire ignore, ils ne voudront pas être les interprètes des pensées superficielles de la foule. Les universités seront ainsi des pépinières d'aristocrates. Alors, l'espèce d'antipathie que le parti conservateur français nourrit contre la haute culture de l'esprit paraîtra le plus inconcevable des non-sens, la plus fâcheuse erreur.

Il va sans le dire qu'à côté de ces universités dotées par l'État, et où toutes les opinions savamment présentées auraient accès, une entière latitude serait laissée pour l'établissement d'universités libres. Je crois que ces universités libres produiraient de très-médiocres résultats; toutes les fois que la liberté existe réellement dans l'université, la liberté hors de l'université est de peu de conséquence; mais, en leur permettant de s'établir, on aurait la conscience en règle et on fermerait la bouche aux personnes naïves toujours portées à croire que sans la tyrannie de l'État elles feraient des merveilles. Il est bien probable que les catholiques les plus fervents, un Ozanam,[1] par exemple, préféreraient le champ libre des universités d'État, où tout se passerait au grand jour, à ces petites universités à huis clos, fondées par leur secte. En tout cas, ils auraient le choix. De quoi pourraient se plaindre avec un pareil régime les catholiques les plus portés à s'élever contre le monopole de l'État? Personne ne serait exclu des chaires des universités à cause de ses opinions; les catholiques y arriveraient comme tout le monde. Le système des *Privatdocent* permettrait en outre à toutes les doctrines de se produire en dehors des chaires dotées. Enfin les universités libres enlèveraient jusqu'au dernier prétexte aux récriminations. Ce serait l'inverse de notre système français, procédant par l'exclusion des sujets brillants. On croit avoir assez fait pour l'impartialité si, après avoir destitué ou refusé de nommer un libre penseur, on destitue ou refuse de nommer un catholique. En Allemagne, on les met tous deux face à face; au lieu de ne servir que la médiocrité, un tel système sert à l'émulation et à l'éveil des esprits. En distinguant soigneusement le

[1] 1813–53. A liberal catholic. One of the co-founders of the Society of St Vincent de Paul, 1833.

grade et le droit d'exercer une profession, comme on le fait en
Allemagne, en établissant que l'université ne fait pas des méde-
cins, des avocats, mais rend apte à devenir médecin, avocat, on
lèverait les difficultés que certaines personnes trouvent à la
collation des grades par l'État. L'État, en un tel système, ne
salarie pas certaines opinions scientifiques ou littéraires; il ouvre,
dans un haut intérêt social et pour le bien de toutes les opinions,
de grands champs clos, de vastes arènes, où les sentiments divers
peuvent se produire, lutter entre eux et se disputer l'assentiment
de la jeunesse, déjà mûre pour la réflexion, qui assiste à ces débats.

Former par les universités une tête de société rationaliste,
régnant par la science, fière de cette science et peu disposée à
laisser périr son privilège au profit d'une foule ignorante; mettre
(qu'on me permette cette forme paradoxale d'exprimer ma pensée)
le pédantisme en honneur, combattre ainsi l'influence trop grande
des femmes, des gens du monde, des Revues, qui absorbent tant
de forces vives ou ne leur offrent qu'une application superficielle;
donner plus à la spécialité, à la science, à ce que les Allemands
appellent le *Fach*, moins à la littérature, au talent d'écrire et de
parler; compléter ce faîte solide de l'édifice social par une cour et
une capitale brillantes, d'où l'éclat d'un esprit aristocratique
n'exclue pas la solidité et la forte culture de la raison; en même
temps, élever le peuple, raviver ses facultés un peu affaiblies, lui
inspirer, avec l'aide d'un bon clergé dévoué à la patrie, l'acceptation d'une société supérieure, le respect de la science et de la vertu,
l'esprit de sacrifice et de dévouement; voilà ce qui serait l'idéal;
il sera beau du moins de chercher à en approcher.

J'ai dit à plusieurs reprises que ces réformes ne peuvent pas
bien se faire sans la collaboration du clergé. Il est clair que notre
principe théorique ne peut plus être que la séparation[1] de l'Église
et de l'État; mais la pratique ne saurait être la théorie. Jusqu'ici,
la France n'a connu que deux pôles, catholicisme, démocratie;
oscillant sans cesse de l'un à l'autre, elle ne se repose jamais entre
les deux. Pour faire pénitence de ses excès démagogiques, la
France se jette dans le catholicisme étroit; pour réagir contre le

---

[1] Renan did not live to see the separation of Church and State in
France which was not effected until 1905.

catholicisme étroit, elle se jette dans la fausse démocratie. Il faudrait faire pénitence des deux à la fois, car la fausse démocratie et le catholicisme étroit s'opposent également à une réforme de la France sur le type prussien, je veux dire à une forte et saine éducation rationnelle. Nous sommes à l'égard du catholicisme dans cette situation étrange que nous ne pouvons vivre ni avec lui ni sans lui. L'Église est une pièce trop importante d'éducation pour qu'on se prive d'elle, si de son côté elle fait les concessions nécessaires et ne se rend pas, en exagérant ses doctrines, plus nuisible qu'utile. Si un mouvement gallican de réforme dans le genre de celui que rêve avec tant de candeur, de sincérité, de chaleur d'âme le P. Hyacinthe,[1] si un mouvement de réforme, dis-je, entraînant le mariage des prêtres de campagne et le remplacement du bréviaire par un enseignement presque quotidien, était possible, il faudrait l'accueillir avec empressement; mais je crains que l'Église catholique ne se roidisse et n'aime mieux tomber que de se modifier. Un schisme m'y paraît plus probable que jamais; ou plutôt le schisme est déjà fait; de latent, il deviendra effectif. La haine des Allemands et des Français, l'occupation de Rome[2] par le roi d'Italie, ont ajouté un élément explosible nouveau à ceux qu'avait entassés le concile.[3] Si le pape reste dans Rome, capitale de l'Italie, les non-Italiens souffriront de voir leur chef spirituel ainsi subordonné à une nation particulière. Si le pape quitte Rome, les Italiens diront comme en 1378: 'Le pape est l'évêque de Rome; qu'il revienne, ou nous allons choisir un évêque de Rome, lequel, par là même, sera le pape.' A vrai dire, un pape tel que l'a fait le concile ne peut résider nulle part; il lui faudrait une île escarpée et sans bords; il n'a pas de place au monde; or, si la papauté cesse d'avoir un petit territoire politiquement neutralisé à son usage, elle verra briser son unité. Il me

---

[1] Charles Loyson (1827–1912). Became a Carmelite and took the name of Père Hyacinthe. A series of sermons preached by him in Notre Dame from 1865 provoked much controversy because of their endeavour to reconcile Catholicism and current scientific ideas. Excommunicated in 1869.　　　　　[2] 22 September 1870.
[3] The Vatican Council, December 1869 to October 1870. The allusion is no doubt to the dogma of Papal infallibility which the Council established and which provoked the secession in Germany and Switzerland of the 'Old Catholics', condemned by Pius IX in 1873.

paraît donc presque inévitable que nous ayons bientôt deux papes et même trois, car il va être bien difficile que des Français, des Italiens et des Allemands soient de la même religion. Le principe des nationalités devait à la longue amener la ruine de la papauté. On dit souvent: 'Les questions religieuses ont de nos jours trop peu d'importance pour amener des schismes.' C'est là une erreur; des hérésies, des divisions sur les dogmes abstraits, il n'y en aura plus;* car on ne prend presque plus le dogme au sérieux; mais des schismes dans le genre de celui d'Avignon, des divisions de personnes, des élections contestées et dont l'incertitude maintiendra longtemps affrontées des parties de la catholicité, cela est parfaitement possible, cela sera. Une fois le schisme fait sur les personnes, une fois les deux papes constitués, l'un à Rome, l'autre hors de l'Italie, la décomposition de la catholicité s'opérera par le choix des obédiences, comme celle de l'eau sous l'action de la pile électrique; chacun des deux papes deviendra un pôle qui attirera à lui les éléments qui lui seront homogènes; l'un sera le pape du catholicisme rétrograde, l'autre le pape du catholicisme progressif; car tous deux désireront avoir des partisans, et, pour avoir des partisans, il faut représenter quelque chose. Nous verrons Pierre de Lune[1] prétendre encore enfermer l'Église universelle sur son rocher de Paniscole;[2] la ligne de séparation des obédiences pourrait même déjà être tracée. Une foule de réformes maintenant impraticables seront praticables alors, et l'horizon du catholicisme, maintenant si fermé, pourra s'ouvrir tout à coup et laisser voir des profondeurs inattendues.

V

Avec des efforts sérieux, une renaissance serait donc possible, et je suis persuadé que, si la France marchait dix ans dans la voie que nous avons essayé d'indiquer, l'estime et la bienveillance du

* Le dogme de l'infaillibilité fait exception; car ce dogme est 'pratique' au plus haut degré, et atteint toute l'organisation de l'Église catholique dans ses rapports avec l'ordre civil.

[1] 1334–1423. Antipope under the name of Benedict XIII (1394–1417).
[2] Pensicola, fortress near Valencia, Spain. Pierre de Lune retired there in 1408 or 1409 and from there excommunicated his rivals, Gregory XII and Alexander V, and the Council of Pisa. He was deposed by the Council of Constance, 1417, but went on calling himself Pope until his death.

monde la dispenseraient de toute revanche. Oui, il serait possible qu'un jour cette guerre funeste dût être bénie et considérée comme le commencement d'une régénération. Ce n'est pas la seule fois que la guerre aurait été plus utile au vaincu qu'au vainqueur. Si la sottise, la négligence, la paresse, l'imprévoyance des États n'avaient pour conséquence de les faire battre, il est difficile de dire à quel degré d'abaissement pourrait descendre l'espèce humaine. La guerre est de la sorte une des conditions du progrès, le coup de fouet qui empêche un pays de s'endormir, en forçant la médiocrité satisfaite d'elle-même à sortir de son apathie. L'homme n'est soutenu que par l'effort et la lutte. La lutte contre la nature ne suffit pas ; l'homme finirait, au moyen de l'industrie, par la réduire à peu de chose. La lutte des races se dresse alors. Quand une population a fait produire à son fonds tout ce qu'il peut produire, elle s'amollirait, si la terreur de son voisin ne la réveillait ; car le but de l'humanité n'est pas de jouir ; acquérir et créer est œuvre de force et de jeunesse : jouir est de la décrépitude. La crainte de la conquête est ainsi, dans les choses humaines, un aiguillon nécessaire. Le jour où l'humanité deviendrait un grand empire romain pacifié et n'ayant plus d'ennemis extérieurs serait le jour où la moralité et l'intelligence courraient les plus grands dangers.

Mais ces réformes s'accompliront-elles ? La France va-t-elle s'appliquer à corriger ses défauts, à reconnaître ses erreurs ? La question est complexe, et, pour la résoudre, il faut s'être fait une idée précise du mouvement qui semble emporter vers un but inconnu tout le monde européen.

Le XIXe siècle possède deux types de société qui ont fait leurs preuves, et qui, malgré les incertitudes qui peuvent peser sur leur avenir, auront une grande place dans l'histoire de la civilisation. L'un est le type américain, fondé essentiellement sur la liberté et la propriété, sans privilèges de classes, sans institutions anciennes, sans histoire, sans société aristocratique, sans cour, sans pouvoir brillant, sans universités sérieuses ni fortes institutions scientifiques, sans service militaire obligatoire pour les citoyens. Dans ce système, l'individu, très-peu protégé par l'État, est aussi très-peu gêné par l'État. Jeté sans patron dans la bataille de la vie, il s'en tire comme il peut, s'enrichit, s'appauvrit, sans qu'il songe une seule fois à se plaindre du gouvernement, à le renverser, à lui demander quelque chose, à déclamer contre la liberté et la propriété. Le plaisir de déployer son activité à toute vapeur lui suffit, même quand les chances de la loterie ne lui ont pas été favorables. Ces sociétés manquent de distinction, de noblesse; elles ne font guère d'œuvres originales en fait d'art et de science; mais elles peuvent arriver à être très-puissantes, et d'excellentes choses peuvent s'y produire. La grosse question est de savoir combien de temps elles dureront, quelles maladies particulières les affecteront, comment elles se comporteront à l'égard du socialisme, qui les a jusqu'ici peu atteintes.

Le second type de société que notre siècle voit exister avec éclat est celui que j'appellerai l'ancien régime développé et corrigé. La Prusse en offre le meilleur modèle. Ici l'individu est pris, élevé, façonné, dressé, discipliné, requis sans cesse par une société dérivant du passé, moulée dans de vieilles institutions, s'arrogeant une maîtrise de moralité et de raison. L'individu, dans ce système, donne énormément à l'État; il reçoit en échange de l'État une forte culture intellectuelle et morale, ainsi que la joie de participer à une grande œuvre. Ces sociétés sont particulièrement nobles; elles créent la science; elles dirigent l'esprit humain; elles font l'histoire; mais elles sont de jour en jour affaiblies par les réclamations de l'égoïsme individuel, qui trouve le fardeau que l'État lui impose trop lourd à porter. Ces sociétés, en effet, impliquent des catégories entières de sacrifiés, de gens qui doivent se résigner à une vie triste sans espoir d'amélioration. L'éveil de la conscience populaire et jusqu'à un certain point l'instruction du peuple minent ces grands édifices féodaux et les menacent de ruine. La France, qui était autrefois une société de ce genre, est tombée. L'Angleterre s'éloigne sans cesse du type que nous venons de décrire pour se rapprocher du type américain. L'Allemagne maintient ce grand cadre, non sans que des signes de révolte s'y fassent déjà entrevoir. Jusqu'à quel point cet esprit de révolte, qui n'est autre chose que la démocratie socialiste, envahira-t-il les pays germaniques à leur tour? Voilà la question qui doit préoccuper le plus un esprit réfléchi. Nous manquons d'éléments pour y répondre avec précision.

Si les nations d'ancien régime ne faisaient, quand leur vieil édifice est renversé, que passer au système américain, la situation serait simple; on pourrait alors se reposer en cette philosophie de l'histoire de l'école républicaine, selon laquelle le type social américain est celui de l'avenir, celui auquel tous les pays en viendront tôt ou tard. Mais il n'en est pas ainsi. La partie active du parti démocratique qui maintenant travaille plus ou moins tous les États européens n'a nullement pour idéal la république américaine. A part quelques théoriciens, le parti démocratique a des tendances socialistes qui sont l'inverse des idées américaines sur la liberté et la propriété. La liberté du travail, la libre concurrence, le libre usage de la propriété, la faculté laissée à chacun de s'enrichir selon ses pouvoirs, sont justement ce dont ne veut pas la démocratie européenne. Résultera-t-il de ces tendances un troisième type social, où l'État interviendra dans les contrats, dans les relations industrielles et commerciales, dans les questions de propriété? On ne peut guère le croire; car aucun système socialiste n'a réussi jusqu'ici à se présenter avec les apparences de la possibilité. De là un doute étrange, qui en France atteint les proportions du plus haut tragique et trouble notre vie à tous: d'une part, il semble bien difficile de faire tenir debout sous une forme quelconque les institutions de l'ancien régime; d'une autre part, les aspirations du peuple ne sont nullement en Europe dirigées vers le système américain. Une série de dictatures instables, un césarisme de basse époque, voilà tout ce qui se montre comme ayant les chances de l'avenir.

La direction matérialiste de la France peut d'ailleurs faire contre-poids à tous les motifs virils de réforme qui sortent de la situation. Cette direction matérialiste dure depuis les années qui suivirent 1830. Sous la Restauration, l'esprit public était très-vivant encore; la société noble songeait à autre chose que jouir et s'enrichir. La décadence devint tout à fait sensible vers 1840. Le soubresaut de 1848 n'arrêta rien; le mouvement des intérêts matériels était vers 1853 ce qu'il eût été si la révolution de février ne fût pas arrivée. Certes, la crise de 1870–1871 est bien plus profonde que celle de 1848; mais on peut craindre que le tempérament du pays ne prenne encore le dessus, que la masse de la nation, rentrant dans son indifférence, ne songe plus qu'à gagner de l'argent et à jouir. L'intérêt personnel ne conseille jamais le courage militaire; car aucun des inconvénients qu'on encourt par la lâcheté n'équivaut à ce que l'on risque par le courage. Il faut, pour exposer sa vie, la foi à quelque chose d'immatériel; or cette foi disparaît de jour en jour. Ayant détruit le principe de la légitimité dynastique, qui fait consister la raison d'être de l'union des provinces dans les droits du souverain, il ne nous restait plus qu'un dogme, savoir qu'une nation existe par le libre consentement de toutes ses parties. La dernière paix a porté à ce principe la blessure la plus grave. Enfin, loin de se relever, la culture intellectuelle a reçu des événements de l'année des coups sensibles; l'influence du catholicisme étroit, qui sera le grand obstacle à la renaissance, ne paraît nullement en train de décroître; la présomption d'une partie des personnes qui président à l'administration semble par moments avoir redoublé avec les défaites et les affronts.

On ne peut nier, d'ailleurs, que beaucoup des réformes que la Prusse nous impose ne doivent rencontrer chez nous de sérieuses difficultés. La base du programme conservateur de la France a toujours été d'opposer les parties sommeillantes de la conscience populaire aux parties trop éveillées, je veux dire l'armée au peuple. Il est clair que ce programme manquerait de base le jour où l'esprit démocratique pénétrerait l'armée elle-même. Entretenir une armée faisant un corps à part dans la nation et empêcher le développement de l'instruction primaire sont ainsi devenus dans un certain parti des articles de foi politique; mais la France a pour voisine la Prusse, qui force indirectement la France, même conservatrice, à reculer sur ces deux principes. Le parti conservateur français ne s'est pas trompé en prenant le deuil le jour de la bataille de Sadowa. Ce parti avait pour maxime de calquer l'Autriche des Metternich, je veux dire de combattre l'esprit démocratique au moyen d'une armée disciplinée à part, d'un peuple de paysans tenus soigneusement dans l'ignorance, d'un clergé armé de puissants concordats. Ce régime énerve trop une nation qui doit lutter contre des rivaux. L'Autriche elle-même a dû y renoncer. C'est ainsi que, selon la thèse de Plutarque, le peuple le plus vertueux l'emporte toujours sur celui qui l'est moins, et que l'émulation des nations est la condition du progrès général. Si la Prusse réussit à échapper à la démocratie socialiste, il est possible qu'elle fournisse pendant une ou deux générations une protection à la liberté et à la propriété. Sans nul doute, les classes menacées par le socialisme feraient taire leurs antipathies patriotiques, le jour où elles ne pourraient plus tenir tête au flot montant, et où quelque État fort prendrait pour mission de maintenir l'ordre social européen. D'un autre côté, l'Allemagne trouverait dans l'accomplissement d'une telle œuvre (assez analogue à celle qu'elle exécuta au ve siècle) des emplois si avantageux de son activité, que le socialisme serait chez elle écarté pour longtemps. Riche, molle, peu laborieuse, la France se laissait aller depuis des années à faire exécuter toutes ses besognes pénibles, exigeant de l'application, par des étrangers qu'elle payait bien pour cela; le gouvernement, en tant qu'il se confond avec le métier de gendarme, est à quelques égards une de ces besognes ennuyeuses pour lesquelles le Français, bon et faible, a peu d'aptitude; le jour se laisse entrevoir où il payera des gens rogues, sérieux et durs pour cela, comme les Athéniens avaient des Scythes pour remplir les fonctions de sbires et de geôliers.

La gravité de la crise révélera peut-être des forces inconnues. L'imprévu est grand dans les choses humaines, et la France se plaît souvent à déjouer les calculs les mieux raisonnés. Étrange, parfois lamentable, la destinée de notre pays n'est jamais vulgaire. S'il est vrai que c'est le patriotisme français qui, à la fin du dernier siècle, a réveillé le patriotisme allemand, il sera peut-être vrai aussi de dire que le patriotisme allemand aura réveillé le patriotisme français sur le point de s'éteindre. Ce retour vers les questions nationales apporterait pour quelques années un temps d'arrêt aux questions sociales. Ce qui s'est passé depuis trois mois, la vitalité que la France a montrée après l'effroyable syncope morale du 18 mars,[1] sont des faits très-consolants. On se prend souvent à craindre que la France et même l'Angleterre, au fond travaillée du même mal que nous (l'affaiblissement de l'esprit militaire, la prédominance des considérations commerciales et industrielles),

[1] Vide p. 9, n. 1.

ne soient bientôt réduites à un rôle secondaire, et que la scène du monde européen n'en vienne à être uniquement occupée par deux colosses, la race germanique et la race slave, qui ont gardé la vigueur du principe militaire et monarchique, et dont la lutte remplira l'avenir. Mais on peut affirmer aussi que, dans un sens supérieur, la France aura sa revanche. On reconnaîtra un jour qu'elle était le sel de la terre, et que sans elle le festin de ce monde sera peu savoureux. On regrettera cette vieille France libérale, qui fut impuissante, imprudente, je l'avoue, mais qui aussi fut généreuse, et dont on dira un jour comme des chevaliers de l'Arioste:

> Oh gran bontà de' cavalieri antiqui!

Quand les vainqueurs du jour auront réussi à rendre le monde positif, égoïste, étranger à tout autre mobile que l'intérêt, aussi peu sentimental que possible, on trouvera qu'il fut heureux cependant pour l'Amérique que le marquis de Lafayette ait pensé autrement; qu'il fut heureux pour l'Italie que, même à notre plus triste époque, nous ayons été capables d'une généreuse folie; qu'il fut heureux pour la Prusse qu'en 1865, aux plans confus qui remplissaient la tête de l'empereur, se soit mêlée une vue de philosophie politique élevée.[1]

Ne jamais trop espérer, ne jamais désespérer, doit être notre devise. Souvenons-nous que la tristesse seule est féconde en grandes choses, et que le vrai moyen de relever notre pauvre pays, c'est de lui montrer l'abîme où il est. Souvenons-nous surtout que les droits de la patrie sont imprescriptibles, et que le peu de cas qu'elle fait de nos conseils ne nous dispense pas de les lui donner. L'émigration à l'extérieur ou à l'intérieur est la plus mauvaise action qu'on puisse commettre. L'empereur romain qui, au moment de mourir, résumait son opinion sur la vie par ces mots: *Nil expedit*, n'en donnait pas moins pour mot d'ordre à ses officiers: *Laboremus*.[2]

---

[1] The allusion is probably to Napoleon III's sympathies for nationalist aspirations.
[2] Probably Septimius Severus, A.D. 193–211.

LA GUERRE ENTRE LA FRANCE
ET L'ALLEMAGNE*

En commençant à écrire ces pages, j'ignore quel sera l'état du monde au moment où elles seront terminées. Il faudrait un esprit bien frivole pour chercher à démêler l'avenir quand le présent n'a pas une heure assurée. Il est permis cependant à ceux qu'une conception philosophique de la vie a élevés au-dessus, non certes du patriotisme, mais des erreurs qu'un patriotisme peu éclairé entraîne, d'essayer de découvrir quelque chose à travers l'épaisse fumée qui ne laisse voir à l'horizon que l'image de la mort.

J'ai toujours regardé la guerre entre la France et l'Allemagne comme le plus grand malheur qui pût arriver à la civilisation. Tous, nous acceptons hautement les devoirs de la patrie, ses justes susceptibilités, ses espérances ; tous, nous avons une pleine confiance dans les forces profondes du pays, dans cette élasticité qui déjà plus d'une fois a fait rebondir la France sous la pression de l'infortune ; mais supposons les espérances permises de beaucoup dépassées, la guerre commencée n'en aura pas moins été un immense malheur. Elle aura semé une haine violente entre les deux portions de la race européenne dont l'union importait le plus au progrès de l'esprit humain. La grande maîtresse de l'investigation savante, l'ingénieuse, vive et prompte initiatrice du monde à toute fine et délicate pensée, sont brouillées pour longtemps, à jamais peut-être ; chacune d'elles s'enfoncera dans ses défauts, l'une devenant de plus en plus rude et grossière, l'autre de plus en plus superficielle et arriérée. L'harmonie intellectuelle, morale, politique de l'humanité est rompue ; une aigre dissonance se mêlera au concert de la société européenne pendant des siècles.

En effet, mettons de côté les États-Unis d'Amérique, dont l'avenir, brillant sans doute, est encore obscur, et qui en tout cas occupent un rang secondaire dans le travail original de l'esprit humain, la grandeur intellectuelle et morale de l'Europe repose sur une triple alliance dont la rupture est un deuil pour le progrès,

* *Revue des Deux Mondes*, 15 septembre 1870.

l'alliance entre la France, l'Allemagne et l'Angleterre. Unies, ces trois grandes forces conduiraient le monde et le conduiraient bien, entraînant nécessairement après elles les autres éléments, considérables encore, dont se compose le réseau européen; elles traceraient surtout d'une façon impérieuse sa voie à une autre force qu'il ne faut ni exagérer ni trop rabaisser, la Russie. La Russie n'est un danger que si le reste de l'Europe l'abandonne à la fausse idée d'une originalité qu'elle n'a peut-être pas, et lui permet de réunir en un faisceau les peuplades barbares du centre de l'Asie, peuplades tout à fait impuissantes par elles-mêmes, mais capables de discipline et fort susceptibles, si l'on n'y prend garde, de se grouper autour d'un Gengiskhan moscovite. Les États-Unis ne sont un danger que si la division de l'Europe leur permet de se laisser aller aux fumées d'une jeunesse présomptueuse et à de vieux ressentiments contre la mère patrie. Avec l'union de la France, de l'Angleterre et l'Allemagne, le vieux continent gardait son équilibre, maîtrisait puissamment le nouveau, tenait en tutelle ce vaste monde oriental auquel il serait malsain de laisser concevoir des espérances exagérées.—Ce n'était là qu'un rêve. Un jour a suffi pour renverser l'édifice où s'abritaient nos espérances, pour ouvrir le monde à tous les dangers, à toutes les convoitises, à toutes les brutalités.

Dans cette situation, dont nous ne sommes en rien responsables, le devoir de tout esprit philosophique est de faire taire son émotion et d'étudier, d'une pensée froide et claire, les causes du mal, pour tâcher d'entrevoir la manière dont il est possible de l'atténuer. La paix se fera entre la France et l'Allemagne. L'extermination n'a qu'un temps; elle trouve sa fin, comme les maladies contagieuses, dans ses ravages mêmes, comme la flamme, dans la destruction de l'objet qui lui servait d'aliment. J'ai lu, je ne sais où, la parabole de deux frères qui, du temps de Caïn et d'Abel sans doute, en vinrent à se haïr et résolurent de se battre jusqu'à ce qu'ils ne fussent plus frères. Quand, épuisés, ils tombèrent tous deux sur le sol, ils se trouvèrent encore frères, voisins, tributaires du même puits, riverains du même ruisseau.

Qui fera la paix entre la France et l'Allemagne? Dans quelles conditions se fera cette paix? On risquerait fort de se tromper, si l'on voulait parler de la paix provisoire ou plutôt de l'armistice qui se conclura dans quelques semaines ou quelques mois. Nous ne parlons ici que du règlement de compte qui interviendra un jour pour le bien du monde entre les deux grandes nations de l'Europe centrale. Pour se former une idée à cet égard, il faut d'abord bien connaître de quelle façon l'Allemagne est arrivée à concevoir l'idée de sa propre nationalité.

I

La loi du développement historique de l'Allemagne ne ressemble en rien à celle de la France; la destinée de l'Allemagne, au contraire, est à beaucoup d'égards semblable à celle de l'Italie. Fondatrice du vieil empire romain, dépositaire jalouse de ses traditions, l'Italie n'a jamais pu devenir une nation comme les autres. Succédant à l'empire romain, fondatrice du nouvel empire carlovingien, se prétendant dépositaire d'un pouvoir universel, d'un droit plus que national, l'Allemagne était arrivée jusqu'à ces dernières années sans être un peuple. L'empire romain et la papauté, qui en fut la suite, avaient perdu l'Italie. L'empire carlovingien faillit perdre l'Allemagne. L'empereur germanique ne fut pas plus capable de faire l'unité de la nation allemande que le pape de faire celle de l'Italie. On n'est maître chez soi que quand on n'a aucune prétention à régner hors de chez soi. Tout pays qui arrive à exercer une primauté politique, intellectuelle, religieuse, sur les autres peuples, l'expie par la perte de son existence nationale durant des siècles.

Il n'en fut pas de même de la France. Dès le xe siècle, la France se retire bien nettement de l'empire. Les deux joyaux du monde occidental, la couronne impériale et la tiare papale, elle les perd pour son bonheur. A partir de la mort de Charles le Gros, l'empire devient exclusivement l'apanage des Allemands, aucun roi de France n'est plus empereur d'Occident. D'autre part, la papauté devient la propriété de l'Italie. La *Francia*, telle que l'avait faite le traité de Verdun,[1] est privilégiée justement à cause de ce qui lui manque: elle n'a ni l'empire, ni la papauté, les deux

[1] Vide p. 12, n. 1.

choses universelles qui troublent perpétuellement le pays qui les possède dans l'œuvre de sa concrétion intime. Dès le xe siècle, la *Francia* est toute nationale, et en effet dans la seconde moitié de ce siècle elle substitue au Carlovingien, lourd Allemand qui la défend mal, une famille encore germanique sans doute, mais bien réellement mariée avec le sol, la famille des ducs de France,[1] qui a un domaine propre, et non pas seulement, comme les Carlovingiens, un titre abstrait. Dès lors commence autour de Paris cette admirable marche du développement national, qui aboutit à Louis XIV, à la Révolution, et dont le xixe siècle pourra voir la contre-partie, par suite de la triste loi qui condamne les choses humaines à entrer dans la voie de la décadence et de la destruction dès qu'elles sont achevées.

L'idée de former une nationalité compacte n'avait jamais été, jusqu'à la révolution française, l'idée de l'Allemagne. Cette grande race allemande porte bien plus loin que la France le goût des indépendances provinciales; la chance de guerres que nous appellerions civiles entre des parties de la même famille nationale ne l'effraye pas. Elle ne veut pas de l'unité pour elle-même, elle la veut uniquement par crainte de l'étranger; elle tient par-dessus tout à la liberté de ses divisions intérieures. Ce fut là ce qui lui permit de faire la plus belle chose des temps modernes, la réforme luthérienne, chose, selon nous, supérieure à la philosophie et à la révolution, œuvres de la France, et qui ne le cède qu'à la renaissance, œuvre de l'Italie; mais on a toujours les défauts de ses qualités. Depuis la chute des Hohenstaufen,[2] la politique générale de l'Allemagne fut indécise, faible, empreinte d'une sorte de gaucherie; à la suite de la guerre de trente ans,[3] la conscience d'une patrie allemande existe à peine. La royauté française abusa de ce pitoyable état politique d'une grande race. Elle fit ce qu'elle n'avait jamais fait; elle sortit de son programme, qui était de ne s'assimiler que des pays de langue française; elle s'empara de l'Alsace,[4] terre allemande. Le temps a légitimé cette conquête,

[1] I.e. the Capet dynasty, founded by Hugues, c. 938–96.
[2] Conradin, the last of the line, was executed at Naples in 1268.
[3] 1618–48.
[4] By the treaty of Westphalia, 1648, Strasbourg remained a free city, until annexed by Louis XIV in 1681.

puisque l'Alsace a pris ensuite une part si brillante aux grandes œuvres communes de la France. Il y eut cependant dans ce fait, qui au XVIIᵉ siècle ne choqua personne, le germe d'un grave embarras pour l'époque où l'idée des nationalités deviendrait maîtresse du monde, et ferait prendre, dans les questions de délimitation territoriale, la langue et la race pour *criterium* de légitimité.

La révolution française fut, à vrai dire, le fait générateur de l'idée de l'unité allemande. La Révolution répondait en un sens au vœu des meilleurs esprits de l'Allemagne; mais ils s'en dégoûtèrent vite. L'Allemagne resta légitimiste et féodale; sa conduite ne fut qu'une série d'hésitations, de malentendus, de fautes. La conduite de la France fut d'une suprême inconséquence. Elle, qui élevait dans le monde le drapeau du droit national, viola, dans l'ivresse de ses victoires, toutes les nationalités. L'Allemagne fut foulée aux pieds des chevaux; le génie allemand, qui se développait alors d'une façon si merveilleuse, fut méconnu; sa valeur sérieuse ne fut pas comprise des esprits bornés qui formaient l'élite intellectuelle du temps de l'Empire; la conduite de Napoléon à l'égard des pays germaniques fut un tissu d'étourderies. Ce grand capitaine, cet éminent organisateur, était dénué des principes les plus élémentaires en fait de politique extérieure. Son idée d'une domination universelle de la France était folle, puisqu'il est bien établi que toute tentative d'hégémonie d'une nation européenne provoque, par une réaction nécessaire, une coalition de tous les autres États, coalition dont l'Angleterre,[1] gardienne de l'équilibre, est toujours le centre de formation.*

* Ceci n'est vrai que du passé. La vieille Angleterre, paraît il, n'existe plus de nos jours (septembre 1871).

[1] The author's footnote to this statement is presumably a rather bitter allusion to the apparent indifference with which England regarded the French defeat. In September and October 1870 Thiers had gone on a European diplomatic tour. His efforts were met either with prudent reserve or with useless offers (e.g. the arrival of a veteran and crippled Garibaldi; the offer of 25,000 unarmed and unequipped Spaniards). After Thiers' return, however, certain offers of mediation were made both from St Petersburg and from London. England offered (a) to suggest an armistice to enable France to elect a National Assembly, and (b) to invite the other neutral Powers to make similar suggestions. (Vide Bury, *Gambetta and the National Defence*, chap. XI.)

Une nation ne prend d'ordinaire la complète conscience d'elle-même que sous la pression de l'étranger. La France existait avant Jeanne d'Arc et Charles VII; cependant c'est sous le poids de la domination anglaise que le mot de *France* prend un accent particulier. Un *moi*, pour prendre le langage de la philosophie, se crée toujours en opposition avec un autre *moi*. La France fit de la sorte l'Allemagne comme nation. La plaie avait été trop visible. Une nation dans la pleine floraison de son génie et au plus haut point de sa force morale avait été livrée sans défense à un adversaire moins intelligent et moins moral par les misérables divisions de ses petits princes, et faute d'un drapeau central. L'Autriche, ensemble à peine allemand, introduisant dans le corps germanique une foule d'éléments non germaniques, trahissait sans cesse la cause allemande et en sacrifiait les intérêts à ses combinaisons dynastiques. Un point de renaissance parut alors: ce fut la Prusse de Frédéric. Formation récente dans le corps germanique, la Prusse en recélait toute la force effective. Par le fond de sa population, elle était plus slave que germanique; mais ce n'était point là un inconvénient, tout au contraire. Ce sont presque toujours ainsi des pays mixtes et limitrophes qui font l'unité politique d'une race: qu'on se rappelle le rôle de la Macédoine en Grèce, du Piémont en Italie. La réaction de la Prusse contre l'oppression de l'empire français fut très-belle. On sait comment le génie de Stein[1] tira de l'abaissement même la condition de la force, et comment l'organisation de l'armée prussienne, point de départ de l'Allemagne nouvelle, fut la conséquence directe de la bataille d'Iéna. Avec sa présomption habituelle et son inintelligence de la race germanique, Napoléon ne vit rien de tout cela. La bataille de Leipzig fut le signal d'une résurrection. De ce jour-là, il fut clair qu'une puissance nouvelle de premier ordre (la Prusse, tenant en sa main le drapeau allemand) faisait son entrée dans le monde. Au fond, la Révolution et l'Empire n'avaient rien compris à l'Allemagne, comme l'Allemagne n'avait rien compris à la France. Les grands esprits germaniques avaient pu saluer avec enthousiasme l'œuvre de la Révolution, parce que les principes de ce mouvement à l'origine étaient les leurs, ou plutôt ceux du XVIIIe siècle

[1] Vide p. 42, n. 3.

tout entier; mais cette basse démocratie terroriste, se transformant en despotisme militaire et en instrument d'asservissement pour tous les peuples, les remplit d'horreur. Par réaction, l'Allemagne éclairée se montra en quelque sorte affamée d'ancien régime. La révolution française trouvait l'obstacle qui devait l'arrêter dans la féodalité organisée de la Prusse, de la Poméranie, du Holstein, c'est-à-dire dans ce fonds de populations antidémocratiques au premier chef des bords de la Baltique, populations fidèles à la légitimité, acceptant d'être menées, bâtonnées, servant bien quand elles sont bien commandées, ayant à leur tête une petite noblesse de village, forte de toute la force que donnent les préjugés et l'esprit étroit. La vraie résistance continentale à la Révolution et à l'Empire vint de cette Vendée du Nord; c'est là que le gentilhomme campagnard, chez nous couvert de ridicule par la haute noblesse, la cour, la bourgeoisie, le peuple même, prit sa revanche sur la démocratie française, et prépara sourdement, sans bruit, sans plébiscites, sans journaux, l'étonnante apparition qui depuis quelques années vient de se dérouler devant nous.

La nécessité qui sous la Restauration obligea la France à renoncer à toute ambition extérieure, la sage politique qui sous Louis-Philippe rassura l'Europe, éloignèrent quelque temps le danger que recélait pour la France sortie de la Révolution cette anti-France de la Baltique, qui est la négation totale de nos principes les plus arrêtés. A part quelques paroles imprudentes d'hommes d'État de médiocre portée et quelques mauvais vers[1] d'un poëte étourdi,* la France de ce temps songea peu à l'Allemagne. L'activité était tournée vers l'intérieur et non vers les agrandissements du dehors. On avait mille fois raison. La France est assez grande; sa mission ne consiste pas à s'adjoindre des pays étrangers, elle consiste à offrir chez elle un de ces brillants développements dont elle est si capable, à montrer la réalisation prospère du système démocratique qu'elle a proclamé, et dont la

* Il faut dire qu'il ne faisait que répondre à une provocation venant d'Allemagne.

[1] Possible allusion to Musset's poem *Le Rhin Allemand* (June 1841) written in reply to Becker's *Die Wacht am Rhein*.

possibilité n'a pas été jusqu'ici bien prouvée. Qu'un pays de dix-sept ou dix-huit millions d'habitants, comme était autrefois la Prusse, joue le tout pour le tout, et sorte, même au prix des plus grands hasards, d'une situation qui le laissait flotter entre les grands et les petits États, cela est naturel; mais un pays de trente ou quarante millions d'habitants a tout ce qu'il faut pour être une grande nation. Que les frontières de la France aient été assez mal faites en 1815, cela est possible; mais, si l'on excepte quelques mauvais contours du côté de la Sarre et du Palatinat, qui furent tracés, à ce qu'il semble, sous le coup de chétives préoccupations militaires, le reste me paraît bien. Les pays flamands sont plus germaniques que français; les pays wallons ont été empêchés de s'agglutiner au conglomérat français par des aventures historiques qui n'ont rien de fortuit; cela tint au profond esprit municipal qui rendit la royauté française insupportable à ces pays. Il en faut dire autant de Genève et de la Suisse romande; on peut ajouter que grande est l'utilité de ces petits pays français, séparés politiquement de la France; ils offrent un asile aux émigrés de nos dissensions intestines, et, en temps de despotisme, ils servent de refuge à une pensée libre. La Prusse rhénane et le Palatinat sont des pays autrefois celtiques, mais profondément germanisés depuis deux mille ans. Si l'on excepte quelques vallées séparées de la France en 1815 par des raisons de stratégie, la France n'a donc pas un pouce de terre à désirer. L'Angleterre et l'Écosse n'ont en surface que les deux cinquièmes de la France, et pourtant l'Angleterre est-elle obligée de songer à des conquêtes territoriales pour être grande?

Le sort de l'année 1848 fut, en cette question comme en toutes les autres, de soulever des problèmes qu'elle ne put résoudre, et qui, au bout d'un ou deux ans, reçurent des solutions par des moyens diamétralement opposés à ceux que rêvèrent les partis alors dominants. La question de l'unité allemande fut posée avec éclat; selon la mode du temps, on crut tout arranger par une assemblée constituante. Ces efforts aboutirent à un éclatant échec. Qu'on traite les hommes de 1848 d'utopistes, ou qu'on reproche aux masses de n'avoir pas été assez éclairées pour les suivre, il est sûr que les essais de cette année demeurèrent tous infructueux. Pendant dix ans, les problèmes sommeillèrent, le patriotisme allemand sembla porter le deuil; mais déjà un homme disait à ceux qui voulaient l'écouter: 'Ces problèmes[1] ne se résolvent pas comme vous croyez, par la libre adhésion des peuples; ils se résolvent par le fer et le feu.'

L'empereur Napoléon III rompit la glace par la guerre d'Italie, ou plutôt par la conclusion de cette guerre, qui fut l'annexion à la France de la Savoie et de Nice. La première de ces deux annexions était assez naturelle; de tous les pays de langue française non réunis à la France, la Savoie était le seul qui pût sans inconvénient nous être dévolu; depuis que le duc de Savoie était devenu roi d'Italie, une telle dévolution était presque dans la force des choses. Et cependant cette annexion eut bien plus d'inconvénients que d'avantages. Elle interdit à la France ce qui fait sa vraie force, le droit d'alléguer une politique désintéressée et uniquement inspirée par l'amour des principes; elle donna une idée exagérée des plans d'agrandissement de l'empereur Napoléon III, mécontenta l'Angleterre, éveilla les soupçons de l'Europe, provoqua les hardies initiatives de M. de Bismark.

Il est clair que, s'il y eut jamais un mouvement légitime en histoire, c'est celui qui, depuis soixante ans, porte l'Allemagne à se former en une seule nation. Si quelqu'un en tout cas a le droit de s'en plaindre, ce n'est pas la France, puisque l'Allemagne n'a obéi à cette tendance qu'à notre exemple, et pour résister à l'oppression que la France fit peser sur elle au XVIIe siècle et sous l'Empire. La France, ayant renoncé au principe de la légitimité, qui ne voyait dans telle ou telle agglomération de province en royaume ou en empire que la conséquence des mariages, des héritages, des conquêtes d'une dynastie, ne peut connaître qu'un seul principe de délimitation en géographie politique, je veux dire le principe des nationalités, ou, ce qui revient au même, la libre volonté des peuples de vivre ensemble, prouvée par des faits sérieux et efficaces. Pourquoi refuser à l'Allemagne le droit de faire chez elle ce que nous avons fait chez nous, ce que nous avons aidé l'Italie à faire? N'est-il pas évident qu'une race dure, chaste, forte et grave comme la race germanique, une race placée au

[1] The quotation is from Bismarck.

premier rang par les dons et le travail de la pensée, une race peu
portée vers le plaisir, tout entière livrée à ses rêves et aux jouissances
de son imagination, voudrait jouer dans l'ordre des faits politiques
un rôle proportionné à son importance intellectuelle? Le titre
d'une nationalité, ce sont des hommes de génie, 'gloires nationales',
qui donnent aux sentiments de tel ou tel peuple une forme origi-
nale, et fournissent la grande matière de l'esprit national, quelque
chose à aimer, à admirer, à vanter en commun. Dante, Pétrarque,
les grands artistes de la renaissance ont été les vrais fondateurs
de l'unité italienne. Gœthe, Schiller, Kant, Herder, ont crée la
patrie allemande. Vouloir s'opposer à une éclosion annoncée par
tant de signes eût été aussi absurde que de vouloir s'opposer à la
marée montante. Vouloir lui donner des conseils, lui tracer la
manière dont nous eussions désiré qu'elle s'accomplît, était
puéril. Ce mouvement s'accomplissait par défiance de nous; lui
indiquer une règle, c'était fournir à une conscience nationale,
soupçonneuse et susceptible, un *criterium* sûr, et l'inviter clairement à faire le contre-pied de ce que nous lui demandions. Certes
je suis le premier à reconnaître qu'à ce besoin d'unité de la nation
allemande il se mêla d'étranges excès. Le patriote allemand,
comme le patriote italien, ne se détache pas facilement du vieux
rôle universel de sa patrie. Certains Italiens rêvent encore le
primato;[1] un très-grand nombre d'Allemands rattachent leurs
aspirations au souvenir du saint-empire, exerçant sur tout le
monde européen une sorte de suzeraineté. Or la première
condition d'un esprit national est de renoncer à toute prétention
de rôle universel, le rôle universel étant destructeur de la nationalité. Plus d'une fois le patriotisme allemand s'est montré de la
sorte injuste et partial. Ce théoricien de l'unité allemande qui
soutient que l'Allemagne doit reprendre partout les débris de son
vieil empire refuse d'écouter aucune raison quand on lui parle
d'abandonner un pays aussi purement slave que le grand-duché

---

[1] Primacy. Renan presumably had in mind the book, with that title,
by Vincenzo Gioberti (philosopher and politician, 1801–52) and published
in 1843. Its theme is that in virtue of her great contributions to European
culture (e.g. by the Romans, the Papacy, the Renaissance) Italy may claim
a leading position in the history of civilization.

de Posen.* Le vrai, c'est que le principe des nationalités doit être entendu d'une façon large, sans subtilités. L'histoire a tracé les frontières des nations d'une manière qui n'est pas toujours la plus naturelle; chaque nation a du trop, du trop peu; il faut se tenir à ce que l'histoire a fait et au vœu des provinces, pour éviter d'impossibles analyses, d'inextricables difficultés.

Si la pensée de l'unité allemande était légitime, il était légitime aussi que cette unité se fît par la Prusse. Les tentatives parlementaires de Francfort[1] ayant échoué, il ne restait que l'hégémonie de l'Autriche ou de la Prusse. L'Autriche renferme trop de Slaves, elle est trop antipathique à l'Allemagne protestante, elle a trop manqué durant des siècles à ses devoirs de puissance dirigeante en Allemagne, pour qu'elle pût être de nouveau appelée à jouer un rôle de ce genre. Si jamais, au contraire, il y eut une vocation historique bien marquée, ce fut celle de la Prusse depuis Frédéric le Grand. Il ne pouvait échapper à un esprit sagace que la Prusse était le centre d'un tourbillon ethnique nouveau, qu'elle jouait pour la nationalité allemande du Nord le rôle du cœur dans l'embryon, sauf à être plus tard absorbée par l'Allemagne qu'elle aurait faite, comme nous voyons le Piémont absorbé par l'Italie. Un homme se trouva pour s'emparer de toutes ces tendances latentes, pour les représenter et leur donner avec une énergie sans égale une pleine réalisation.

M. de Bismark voulut deux choses que le philosophe le plus sévère pourrait déclarer légitimes, si dans l'application le peu scrupuleux homme d'État n'avait montré que pour lui la force est synonyme de légitimité: d'abord, chasser de la confédération germanique l'Autriche, corps plus qu'à demi étranger qui l'empêchait d'exister; en second lieu, grouper autour de la Prusse les membres de la patrie allemande que les hasards de l'histoire

---

* La possession de Posen par la Prusse ne saurait en aucune manière être assimilée à la possession de l'Alsace par la France. L'Alsace est francisée et ne proteste plus contre son annexion, tandis que Posen n'est pas germanisé et proteste. Le parallèle de l'Alsace est la Silésie, province slave de race et de langue, mais suffisamment germanisée, et dont personne ne conteste plus la légitime propriété à la Prusse.

[1] Frankfort was the seat of the short-lived German National Assembly in 1848.

avaient dispersés. M. de Bismark vit-il au delà? Son point de vue
nécessairement borné d'homme pratique lui permit-il de soupçonner qu'un jour la Prusse serait absorbée par l'Allemagne et
disparaîtrait en quelque sorte dans sa victoire, comme Rome finit
d'exister en tant que ville le jour où elle eut achevé son œuvre
d'unification? Je l'ignore, car M. de Bismark ne s'est pas jusqu'ici
offert à l'analyse; il ne s'y offrira peut-être jamais. Une des questions qu'un esprit curieux se pose le plus souvent, en réfléchissant
sur l'histoire contemporaine, est de savoir si M. de Bismark est
philosophe, s'il voit la vanité de ce qu'il fait, tout en y travaillant
avec ardeur, ou bien si c'est un croyant en politique, s'il est dupe
de son œuvre, comme tous les esprits absolus, et n'en voit pas la
caducité. J'incline vers la première hypothèse, car il me paraît
difficile qu'un esprit si complet ne soit pas critique, et ne mesure
pas dans son action la plus ardente les limites et le côté faible de
ses desseins. Quoi qu'il en soit, s'il voit dans l'avenir les impos-
sibilités du parti qui consisterait à faire de l'Allemagne une Prusse
agrandie, il se garde de le dire, car le fanatisme étroit du parti des
hobereaux prussiens ne supporterait pas un moment la pensée que
le but de ce qui se fait par la Prusse n'est pas de prussianiser
toute l'Allemagne, et plus tard le monde entier, au nom d'une
sorte de mysticisme politique dont on semble vouloir se réserver
le secret.

Les plans de M. de Bismark furent élaborés dans la confidence
et avec l'adhésion[1] de l'empereur Napoléon III, ainsi que du
petit nombre de personnes qui étaient initiées à ses desseins. Il
est injuste de faire de cela un reproche à l'empereur Napoléon.
C'est la France qui a élevé dans le monde le drapeau des nationalités;
toute nationalité qui naît et grandit devrait naître et grandir avec
les encouragements de la France, devenir pour elle une amie. La
nationalité allemande étant une nécessité historique, la sagesse
voulait qu'on ne se mît pas à la traverse. La bonne politique n'est
pas de s'opposer à ce qui est inévitable; la bonne politique est

---

[1] Bismarck visited Napoleon III at Biarritz in 1865 and was able to
secure the latter's benevolent neutrality for his projects against Austria,
without any *quid pro quo*, e.g. compensations on the French eastern
frontier.

d'y servir et de s'en servir. Une grande Allemagne libérale, formée en pleine amitié avec la France, devenait une pièce capitale en Europe, et créait avec la France et l'Angleterre une invincible trinité, entraînant le monde, surtout la Russie, dans les voies du progrès par la raison. Il était donc souverainement désirable que l'unité allemande, venant à se réaliser, ne se fît pas malgré la France, qu'elle se fît, bien au contraire, avec notre assentiment. La France n'était pas obligée d'y contribuer, mais elle était obligée de ne pas s'y opposer; il était même naturel de songer au bon vouloir de la jeune nation future, de se ménager de sa part quelque chose de ce sentiment profond que les États-Unis d'Amérique garderont encore longtemps à la France en souvenir de Lafayette.[1] Était-il opportun de tirer profit des circonstances pour notre agrandissement territorial? Non en principe, puisque de tels agrandissements sont à peu près inutiles. En quoi la France est-elle plus grande depuis l'adjonction de Nice et de la Savoie? Cependant l'opinion publique superficielle attachant beaucoup de prix à ces agrandissements, on pouvait, à l'époque des tractations amicales, stipuler quelques cessions, portant sur des pays disposés à se réunir à la France, pourvu qu'il fût bien entendu que ces agrandissements n'étaient pas le but de la négociation, que l'unique but de celle-ci était l'amitié de la France et de l'Allemagne. Pour répondre aux taquineries des hommes d'État de l'opposition et satisfaire à certaines exigences des militaires qui ont sans doute leur fondement, on pouvait, par exemple, stipuler avant la guerre la cession du Luxembourg au cas qu'il y consentît et la rectification de la Sarre, auxquelles la Prusse eût probablement consenti alors. Je le répète, j'estime qu'il eût mieux valu ne rien demander: le Luxembourg ne nous eût pas apporté plus de force que la Savoie ou Nice. Quant aux contours stratégiques des frontières, combien une bonne politique eût été un meilleur rempart! L'effet d'une bonne politique eût été que personne ne nous eût attaqués, ou que, si quelqu'un avait pris contre nous l'offensive, nous eussions été défendus par la

[1] In 1917 when the American troops arrived in France an American officer (not General Pershing to whom the remark is usually attributed) exclaimed: 'Nous voilà, Lafayette.'

sympathie de toute l'Europe.—Quoi qu'il en soit, on ne prit aucun parti : une indécision déplorable paralysa la plume de l'empereur Napoléon III, et Sadowa arriva sans que rien eût été convenu pour le lendemain. Cette bataille, qui, si l'on avait suivi une politique consistante, aurait pu être une victoire[1] pour la France, devint ainsi une défaite, et, huit jours après, le gouvernement français prenait le deuil de l'événement auquel il avait plus que personne contribué.

A ce moment, d'ailleurs, entrèrent en scène deux éléments qui n'avaient eu aucune part aux conversations de Biarritz, l'opinion française et l'opinion prussienne exaltées. M. de Bismark n'est pas la Prusse ; en dehors de lui existe un parti fanatique, absolu, tout d'une pièce, avec lequel il doit compter. M. de Bismark par sa naissance appartient à ce parti ; mais il n'en a pas les préjugés. Pour se rendre maître de l'esprit du roi, faire taire ses scrupules et dominer les conseils étroits qui l'entourent, M. de Bismark est obligé à des sacrifices. Après la victoire de Sadowa, le parti fanatique se trouva plus puissant que jamais ; toute transaction devint impossible. Ce qui arrivait à l'empereur Napoléon III arrivera, je le crains, à plusieurs de ceux qui auront des relations avec la Prusse. Cet esprit intraitable, cette roideur de caractère, cette fierté exagérée seront la source de beaucoup de difficultés.— En France, l'empereur Napoléon III se montra également débordé par une certaine opinion. L'opposition fut cette fois, ce qu'elle est trop souvent, superficielle et déclamatoire. Il était facile de montrer que la conduite du gouvernement avait été pleine d'imprévoyance et de tergiversations. Il est clair qu'à l'époque des ouvertures de M. de Bismark, le gouvernement aurait dû ou refuser de l'écouter ou avoir un plan de conduite qu'il pût appuyer d'une bonne armée sur le Rhin ; mais ce n'était pas là une raison pour venir soutenir chaque année, ainsi que le faisait l'opposition. que la France avait été vaincue à Sadowa, ni surtout pour établir en doctrine que la frontière de la France devait être garnie de petits États faibles, ennemis les uns des autres. Pouvait-on inventer un moyen plus efficace pour leur persuader d'être unis et forts ? M. Thiers contribua beaucoup par ses aveux à exciter

[1] I.e. if Napoleon III had played his cards better at Biarritz.

l'opinion allemande, laquelle est persuadée que cet honorable homme d'État représente l'opinion dominante de la bourgeoisie française et ses instincts secrets.

Le règlement de la question du Luxembourg[1] mit cette situation funeste dans tout son jour. Rien n'avait été convenu avant Sadowa entre la France et la Prusse : la Prusse n'éluda donc aucun engagement en refusant toute concession ; mais, si la modération avait été dans le caractère de la cour de Berlin, comment ne lui eût-elle pas conseillé de tenir compte de l'émotion de la France, de ne pas pousser son droit et ses avantages à l'extrême? Le Luxembourg est un pays insignifiant, tout à fait hybride, ni allemand ni français, ou, si l'on veut, l'un et l'autre. Son annexion à la France, précédée d'un plébiscite, n'avait rien qui pût mécontenter l'Allemand le plus correct dans son patriotisme. La roideur systématique de la Prusse prouva qu'elle n'entendait garder aucun souvenir reconnaissant des tractations qui avaient précédé Sadowa, et que la France, malgré l'appui réel qu'elle lui avait prêté, était toujours pour elle l'éternelle ennemie. Du côté de la France, on avait amené ce résultat par un série de fautes ; on avait été si malavisé, qu'on n'avait même pas le droit de se plaindre. On avait voulu jouer au fin, on avait trouvé plus fin que soi. On avait fait comme celui qui, ayant dans son jeu des cartes excellentes, n'a pas pu se décider à les jeter sur table, les réservant toujours pour des coups qui ne viennent jamais.

Est-ce à dire, comme le pensent beaucoup de personnes, que, depuis 1866, la guerre entre la France et la Prusse fût inévitable? non certes. Quand on peut attendre, peu de choses sont inévitables ; or on pouvait gagner du temps. La mort du roi de Prusse, ce qu'on sait du caractère sage et modéré du prince et de la princesse de Prusse, pouvaient déplacer bien des choses. Le parti militaire féodal prussien, qui est l'une des grandes causes de danger pour la paix de l'Europe, semble destiné à céder avec le temps beaucoup de son ascendant à la bourgeoisie berlinoise, à l'esprit allemand, si large, si libre, et qui deviendra profondé-

---

[1] This nearly brought about war between France and Prussia in 1867, but an international conference met in London in May and agreed that Luxemburg should henceforth be a neutral state.

ment libéral dès qu'il sera délivré de l'étreinte du casernement prussien. Je sais que les symptômes de ceci ne se montrent guère encore, que l'Allemagne, toujours un peu timide dans l'action, a été conquise par la Prusse, sans qu'aucun indice ait montré la Prusse disposée à se perdre dans l'Allemagne; mais le temps n'est pas venu pour une telle évolution. Acceptée comme moyen de lutte contre la France, l'hégémonie prussienne ne faiblira que quand une pareille lutte n'aura plus de raison d'être. La force avec laquelle est lancé le mouvement allemand donnera lieu à des développements très-rapides. Il n'y a plus aucune analogie en histoire, si l'Allemagne conquise ne conquiert la Prusse à son tour et ne l'absorbe. Il est inadmissible que la race allemande, si peu révolutionnaire qu'elle soit, ne triomphe pas du noyau prussien, quelque résistant qu'il puisse être. Le principe prussien, d'après lequel la base d'une nation est une armée, et la base de l'armée une petite noblesse, ne saurait être appliqué à l'Allemagne. L'Allemagne, Berlin même, a une bourgeoisie. La base de la vraie nation allemande sera, comme celle de toutes les nations modernes, une bourgeoisie riche. Le principe prussien a fait quelque chose de très-fort, mais qui ne saurait durer au delà du jour où la Prusse aura terminé son œuvre. Sparte eût cessé d'être Sparte, si elle eût fait l'unité de la Grèce. La constitution et les mœurs romaines disparurent dès que Rome devint maîtresse du monde; à partir de ce jour-là, Rome se vit gouvernée par le monde, et ce ne fut que justice.

Chaque année eût ainsi apporté à l'état de choses sorti de Sadowa les plus profondes transformations. Une heure d'aberration a troublé toutes les espérances des bons esprits. Sans songer qu'une nation jeune, dans tout le feu de son développement, a d'immenses avantages sur une nation vieillie qui a déjà rempli son programme et atteint l'égalité, on s'est jeté dans le gouffre de gaieté de cœur. La présomption et l'ignorance des militaires, l'étourderie de nos diplomates, leur vanité, leur sotte foi dans l'Autriche, machine disloquée dont il y a peu de compte à tenir, l'absence de pondération sérieuse dans le gouvernement, les accès bizarres d'une volonté intermittente[1] comme les réveils d'un

[1] I.e. of the Emperor.

Épiménide,[1] ont amené sur l'espèce humaine les plus grands malheurs qu'elle eût connus depuis cinquante-cinq ans. Un incident[2] qu'une habile diplomatie eût aplani en quelques heures a suffi pour déchaîner l'enfer...Retenons nos malédictions; il y a des moments où l'horrible réalité est la plus cruelle des imprécations.

II

Qui a fait la guerre? Nous l'avons dit, ce me semble.—Il faut se garder, dans ces sortes de questions, de ne voir que les causes immédiates et prochaines. Si l'on se bornait aux considérations restreintes d'un observateur inattentif, la France aurait tous les torts. Si l'on se place à un point de vue plus élevé, la responsabilité de l'horrible malheur qui a fondu sur l'humanité en cette funeste année doit être partagée. La Prusse a facilement dans ses manières d'agir quelque chose de dur, d'intéressé, de peu généreux. Sentant sa force, elle n'a fait aucune concession. Du moment que M. de Bismark voulut exécuter ses grandes entreprises de concert avec la France, il devait accepter les conséquences de la politique qu'il avait choisie. M. de Bismark n'était pas obligé de mettre l'empereur Napoléon III dans ses confidences; mais, l'ayant fait, il était obligé d'avoir des égards pour l'empereur et les hommes d'État français, ainsi que pour une fraction de l'opinion qu'il fallait ménager. Le grand mal de la Prusse, c'est l'orgueil. Foyer puissant d'ancien régime, elle s'irrite de notre prospérité bourgeoise; ses gentilshommes sont blessés de voir des roturiers, je ne dis pas plus riches qu'eux, mais exerçant comme eux la pro-

---

[1] Greek philosopher and poet b. in Crete towards the end of the seventh century B.C. According to popular legend he not only lived to a great age but slept for 57 years in a cavern. ' Le sommeil d'Épiménide' is sometimes used of a man who after a prolonged absence returns and finds himself out of date or bewildered by the change of conditions.

[2] Presumably the Ems telegram, 9 July 1870. Count Benedetti, the French Ambassador had gone to Ems to ask William I, King of Prussia, not to give his consent to the candidature of Leopold of Hohenzollern to the throne of Spain, a candidature which was causing anxiety to French opinion. The candidature was in fact withdrawn, but the telegram reporting the results of the interview, which was sent to Bismarck as Foreign Minister, was slightly modified by the latter for publication in the Press and thus became the pretext for the French declaration of war.

fession qui ailleurs est le privilège de la noblesse. La jalousie chez eux double l'orgueil. 'Nous sommes une jeunesse pauvre, disent-ils, des cadets qui veulent se faire leur place dans le monde.' Une des causes qui ont produit M. de Bismark a été la vanité blessée du diplomate abreuvé d'avanies par ses confrères autrichiens traitant la Prusse en parvenue. Le sentiment qui a créé la Prusse a été quelque chose d'analogue: l'homme sérieux, pauvre, intelligent, sans charme, supporte avec peine les succès de société d'un rival qui, tout en lui étant fort inférieur pour les qualités solides, fait figure dans le monde, règle la mode et réussit par des dédains aristocratiques à l'empêcher de s'y faire accepter.

La France n'a pas été moins coupable. Les journaux ont été superficiels, le parti militaire s'est montré présomptueux et entêté, l'opposition n'a paru attentive qu'à la recherche d'une fausse popularité, blâmant le gouvernement s'il préparait la guerre, l'insultant s'il ne la faisait pas, parlant sans cesse de la honte de Sadowa et de la nécessité d'une revanche; mais le grand mal a été l'excès du pouvoir personnel. La conversion[1] à la monarchie parlementaire affectée depuis un an était si peu sérieuse, qu'un ministère tout entier, la Chambre, le sénat ont cédé presque sans résistance à une pensée personnelle du souverain qui ne répondait nullement à leurs idées ni à leurs désirs.

Et maintenant qui fera la paix?...La pire conséquence de la guerre, c'est de rendre impuissants ceux qui ne l'ont pas voulue, et d'ouvrir un cercle fatal où le bon sens est qualifié de lâcheté, parfois de trahison. Nous parlerons avec franchise. Une seule force au monde sera capable de réparer le mal que l'orgueil féodal, le patriotisme exagéré, l'excès du pouvoir personnel, le peu de développement du gouvernement parlementaire sur le continent ont fait en cette circonstance à la civilisation.

Cette force, c'est l'Europe. L'Europe a un intérêt majeur à ce qu'aucune des deux nations ne soit ni trop victorieuse ni trop vaincue. La disparition de la France du nombre des grandes puissances

---

[1] The policy of establishing 'l'Empire libéral...' goes back to 1860. The Emperor thereby succeeded in winning over certain personalities, notably Émile Ollivier, but his opponents as a whole used the concessions to attack him more bitterly.

serait la fin de l'équilibre européen. J'ose dire que l'Angleterre en particulier sentirait, le jour où un tel événement viendrait à se produire, les conditions de son existence toutes changées. La France est une des conditions de la prospérité de l'Angleterre. L'Angleterre, selon la grande loi qui veut que la race primitive d'un pays prenne à la longue le dessus sur toutes les invasions, devient chaque jour plus celtique et moins germanique; dans la grande lutte des races, elle est avec nous; l'alliance de la France et de l'Angleterre est fondée pour des siècles. Que l'Angleterre porte sa pensée du côté des États-Unis, de Constantinople, de l'Inde; elle verra qu'elle a besoin de la France et d'une France forte.

Il ne faut pas s'y tromper en effet: une France faible et humiliée ne saurait exister. Que la France perde l'Alsace et la Lorraine, et la France n'est plus. L'édifice est si compacte, que l'enlèvement d'une ou deux grosses pierres le ferait crouler. L'histoire naturelle nous apprend que l'animal dont l'organisation est très-centralisée ne souffre pas l'amputation d'un membre important; on voit souvent un homme à qui l'on coupe une jambe mourir de phthisie; de même la France atteinte dans ses parties principales verrait sa vie générale s'éteindre et ses organes du centre insuffisants pour renvoyer la vie jusqu'aux extrémités.

Qu'on ne rêve donc pas de concilier deux choses contradictoires, conserver la France et l'amoindrir. Il y a des ennemis absolus de la France qui croient que le but suprême de la politique contemporaine doit être d'étouffer une puissance qui, selon eux, représente le mal. Que ces fanatiques conseillent d'en finir avec l'ennemi qu'ils ont momentanément vaincu, rien de plus simple; mais que ceux qui croient que le monde serait mutilé si la France disparaissait y prennent garde. Une France diminuée perdrait successivement toutes ses parties; l'ensemble se disloquerait, le midi se séparerait; l'œuvre séculaire des rois de France serait anéantie, et, je vous le jure, le jour où cela arriverait, personne n'aurait lieu de s'en réjouir. Plus tard, quand on voudrait former la grande coalition que provoque toute ambition démesurée, on regretterait en Europe de ne pas avoir été plus prévoyant. Deux grandes races sont en présence; toutes deux ont fait de grandes choses, toutes deux ont une grande tâche à remplir en commun; il ne faut pas que l'une d'elles soit mise en un état qui équivaille à sa destruction. Le monde sans la France serait aussi mutilé que le monde sans l'Allemagne; ces grands organes de l'humanité ont chacun leur office: il importe de les maintenir pour l'accomplissement de leur mission diverse. Sans attribuer à l'esprit français le premier rôle dans l'histoire de l'esprit humain, on doit reconnaître qu'il y joue un rôle essentiel: le concert serait troublé si cette note y manquait. Or, si vous voulez que l'oiseau chante, ne touchez pas à son bocage. La France humiliée, vous n'aurez plus d'esprit français.

Une intervention de l'Europe assurant à l'Allemagne l'entière liberté de ses mouvements intérieurs, maintenant les limites fixées en 1815 et défendant à la France d'en rêver d'autres, laissant la France vaincue, mais fière dans son intégrité, la livrant au souvenir de ses fautes et la laissant se dégager en toute liberté et comme elle l'entendrait de l'étrange situation intérieure qu'elle s'est faite, telle est la solution que doivent, selon nous, désirer les amis de l'humanité et de la civilisation. Non-seulement cette solution mettrait fin à l'horrible déchirement qui trouble en ce moment la famille européenne, elle renfermerait de plus le germe d'un pouvoir destiné à exercer sur l'avenir l'action la plus bienfaisante.

Comment en effet un effroyable événement comme celui qui laissera autour de l'année 1870 un souvenir de terreur a-t-il été possible? Parce que les diverses nations européennes sont trop indépendantes les unes des autres et n'ont personne au-dessus d'elles, parce qu'il n'y a ni congrès, ni diète, ni tribunal amphictyonique[1] qui soient supérieurs aux souverainetés nationales. Un tel établissement existe à l'état virtuel, puisque l'Europe, surtout depuis 1814, a fréquemment agi en nom collectif, appuyant ses résolutions de la menace d'une coalition; mais ce pouvoir central n'a pas été assez fort pour empêcher des guerres terribles. Il faut qu'il le devienne. Le rêve des utopistes de la paix, un tribunal

---

[1] Associations with political and religious functions between city-states in Ancient Greece. The name comes from Amphictyon who was son of Deucalion, mythical ancestor of the Hellenic peoples, and who was supposed to have instituted them originally.

sans armée pour appuyer ses décisions, est une chimère; personne ne lui obéira. D'un autre côté, l'opinion selon laquelle la paix ne serait assurée que le jour où une nation aurait sur les autres une supériorité incontestée est l'inverse de la vérité; toute nation exerçant l'hégémonie prépare par cela seul sa ruine en amenant la coalition de tous contre elle. La paix ne peut être établie et maintenue que par l'intérêt commun de l'Europe, ou, si l'on aime mieux, par la ligue des neutres passant à une attitude comminatoire. La justice entre deux parties contendantes n'a aucune chance de triompher; mais entre dix parties contendantes la justice l'emporte, car il n'y a qu'elle qui offre une base commune d'entente, un terrain commun. La force capable de maintenir contre le plus puissant des États une décision jugée utile au salut de la famille européenne réside donc uniquement dans le pouvoir d'intervention, de médiation, de coalition des divers États. Espérons que ce pouvoir, prenant des formes de plus en plus concrètes et régulières, amènera dans l'avenir un vrai congrès, périodique, sinon permanent, et sera le cœur d'États-Unis d'Europe liés entre eux par un pacte fédéral. Aucune nation alors n'aura le droit de s'appeler 'la grande nation', mais il sera loisible à chacune d'être une grande nation, à condition que ce titre elle l'attende des autres et ne prétende pas se le décerner. C'est à l'histoire qu'il appartiendra plus tard de spécifier ce que chaque peuple aura fait pour l'humanité et de désigner les pays qui, à certaines époques, ont pu avoir sur les autres certains genres de supériorité.

De la sorte, on peut espérer que la crise épouvantable où est engagée l'humanité trouvera un moment d'arrêt. Le lendemain du jour où la faux de la mort aura été arrêtée, que devra-t-on faire? Attaquer énergiquement la cause du mal. La cause du mal a été un déplorable régime politique qui a fait dépendre l'existence d'une nation des présomptueuses vantardises de militaires bornés, des dépits et de la vanité blessée de diplomates inconsistants. Opposons à cela le régime parlementaire, un vrai gouvernement des parties sérieuses et modérées du pays, non la chimère démocratique du règne de la volonté populaire avec tous ses caprices, mais le règne de la volonté nationale, résultat des bons instincts du peuple savamment interprétés par des pensées réfléchies. Le pays n'a pas voulu la guerre; il ne la voudra jamais; il veut son développement intérieur, soit sous forme de richesse, soit sous forme de libertés publiques. Donnons à l'étranger le spectacle de la prospérité, de la liberté, du calme, de l'égalité bien entendue, et la France reprendra l'ascendant qu'elle a perdu par les imprudentes manifestations de ses militaires et de ses diplomates. La France a des principes qui, bien que critiquables et dangereux à quelques égards, sont faits pour séduire le monde, quand la France donne la première l'exemple du respect de ces principes; qu'elle présente chez elle le modèle d'un État vraiment libéral, où les droits de chacun sont garantis, d'un État bienveillant pour les autres États, renonçant définitivement à l'idée d'agrandissement, et tous, loin de l'attaquer, s'efforceront de l'imiter.

Il y a, je le sais, dans le monde des foyers de fanatisme où le tempérament règne encore; il y a en certains pays une noblesse militaire, ennemie-née de ces conceptions raisonnables, et qui rêve l'extermination de ce qui ne lui ressemble pas. L'élément féodal de la Prusse d'une part, la Russie de l'autre, sont à cet âge où l'on a l'âcreté du sang barbare, sans retour en arrière ni désillusion. La France et jusqu'à un certain point l'Angleterre ont atteint leur but. La Prusse et la Russie ne sont pas encore arrivées à ce moment où l'on possède ce que l'on a voulu, où l'on considère froidement ce pour quoi l'on a troublé le monde, et où l'on s'aperçoit que ce n'est rien, que tout ici-bas n'est qu'un épisode d'un rêve éternel, une ride à la surface d'un infini qui tour à tour nous produit et nous absorbe. Ces races neuves et violentes du Nord sont bien plus naïves; elles sont dupes de leurs désirs; entraînées par le but qu'elles se proposent, elles ressemblent au jeune homme qui s'imagine que, l'objet de sa passion une fois obtenu, il sera pleinement heureux. A cela se joint un trait de caractère, un sentiment que les plaines sablonneuses du nord de l'Allemagne paraissent toujours avoir inspiré, le sentiment des Vandales chastes devant les mœurs et le luxe de l'empire romain, une sorte de fureur puritaine, la jalousie et la rage contre la vie facile de ceux qui jouissent. Cette humeur sombre et fanatique existe encore de nos jours. De tels 'esprits mélancoliques', comme on disait autrefois, se croient chargés de venger la vertu, de redresser les nations corrompues. Pour ces exaltés, l'idée de l'empire allemand n'est pas celle d'une nationalité limitée, libre chez elle, ne s'occupant pas du reste du monde; ce qu'ils veulent, c'est une action universelle de la race germanique, renouvelant et dominant l'Europe. C'est là une frénésie bien chimérique; car supposons, pour plaire à ces esprits chagrins, la France anéantie, la Belgique, la Hollande, la Suisse écrasées, l'Angleterre passive et silencieuse; que dire du grand spectre de l'avenir germanique, des Slaves, qui aspireront d'autant plus à se séparer du corps germanique que ce dernier s'individualisera davantage? La conscience slave s'élève en proportion de la conscience germanique, et s'oppose à celle-ci comme un pôle contraire; l'une crée l'autre. L'Allemand a droit comme tout le monde à une patrie; pas plus que personne, il n'a droit à la domination. Il faut observer d'ailleurs que de telles visées fanatiques ne sont nullement le fait de l'Allemagne éclairée. La plus complète personnification de l'Allemagne, c'est Gœthe. Quoi de moins prussien que Gœthe? Qu'on se figure ce grand homme à Berlin et le débordement de sarcasmes olympiens que lui eussent inspirés cette roideur sans grâce ni esprit, ce lourd mysticisme de guerriers pieux et de généraux craignant Dieu! Une fois délivrées de la crainte de la France, ces populations fines de la Saxe, de la Souabe, se soustrairont à l'enrégimentation prussienne; le Midi en particulier reprendra sa vie gaie, sereine, harmonieuse et libre.

Le moyen pour que cela arrive, c'est que nous ne nous en mêlions pas. Le grand facteur de la Prusse, c'est la France, ou, pour mieux dire, l'appréhension d'une ingérence de la France dans les affaires allemandes. Moins la France s'occupera de l'Allemagne, plus l'unité allemande sera compromise, car l'Allemagne ne veut l'unité que par mesure de précaution. La France est en ce sens toute la force de la Prusse. La Prusse (j'entends la Prusse militaire et féodale) aura été une crise, non un état permanent; ce qui durera réellement, c'est l'Allemagne. La Prusse aura été l'énergique moyen employé par l'Allemagne pour se délivrer de la menace de la France bonapartiste. La réunion des forces allemandes dans la main de la Prusse n'est qu'un fait amené par une nécessité passagère. Le danger disparu, l'union disparaîtra, et l'Allemagne reviendra bientôt à ses instincts naturels. Le lendemain de sa victoire, la Prusse se trouvera ainsi en face d'une Europe hostile et d'une Allemagne reprenant son goût pour les autonomies particulières. C'est ce qui me fait dire avec assurance : La Prusse passera, l'Allemagne restera. Or l'Allemagne livrée à son propre génie sera une nation libérale, pacifique, démocratique même dans le sens légitime ; je crois que les sciences sociales lui devront des progrès remarquables, et que plusieurs idées qui chez nous ont revêtu le masque effrayant de la démocratie socialiste se produiront chez elle sous une forme bienfaisante et réalisable.

La plus grande faute que pourrait commettre l'école libérale au milieu des horreurs qui nous assiégent, ce serait de désespérer. L'avenir est à elle. Cette guerre, objet des malédictions futures, est arrivée parce qu'on s'est écarté des maximes libérales, maximes qui sont en même temps celles de la paix et de l'union des peuples. Le funeste désir d'une revanche, désir qui prolongerait indéfiniment l'extermination, sera écarté par un sage développement de la politique libérale. C'est une fausse idée que la France puisse imiter les institutions militaires prussiennes. L'état social de la France ne veut pas que tous les citoyens soient soldats, ni que ceux qui le sont le soient toujours. Pour maintenir une armée organisée à la prussienne, il faut une petite noblesse ; or nous n'avons pas de noblesse, et, si nous en avions une, le génie de la France ferait que nous en aurions plutôt une grande qu'une petite. La Prusse fonde sa force sur le développement de l'instruction primaire et sur l'identité de l'armée et de la nation. Le parti conservateur en France admet difficilement ces deux principes, et, à vrai dire, il n'est pas sûr que le pays en soit capable. La Prusse étant, comme dirait Plutarque, d'un tempérament plus vertueux que la France, peut porter des institutions qui, appliquées sans précautions, donneraient peut-être chez nous des fruits tout différents, et seraient une source de révolutions. La Prusse touche en cela le bénéfice de la grande abnégation politique et sociale de ses populations. En obligeant ses rivaux à soigner l'instruction primaire et à imiter sa *Landwehr* (innovations qui, dans des pays catholiques et révolutionnaires, seront probablement anarchiques), elle les force à un régime sain pour elle, malsain pour eux, comme le buveur qui fait boire à son partenaire un vin qui l'enivrera, tandis que lui gardera sa raison.

En résumé, l'immense majorité de l'espèce humaine a horreur de la guerre. Les idées vraiment chrétiennes de douceur, de justice, de bonté, conquièrent de plus en plus le monde. L'esprit belliqueux ne vit plus que chez les soldats de profession, dans les classes nobles du nord de l'Allemagne et en Russie. La démocratie ne veut pas, ne comprend pas la guerre. Le progrès de la démocratie sera la fin du règne de ces hommes de fer, survivants d'un autre âge, que notre siècle a vus avec terreur sortir des entrailles du vieux monde germanique. Quelle que soit l'issue de la guerre actuelle, ce parti sera vaincu en Allemagne. La démocratie lui a compté les jours. J'ai des appréhensions contre certaines tendances de la démocratie, et je les ai dites, il y a un an,* avec sincérité; mais certes, si la démocratie se borne à débarrasser l'espèce humaine de ceux qui, pour la satisfaction de leurs vanités et de leurs rancunes, font égorger des millions d'hommes, elle aura mon plein assentiment et ma reconnaissante sympathie.

Le principe des nationalités indépendantes n'est pas de nature, comme plusieurs le pensent, à délivrer l'espèce humaine du fléau de la guerre; au contraire, j'ai toujours craint que le principe des nationalités, substitué au doux et paternel symbole de la légitimité, ne fît dégénérer les luttes des peuples en exterminations de race, et ne chassât du code du droit des gens ces tempéraments, ces civilités qu'admettaient les petites guerres politiques et dynastiques d'autrefois. On verra la fin de la guerre quand, au principe des nationalités, on joindra le principe qui en est le correctif, celui de la fédération européenne, supérieure à toutes les nationalités, ajoutons: quand les questions démocratiques, contre-partie des questions de politique pure et de diplomatie, reprendront leur importance. Qu'on se rappelle 1848; le mouvement français se reproduisit en secousses simultanées dans toute l'Allemagne. Partout les chefs militaires surent étouffer les naïves aspirations d'alors; mais qui sait si les pauvres gens que ces mêmes chefs

---

* Article sur la Monarchie constitutionnelle, réimprimé à la fin de ce volume.

militaires mènent aujourd'hui à l'égorgement n'arriveront pas à éclaircir leur conscience? Des naturalistes allemands, qui ont la prétention d'appliquer leur science à la politique, soutiennent, avec une froideur qui voudrait avoir l'air d'être profonde, que la loi de la destruction des races et de la lutte pour la vie se retrouve dans l'histoire, que la race la plus forte chasse nécessairement la plus faible, et que la race germanique, étant plus forte que la race latine et la race slave, est appelée à les vaincre et à se les subordonner. Laissons passer cette dernière prétention, quoiqu'elle pût donner lieu à bien des réserves. N'objectons pas non plus à ces matérialistes transcendants que le droit, la justice, la morale, choses qui n'ont pas de sens dans le règne animal, sont des lois de l'humanité; des esprits si dégagés des vieilles idées nous répondraient probablement par un sourire. Bornons-nous à une observation: les espèces animales ne se liguent pas entre elles. On n'a jamais vu deux ou trois espèces en danger d'être détruites former une coalition contre leur ennemi commun; les bêtes d'une même contrée n'ont entre elles ni alliances ni congrès. Le principe fédératif, gardien de la justice, est la base de l'humanité. Là est la garantie des droits de tous; il n'y a pas de peuple européen qui ne doive s'incliner devant un pareil tribunal. Cette grande race germanique, bien plus réellement grande que ne le veulent ses maladroits apologistes, aura certes dans l'avenir un haut titre de plus, si l'on peut dire que c'est sa puissante action qui aura introduit définitivement dans le droit européen un principe aussi essentiel. Toutes les grandes hégémonies militaires, celle de l'Espagne au XVIe siècle, celle de la France sous Louis XIV, celle de la France sous Napoléon, ont abouti à un prompt épuisement. Que la Prusse y prenne garde, sa politique radicale peut l'engager dans une série de complications dont il ne lui soit plus loisible de se dégager; un œil pénétrant verrait peut-être dès à présent le nœud déjà formé de la coalition future. Les sages amis de la Prusse lui disent tout bas, non comme menace, mais comme avertissement: *Væ victoribus!*

LETTRE A M. STRAUSS

Le 18 août 1870, parut, dans la *Gazette d'Augsbourg*, une lettre que M. Strauss[1] me faisait l'honneur de m'adresser sur les événements du temps. Elle se terminait ainsi :

'Vous trouverez peut-être étrange aussi que ces lignes ne vous parviennent que par l'intermédiaire d'un journal. Certes, dans des temps moins agités, je me serais assuré tout d'abord de votre agrément; mais, dans les circonstances actuelles, avant que ma demande fût parvenue dans vos mains, et votre réponse dans les miennes, le vrai moment aurait passé. Et j'estime d'ailleurs qu'il peut y avoir quelque utilité à ce que, dans cette crise, deux hommes appartenant aux deux nations rivales, indépendants l'un de l'autre et étrangers à tout esprit de parti, échangent leurs vues sans passion, mais en toute franchise, sur les causes et sur la portée de la lutte actuelle; car les pages que je viens d'écrire n'auront complétement atteint leur but que si elles vous déterminent à un semblable exposé de sentiments, fait à votre point de vue.'

Je me rendis à cette invitation; le 16 septembre 1870, parut dans le *Journal des Débats* la réponse que je vais reproduire. La veille avait paru dans le même journal la traduction de la lettre de M. Strauss.

Monsieur et savant maître,

Vos hautes et philosophiques paroles nous sont arrivées à travers ce déchaînement de l'enfer, comme un message de paix; elles nous ont été d'une grande consolation, à moi surtout qui dois à l'Allemagne ce à quoi je tiens le plus, ma philosophie, je dirai presque ma religion. J'étais au séminaire[2] Saint-Sulpice vers 1843, quand je commençai à connaître l'Allemagne par Gœthe et Herder. Je crus entrer dans un temple, et, à partir de ce moment, tout ce que j'avais tenu jusque-là pour une pompe digne

---

[1] Vide Introduction, p. xi.

de la Divinité me fit l'effet de fleurs de papier jaunies et fanées. Aussi, comme je vous l'ai écrit au premier moment des hostilités, cette guerre m'a rempli de douleur, d'abord à cause des épouvantables calamités qu'elle ne pouvait manquer d'entraîner, ensuite à cause des haines, des jugements erronés qu'elle répandra et du tort qu'elle fera aux progrès de la vérité. Le grand malheur du monde est que la France ne comprend pas l'Allemagne et que l'Allemagne ne comprend pas la France : ce malentendu ne fera que s'aggraver. On ne combat le fanatisme que par un fanatisme opposé; après la guerre, nous nous trouverons en présence d'esprits rétrécis par la passion, qui admettront difficilement notre libre et large sérénité.

Vos idées sur l'histoire du développement de l'unité allemande sont d'une parfaite justesse. Au moment où j'ai reçu le numéro de la *Gazette d'Augsbourg* qui contenait votre belle lettre, j'étais justement occupé à écrire pour la *Revue des Deux Mondes* un article[1] qui paraîtra ces jours-ci, et où j'exposais des vues identiques aux vôtres. Il est clair que, dès que l'on a rejeté le principe de la légitimité dynastique, il n'y a plus, pour donner une base aux délimitations territoriales des États, que le droit des nationalités, c'est-à-dire des groupes naturels déterminés par la race, l'histoire et la volonté des populations. Or, s'il y a une nationalité qui ait un droit évident d'exister en toute son indépendance, c'est assurément la nationalité allemande. L'Allemagne a le meilleur titre national, je veux dire un rôle historique de première importance, une âme, une littérature, des hommes de génie, une conception particulière des choses divines et humaines. L'Allemagne a fait la plus importante révolution des temps modernes, la Réforme; en outre, depuis un siècle, l'Allemagne a produit un des plus beaux développements intellectuels qu'il y ait jamais eu, un développement qui a, si j'ose le dire, ajouté un degré de plus à l'esprit humain en profondeur et en étendue, si bien que ceux qui n'ont pas participé à cette culture nouvelle sont à ceux qui l'ont traversée comme celui qui ne connaît que les mathématiques élémentaires est à celui qui connaît le calcul différentiel.

Qu'une si grande force intellectuelle, jointe à tant de moralité

[1] I.e. the previous article.

et de sérieux, dût produire un mouvement politique correspon-
dant, que la nation allemande fût appelée à prendre dans l'ordre
extérieur, matériel et pratique, une importance proportionnée
à celle qu'elle avait dans l'ordre de l'esprit, c'est ce qui était
évident pour toute personne instruite, non aveuglée par la routine
et les partis pris superficiels. Ce qui ajoutait à la légitimité des
vœux de l'Allemagne, c'est que le besoin d'unité était chez elle
une mesure de précaution justifiée par les déplorables folies du
premier empire, folies que les Français éclairés réprouvent autant
que les Allemands, mais contre le retour desquelles il était bon
de se prémunir, certaines personnes relevant encore ces souvenirs
avec beaucoup d'étourderie.

C'est vous dire qu'en 1866 (je parle ici au nom d'un petit
groupe de vrais libéraux) nous accueillîmes avec une grande joie
l'augure de la constitution d'une Allemagne à l'état de puissance
de premier ordre. Ce n'est pas qu'il nous agréât plus qu'à vous
de voir ce grand et heureux événement réalisé par l'armée prussienne. Vous avez montré mieux que personne combien il s'en
faut que la Prusse soit l'Allemagne. Mais n'importe ; nous avions
à cet égard une pensée que, je pense, vous partagez : c'est que
l'unité allemande, après avoir été faite par la Prusse, absorberait
la Prusse, conformément à cette loi générale que le levain disparaît
dans la pâte qu'il a fait lever. A ce pédantisme rogue et jaloux qui
nous déplaît parfois dans la Prusse, nous voyions ainsi se substituer peu à peu et succéder en définitive l'esprit allemand, avec
sa merveilleuse largeur, ses poétiques et philosophiques aspirations.
Ce qu'il y avait de peu sympathique à nos instincts libéraux dans
un pays féodal, très-médiocrement parlementaire, dominé par une
petite noblesse entichée d'une orthodoxie étroite et pleine de préjugés, nous l'oubliions comme vous l'oubliiez vous-même, pour
ne voir dans un avenir ultérieur que l'Allemagne, c'est-à-dire une
grande nation libérale, destinée à faire faire un pas décisif aux
questions politiques, religieuses et sociales, et peut-être à réaliser
ce que nous avons essayé en France, jusqu'ici sans y réussir : une
organisation scientifique et rationnelle de l'État.

Comment ces rêves ont-ils été déçus ? comment ont-ils fait
place à la plus amère réalité ? J'ai expliqué mes idées sur ce point

dans la *Revue;* les voici en deux mots: On peut faire aussi grande que l'on voudra la part des fautes du gouvernement français, mais il serait injuste d'oublier ce qu'a eu de répréhensible à beaucoup d'égards la conduite du gouvernement prussien. Vous savez que les plans de M. de Bismark[1] furent communiqués en 1865 à l'empereur Napoléon III, lequel, en somme, y adhéra. Si cette adhésion vint de la conviction que l'unité de l'Allemagne était une nécessité historique, et qu'il était désirable que cette unité se fît avec la pleine amitié de la France, l'empereur Napoléon III eut mille fois raison. Il est à ma connaissance personnelle qu'un mois à peu près avant le commencement des hostilités de 1866, l'empereur Napoléon III croyait au succès de la Prusse, et même qu'il le désirait. Malheureusement, l'hésitation, le goût des actes successivement contradictoires perdirent l'empereur en cette occasion comme en plusieurs autres. La victoire de Sadowa éclata sans que rien fût convenu. Versatilité inconcevable! Égaré par les rodomontades du parti militaire, troublé par les reproches de l'opposition, l'empereur se laissa entraîner à regarder comme une défaite le résultat qui aurait dû être pour lui une victoire, et qu'en tout cas il avait voulu et amené.

Si le succès justifie tout, le gouvernement prussien est complètement absous; mais nous sommes philosophes, monsieur; nous avons la naïveté de croire que celui qui a réussi peut avoir eu des torts. Le gouvernement prussien avait sollicité, accepté l'alliance secrète de l'empereur Napoléon III et de la France. Quoique rien n'eût été stipulé, il devait à l'empereur et à la France des marques de gratitude et de sympathie. Un de vos compatriotes, qui montre en ce moment contre la France plus de passion que je n'aime à en voir chez un galant homme, me disait, à l'époque dont il s'agit, que l'Allemagne devait à la France une grande reconnaissance pour la part réelle, quoique négative, que cette dernière avait prise à sa fondation. Conduit par un principe d'orgueil qui aura dans l'avenir de fâcheuses conséquences, le cabinet de Berlin ne l'entendit pas ainsi. Certes les agrandissements territoriaux, quand il s'agit d'une nation forte déjà de trente ou quarante millions d'hommes, ont peu d'importance; l'acquisition de la

[1] Vide p. 90, n. 1.

Savoie[1] et de Nice a été pour la France plus fâcheuse qu'utile.
On peut regretter cependant que le gouvernement prussien n'ait
pas fait céder la rigueur de ses prétentions dans l'affaire du
Luxembourg.[2] Le Luxembourg cédé à la France, la France
n'eût pas été plus grande ni l'Allemagne plus petite; mais cette
concession insignifiante eût suffi pour satisfaire l'opinion superficielle, qui en un pays de suffrage universel doit être ménagée,
et eût permis au gouvernement français de masquer sa retraite.
Dans le plus grand château des croisés qui existe encore en Syrie,
le *Kalaat-el-hosn,* se voit, en beaux caractères du XIIe siècle, sur
une pierre au milieu des ruines, l'inscription suivante, que la
maison de Hohenzollern devrait faire graver sur l'écusson de tous
ses châteaux :

> Sit tibi copia,
> Sit sapientia,
> Formaque detur;
>
> Inquinat omnia
> Sola superbia
> Si comitetur.

Dans les causes éloignées de la guerre, un esprit impartial peut
donc faire presque égale la part de reproches que méritent d'un
côté le gouvernement de la France et d'un autre côté celui de la
Prusse. Quant à la cause prochaine, à ce pitoyable incident[3]
diplomatique ou plutôt ce jeu cruel de vanités blessées qui, pour
venger de chétives querelles de diplomates, a déchaîné tous les
fléaux sur l'espèce humaine, vous savez ce que j'en pense. J'étais
à Tromsoë,[4] où le plus splendide paysage de neige des mers
polaires me faisait rêver aux îles des Morts de nos ancêtres celtes
et germains, quand j'appris cette horrible nouvelle; je n'ai jamais
maudit comme ce jour-là le sort fatal qui semble condamner notre
malheureux pays à n'être jamais conduit que par l'ignorance, la
présomption et l'ineptie.

Cette guerre, quoi qu'on en dise, n'était nullement inévitable.
La France ne voulait en aucune façon la guerre. Il ne faut pas

---

[1] Vide p. 19, n. 1.   [2] Vide p. 93, n. 1.   [3] Vide p. 95, n. 2.
[4] Renan had gone on a cruise to Norway with Prince Joseph Bonaparte,
vide p. 28, n. 1.

juger de ces choses par des déclamations de journaux et des criailleries de boulevard. La France est profondément pacifique; ses préoccupations sont tournées vers l'exploitation des énormes sources de richesses qu'elle possède et vers les questions démocratiques et sociales. Le roi Louis-Philippe avait vu le vrai sur ce point avec beaucoup de bon sens. Il sentait que la France, avec son éternelle blessure, toujours près de se rouvrir (le manque d'une dynastie ou d'une constitution universellement acceptée), ne pouvait pas faire la grande guerre. Une nation qui a rempli son programme et atteint l'égalité ne saurait lutter avec des peuples jeunes, pleins d'illusions et dans tout le feu de leur développement. Croyez-moi, les uniques causes de la guerre sont la faiblesse de nos institutions constitutionnelles et les funestes conseils que des militaires présomptueux et bornés, des diplomates vaniteux ou ignorants ont donnés à l'empereur. Le plébiscite[1] n'y est pour rien; au contraire, cette étrange manifestation, qui montra que la dynastie napoléonienne avait poussé ses racines jusqu'aux entrailles mêmes du pays, devait faire croire que l'empereur s'éloignerait ensuite de plus en plus des allures d'un joueur désespéré. Un homme qui possède de grands biens territoriaux nous paraît devoir être moins porté à tenter le sort sur un coup de dé que celui dont la richesse est douteuse. En réalité, pour écarter les dangers de conflagration, il suffisait d'attendre. Que de questions, dans les affaires de cette pauvre espèce humaine, il faut résoudre en ne les résolvant pas! Au bout de quelques années on est tout surpris que la question n'existe plus. Y eut-il jamais une haine nationale comme celle qui pendant six siècles a divisé la France et l'Angleterre? Il y a vingt-cinq ans, sous Louis-Philippe, cette haine était encore assez forte; presque tout le monde déclarait qu'elle ne pouvait finir que par la guerre; elle a disparu comme par enchantement.

Naturellement, cher monsieur, les libéraux éclairés n'ont eu ici qu'un seul vœu depuis l'heure fatale, voir finir ce qui n'aurait pas dû commencer. La France a eu mille fois tort de paraître vouloir s'opposer aux évolutions intérieures de l'Allemagne; mais l'Allemagne commettrait une faute non moins grave en voulant

[1] Vide p. 8, n. 1.

porter atteinte à l'intégrité de la France. Si l'on a pour but de
détruire la France, rien de mieux conçu qu'un tel plan; mutilée,
la France rentrerait en convulsions, et périrait. Ceux qui pensent,
comme quelques-uns de vos compatriotes, que la France doit
être supprimée du nombre des peuples, sont conséquents en
demandant son amoindrissement; ils voient très-bien que cet
amoindrissement serait sa fin; mais ceux qui croient comme vous
que la France est nécessaire à l'harmonie du monde doivent peser
les conséquences qu'entraînerait un démembrement. Je puis
parler ici avec une sorte d'impartialité. Je me suis étudié toute
ma vie à être bon patriote, ainsi qu'un honnête homme doit l'être,
mais en même temps à me garder du patriotisme exagéré comme
d'une cause d'erreur. Ma philosophie, d'ailleurs, est l'idéalisme;
où je vois le bien, le beau, le vrai, là est ma patrie. C'est au nom
des vrais intérêts éternels de l'idéal que je serais désolé que la
France n'existât plus. La France est nécessaire comme protestation contre le pédantisme, le dogmatisme, le rigorisme étroit.
Vous qui avez si bien compris Voltaire[1] devez comprendre cela.
Cette légèreté qu'on nous reproche est au fond sérieuse et honnête. Prenez garde que, si notre tour d'esprit, avec ses qualités
et ses défauts, disparaissait, la conscience humaine serait sûrement
amoindrie. La variété est nécessaire, et le premier devoir de
l'homme qui cherche d'un cœur vraiment pieux à entrer dans les
desseins de la Divinité est de supporter, de respecter même les
organes providentiels de la vie spirituelle de l'humanité qui lui
sont le moins congénères et le moins sympathiques. Votre illustre
Mommsen,[2] dans une lettre qui nous a un peu attristés, com-
parait il y a quelques jours notre littérature aux eaux bourbeuses
de la Seine, et cherchait à en préserver le monde comme d'un
poison. Quoi! cet austère savant connaît donc nos journaux
burlesques et notre niais petit théâtre bouffon! Soyez assuré qu'il
y a encore, derrière la littérature charlatanesque et misérable qui
a chez nous comme partout les succès de la foule, une France fort
distinguée, différente de la France du xviie et du xviiie siècle,
de même race cependant: d'abord un groupe d'hommes de la plus

[1] Allusion to Strauss' book, *Voltaire*, 1870.
[2] Vide Introduction, p. xviii, n. 5.

haute valeur et du sérieux le plus accompli, puis une société exquise, charmante et sérieuse à la fois, fine, tolérante, aimable, sachant tout sans avoir rien appris, devinant d'instinct le dernier résultat de toute philosophie. Prenez garde de froisser cela. La France, pays très-mixte, offre cette particularité que certaines plantes germaniques y poussent souvent mieux que dans leur sol natal; on pourrait le démontrer par des exemples de notre histoire littéraire du XIIe siècle, par les chansons de geste, la philosophie scolastique, l'architecture gothique. Vous semblez croire que la diffusion des saines idées germaniques serait facilitée par certaines mesures radicales, détrompez-vous; cette propagande serait alors arrêtée net; le pays s'enfoncerait avec rage dans ses routines nationales et ses défauts particuliers.—'Tant pis pour lui!' diront vos exaltés.—'Tant pis pour l'humanité!' ajouterai-je. La suppression ou l'atrophie d'un membre fait pâtir tout le corps.

L'heure est solennelle. Il y a en France deux courants d'opinion. Les uns raisonnent ainsi: 'Finissons cette odieuse partie au plus vite; cédons tout, l'Alsace, la Lorraine; signons la paix; puis haine à mort, préparatifs sans trêve, alliance avec n'importe qui, complaisances sans bornes pour toutes les ambitions russes;[1] un seul but, un seul mobile à la vie, guerre d'extermination contre la race germanique.' D'autres disent: 'Sauvons l'intégrité de la France, développons les institutions constitutionnelles, réparons nos fautes, non en rêvant de prendre notre revanche d'une guerre où nous avons été injustes agresseurs, mais en contractant avec l'Allemagne et l'Angleterre une alliance dont l'effet sera de conduire le monde dans les voies de la civilisation libérale.' L'Allemagne décidera laquelle des deux politiques suivra la France, et du même coup elle décidera de l'avenir de la civilisation.

Vos germanistes fougueux allèguent que l'Alsace est une terre germanique, injustement détachée de l'empire allemand. Remarquez que les nationalités sont toutes des 'cotes mal taillées'; si l'on se met à raisonner ainsi sur l'ethnographie de chaque canton, on ouvre la porte à des guerres sans fin. De belles provinces de

---

[1] The Franco-Russian rapprochement dates from 1890. In 1891 a French squadron visited Cronstadt. Further official visits were exchanged in 1896 and 1901.

langue française ne font pas partie de la France, et cela est très-avantageux, même pour la France. Des pays slaves appartiennent à la Prusse. Ces anomalies servent beaucoup à la civilisation. La réunion de l'Alsace à la France, par exemple, est un des faits qui ont le plus contribué à la propagande du germanisme; c'est par l'Alsace que les idées, les méthodes, les livres de l'Allemagne passent d'ordinaire pour arriver jusqu'à nous. Il est incontestable que, si on soumettait la question au peuple alsacien, une immense majorité se prononcerait pour rester unie à la France. Est-il digne de l'Allemagne de s'attacher de force une province rebelle, irritée, devenue irréconciliable, surtout depuis la destruction de Strasbourg? L'esprit est vraiment parfois confondu de l'audace de vos hommes d'État. Le roi de Prusse paraît en train[1] de s'imposer la lourde tâche de résoudre la question française, de donner et par conséquent de garantir un gouvernement à la France. Peut-on, de gaieté de cœur, rechercher un pareil fardeau? Comment ne voit-on pas que la conséquence de cette politique serait d'occuper la France à perpétuité avec 3 ou 400,000 hommes? L'Allemagne veut donc rivaliser avec l'Espagne du xvie siècle? Et sa grande et haute culture intellectuelle, que deviendrait-elle à ce jeu-là? Qu'elle prenne garde qu'un jour, quand on voudra désigner les années les plus glorieuses de la race germanique, on ne préfère à la période de sa domination militaire, marquée peut-être par un abaissement intellectuel et moral, les premières années de notre siècle, où, vaincue, humiliée extérieurement, elle créait pour le monde la plus haute révélation de la raison que l'humanité eût connue jusque-là!

On s'étonne que quelques-uns de vos meilleurs esprits ne voient pas cela, et surtout qu'ils se montrent contraires à une intervention de l'Europe en ces questions. La paix ne peut, à ce qu'il semble, être conclue directement entre la France et l'Allemagne; elle ne peut être l'ouvrage que de l'Europe, qui a blâmé

---

[1] On 11 September, *L'Indépendent Rhémois*, a newspaper published at Rheims, i.e. in enemy occupied territory, had an article in which it was suggested that Bismarck might negotiate with the Emperor or with Bazaine, with a view to establishing a government. This may have been a 'feeler' put forward by the Germans and Renan may be alluding to it or to some such rumour.

la guerre et qui doit vouloir qu'aucun des membres de la famille européenne ne soit trop affaibli. Vous parlez à bon droit de garanties contre le retour de rêves malsains; mais quelle garantie vaudrait celle de l'Europe, consacrant de nouveau les frontières actuelles et interdisant à qui que ce soit de songer à déplacer les bornes fixées par les anciens traités? Toute autre solution laissera la porte ouverte à des vengeances sans fin. Que l'Europe fasse cela, et elle aura posé pour l'avenir le germe de la plus féconde institution, je veux dire d'une autorité centrale, sorte de congrès des États-Unis d'Europe, jugeant les nations, s'imposant à elles, et corrigeant le principe des nationalités par le principe de fédération. Jusqu'à nos jours, cette force centrale de la communauté européenne ne s'est guère montrée en exercice que dans des coalitions passagères contre le peuple qui aspirait à une domination universelle; il serait bon qu'une sorte de coalition permanente et préventive se formât pour le maintien des grands intérêts communs, qui sont après tout ceux de la raison et de la civilisation.

Le principe de la fédération européenne peut ainsi offrir une base de médiation semblable à celle que l'Église offrait au moyen âge. On est parfois tenté de prêter un rôle analogue aux tendances démocratiques et à l'importance que prennent de nos jours les problèmes sociaux. Le mouvement de l'histoire contemporaine est une sorte de balancement entre les questions patriotiques, d'une part, les questions démocratiques et sociales, de l'autre. Ces derniers problèmes ont un côté de légitimité, et seront peut-être en un sens la grande pacification de l'avenir. Il est certain que le parti démocratique, malgré ses aberrations, agite des problèmes supérieurs à la patrie; les sectaires de ce parti se donnent la main par-dessus toutes les divisions de nationalité, et professent une grande indifférence pour les questions de point d'honneur, qui touchent surtout la noblesse et les militaires. Les milliers de pauvres gens qui en ce moment s'entre-tuent pour une cause qu'ils ne comprennent qu'à demi ne se haïssent pas; ils ont des besoins, des intérêts communs. Qu'un jour ils arrivent à s'entendre et à se donner la main malgré leurs chefs, c'est là un rêve sans doute; on peut cependant entrevoir plus d'un biais par où la politique à outrance de la Prusse pourra servir à l'avénement d'idées qu'elle ne soupçonne pas. Il paraît difficile que cette fureur d'une poignée d'hommes, reste des vieilles aristocraties, mène longtemps à l'égorgement des masses de populations douces, arrivées à une conscience démocratique assez avancée et plus ou moins imbues d'idées économiques (pour eux saintes) dont le propre est justement de ne pas tenir compte des rivalités nationales.

Ah! cher maître, que Jésus a bien fait de fonder le royaume de Dieu, un monde supérieur à la haine, à la jalousie, à l'orgueil, où le plus estimé est, non pas, comme dans les tristes temps que nous traversons, celui qui fait le plus de mal, celui qui frappe, tue, insulte, celui qui est le plus menteur, le plus déloyal, le plus mal élevé, le plus défiant, le plus perfide, le plus fécond en mauvais procédés, en idées diaboliques, le plus fermé à la pitié, au pardon, celui qui n'a nulle politesse, qui surprend son adversaire, lui joue les plus mauvais tours; mais celui qui est le plus doux, le plus modeste, le plus éloigné de toute assurance, jactance et dureté, celui qui cède le pas à tout le monde, celui qui se regarde comme le dernier! La guerre est un tissu de péchés, un état contre nature où l'on recommande de faire comme belle action ce qu'en tout autre temps on commande d'éviter comme vice ou défaut, où c'est un devoir de se réjouir du malheur d'autrui, où celui qui rendrait le bien pour le mal, qui pratiquerait les préceptes évangéliques de pardon des injures, de goût pour l'humiliation, serait absurde et même blâmable. Ce qui fait entrer dans la Walhalla est ce qui exclut du royaume de Dieu. Avez-vous remarqué que ni dans les huit béatitudes, ni dans le sermon sur la montagne, ni dans l'Évangile, ni dans toute la littérature chrétienne primitive, il n'y a pas un mot qui mette les vertus militaires parmi celles qui gagnent le royaume du ciel?

Insistons sur ces grands enseignements de paix, qui échappent aux hommes dupes de leur orgueil, entraînés par leur éternel et si peu philosophique oubli de la mort. Personne n'a le droit de se désintéresser des désastres de son pays; mais le philosophe comme le chrétien a toujours des motifs de vivre. Le royaume de Dieu ne connaît ni vainqueurs ni vaincus; il consiste dans les joies du cœur, de l'esprit et de l'imagination, que le vaincu goûte plus que le vainqueur, s'il est plus élevé moralement et s'il a plus d'esprit. Votre grand Gœthe, votre admirable Fichte ne nous ont-ils pas appris comment on peut mener une vie noble et par conséquent heureuse au milieu de l'abaissement extérieur de sa patrie? Un motif du reste, m'inspire un grand repos d'esprit : l'an dernier, lors des élections pour le Corps législatif, je m'offris aux suffrages des électeurs ; je ne fus pas choisi ; mes affiches se voient encore sur les murs des villages de Seine-et-Marne ; on y peut lire : 'Pas de révolution, pas de guerre. Une guerre serait aussi funeste qu'une révolution.' Pour avoir la conscience tranquille dans des temps comme les nôtres, il faut pouvoir se dire qu'on n'a pas fui systématiquement la vie publique, pas plus qu'on ne l'a recherchée.

Conservez-moi toujours votre amitié, et croyez à mes sentiments les plus élevés.

Paris, 13 septembre 1870.

NOUVELLE LETTRE A M. STRAUSS

Paris, 15 septembre 1871.

Monsieur et savant maître,

A la fin de la lettre que vous m'avez adressée par la *Gazette d'Augsbourg*, le 18 août 1870, vous m'invitiez à exposer mes vues sur la situation terrible créée par les derniers événements. Je le fis; ma réponse à votre lettre parut dans le *Journal des Débats*, le 16 septembre; la veille, avait été insérée dans le même journal la traduction de votre lettre, telle que nous l'avait envoyée votre excellent interprète français, M. Charles Ritter. Si vous voulez bien réfléchir à l'état de Paris à cette époque, vous reconnaîtrez peut-être que ce journal faisait en cela preuve d'un certain courage. Le siége commença le lendemain, et toute communication entre l'intérieur de Paris et le reste du monde se trouva interrompue pendant cinq mois.

Plusieurs jours après la conclusion de l'armistice au mois de février 1871, j'appris une nouvelle qui me surprit, c'est que, le 2 octobre 1870, vous aviez fait dans la *Gazette d'Augsbourg* une réponse à ma lettre du 16 septembre. Vous ne pensiez pas sans doute que le blocus prussien fût aussi rigoureux qu'il l'était; car, si vous l'aviez su, il est peu probable que vous m'eussiez adressé une lettre publique que je ne pouvais lire et à laquelle je ne pouvais répondre. Le malentendu en ces matières délicates est facile; il faut que la personne qu'on a interpellée puisse donner des explications et rectifier, s'il y a lieu, les opinions qu'on lui prête. Dans le cas dont il s'agit, la crainte d'un malentendu n'était pas chimérique. Entre bien des rectifications, en effet, que j'aurais à faire à votre réponse du 2 octobre, il en est une qui a de l'importance. Trompé par l'expression de 'traités de 1814' que nous employons souvent en France pour désigner l'ensemble des conventions qui fixèrent les limites de la France à la chute du premier empire, vous avez cru que je demandais après Sedan qu'on revînt sur les cessions de 1815, qu'on nous rendît Saarlouis et Landau. Je suis fâché d'avoir été présenté par vous au public allemand comme capable d'une telle absurdité. Il me semble que, s'il y a une pensée qui résulte clairement de ce que j'ai écrit sur cette funeste guerre, c'est qu'il fallait s'en tenir aux frontières nationales telles que l'histoire les avait fixées, que toute annexion de pays sans le vœu des populations était une faute et même un crime.

Une circonstance augmenta encore mon chagrin. Peu de jours après que j'eus connu l'existence de votre lettre du 2 octobre, j'appris que la *Gazette d'Augsbourg* n'avait pas inséré la traduction de ma lettre du 16 septembre, si bien que ce journal, après m'avoir invité par votre organe à entrer dans la discussion, après avoir vu le *Journal des Débats*, dont la position était autrement délicate que la sienne, insérer vos pages hautaines sous le coup de l'émeute populaire, refusait de porter au public allemand victorieux les humbles pages où je réclamais pour ma patrie vaincue un peu de générosité et de pitié. Je sais que vous avez regretté ce procédé; mais c'est ici que j'admire[1] de quoi est capable votre patriotisme exalté; car, au lieu de vous retirer d'un débat où la parole était refusée à votre adversaire, vous avez inséré quelques jours après dans cette même *Gazette d'Augsbourg* une réplique à la lettre que vous m'aviez fait écrire et que vous n'aviez pas eu le crédit de faire publier. Voilà, monsieur, où je vois bien la différence entre nos manières de comprendre la vie. La passion qui vous remplit et qui vous semble sainte est capable de vous arracher un acte pénible. Une de nos faiblesses, au contraire, à nous autres Français de la vieille école, est de croire que les délicatesses du galant homme passent avant tout devoir, avant toute passion, avant toute croyance, avant la patrie, avant la religion. Cela nous fait du tort; car on ne nous rend pas toujours la pareille, et, comme tous les délicats, nous jouons le rôle de dupes au milieu d'un monde qui ne nous comprend plus.

Il est vrai que vous m'avez fait ensuite un honneur auquel je suis sensible comme je le dois. Vous avez traduit vous-même ma

[1] The word (which here clearly recalls the original Latin sense of 'to wonder at') is well chosen and has a delicate ironic flavour very characteristic of Renan. His delicacy of touch is very evident in the whole of this second letter.

réponse et l'avez réunie dans une brochure à vos deux lettres.*
Vous avez voulu que cette brochure se vendît au profit d'un
établissement d'invalides allemands. Dieu me garde de vous faire
une chicane au point de vue de la propriété littéraire! L'œuvre
à laquelle vous m'avez fait contribuer est d'ailleurs une œuvre
d'humanité, et, si ma chétive prose a pu procurer quelques cigares
à ceux qui ont pillé ma petite maison de Sèvres, je vous remercie
de m'avoir fourni l'occasion de conformer ma conduite à quelques-uns des préceptes de Jésus que je crois les plus authentiques.
Mais remarquez encore ces nuances légères. Certainement, si
vous m'aviez permis de publier un écrit de vous, jamais, au grand
jamais, je n'aurais eu l'idée d'en faire une édition au profit de
notre hôtel des Invalides. Le but vous entraîne; la passion vous
empêche de voir ces mièvreries de gens blasés que nous appelons
le goût et le tact.

Il m'est arrivé depuis un an ce qui arrive toujours à ceux qui
prêchent la modération en temps de crise. Les événements ainsi
que l'immense majorité de l'opinion m'ont donné tort. Je ne puis
vous dire cependant que je sois converti. Attendons dix ou
quinze années; ma conviction est que la partie éclairée de l'Allemagne reconnaîtra alors qu'en lui conseillant d'user doucement
de sa victoire, je fus son meilleur ami. Je ne crois pas à la durée
des choses menées à l'extrême, et je serais bien surpris si une foi
aussi absolue en la vertu d'une race que celle que professent
M. de Bismark et M. de Moltke n'aboutissait pas à une déconvenue. L'Allemagne, en se livrant aux hommes d'État et aux
hommes de guerre de la Prusse, a monté un cheval fringant, qui
la mènera où elle ne veut pas. Vous jouez trop gros jeu. A quoi
ressemble votre conduite? exactement à celle de la France à
l'époque qu'on lui reproche le plus. En 1792, les puissances
européennes provoquent la France; la France bat les puissances,
ce qui était bien son droit; puis elle pousse ses victoires à outrance, en quoi elle avait tort. L'outrance est mauvaise; l'orgueil
est le seul vice qui soit puni en ce monde. Triompher est toujours
une faute et en tout cas quelque chose de bien peu philosophique.
Debemur morti nos nostraque.

* Leipzig, Hirzel, 1870.

Ne vous imaginez pas être plus que d'autres à l'abri de l'erreur. Depuis un an, vos journaux se sont montrés moins ignorants sans doute que les nôtres, mais tout aussi passionnés, tout aussi immoraux, tout aussi aveugles. Ils ne voient pas une montagne qui est devant leurs yeux, l'opposition toujours croissante de la conscience slave à la conscience germanique, opposition qui aboutira à une lutte effroyable. Ils ne voient pas qu'en détruisant le pôle nord d'une pile on détruit le pôle sud, que la solidarité française faisait la solidarité allemande, qu'en mourant la France se vengera et rendra le plus mauvais service à Allemagne. L'Allemagne, en d'autres termes, a fait la faute d'écraser son adversaire. Qui n'a pas d'antithèse n'a pas de raison d'être. S'il n'y avait plus d'orthodoxes, ni vous ni moi n'existerions; nous serions en face d'un stupide matérialisme vulgaire, qui nous tuerait bien mieux que les théologiens. L'Allemagne s'est comportée avec la France comme si elle ne devait jamais avoir d'autre ennemi. Or le précepte du vieux sage *Ama tanquam osurus* doit aujourd'hui être retourné; il faut haïr comme si l'on devait un jour être l'allié de celui qu'on hait; on ne sait pas de qui on devra quelque jour rechercher l'amitié.

Il ne sert de rien de dire qu'il y a soixante et soixante-dix ans, nous avons agi exactement de la même manière, qu'alors nous avons fait en Europe la guerre de pillage, de massacre et de conquête que nous reprochons aux Allemands de 1870. Ces méfaits du premier empire, nous les avons toujours blâmés; ils sont l'œuvre d'une génération avec laquelle nous avons peu de chose de commun et dont la gloire n'est plus la nôtre. A tort évidemment, nous nous étions habitués à croire que le XIXe siècle avait inauguré une ère de civilisation, de paix, d'industrie, de souveraineté des populations. 'Comment, dit-on, traitez-vous de crimes et de hontes des cessions d'âmes auxquelles ont autrefois consenti des races aussi nobles que la vôtre et dont vous-mêmes avez profité.' —Distinguons les dates. Le droit d'autrefois n'est pas le droit d'aujourd'hui. Le sentiment des nationalités n'a pas cent ans. Frédéric II n'était pas plus mauvais Allemand dans son dédain pour la langue et la littérature allemandes que Voltaire n'était mauvais Français en se réjouissant de l'issue de la bataille de

Rosbach.[1] Une cession de province n'était alors qu'une translation de biens immeubles d'un prince à un prince; les peuples y restaient le plus souvent indifférents. Cette conscience des peuples, nous l'avons créée dans le monde par notre révolution; nous l'avons donnée à ceux que nous avons combattus et souvent injustement combattus; elle est notre dogme. Voilà pourquoi nous autres libéraux français étions pour les Vénitiens, pour les Milanais contre l'Autriche; pour la Bohême, pour la Hongrie contre la centralisation viennoise; pour la Pologne contre la Russie; pour les Grecs et les Slaves de Turquie contre les Turcs. Il y avait protestation de la part de Milan, de Venise, de la Bohême, de la Hongrie, de la Pologne, des Grecs et des Slaves de Turquie, cela nous suffisait. Nous étions également pour les Romagnols contre le pape ou plutôt contre la contrainte étrangère[2] qui les maintenait malgré eux sujets du pape; car nous ne pouvions admettre qu'une population soit confisquée contre son gré au profit d'une idée religieuse qui prétend qu'elle a besoin d'un territoire pour vivre. Dans la guerre de la sécession d'Amérique, beaucoup de bons esprits, tout en étant peu sympathiques aux États du Sud, ne purent se décider à leur dénier le droit de se retirer d'une association dont ils ne voulaient plus faire partie, du moment qu'ils eurent prouvé par de rudes sacrifices que leur volonté à cet égard était sérieuse.

Cette règle de politique n'a rien de profond ni de transcendant mais il faut se garder, à force d'érudition et de métaphysique, de n'être plus juste ni humain. La guerre sera sans fin, si l'on n'admet des prescriptions pour les violences du passé. La Lorraine a fait partie de l'empire germanique, sans aucun doute; mais la Hollande, la Suisse, l'Italie même, jusqu'à Bénévent, et en remontant au delà du traité de Verdun,[3] la France entière, en y comprenant même la Catalogne, en ont aussi fait partie.—L'Alsace est maintenant un pays germanique de langue et de race; mais, avant, d'être envahie par la race germanique, l'Alsace était un pays celtique, ainsi qu'une partie de l'Allemagne du Sud. Nous ne

[1] Vide p. 44, n. 4.
[2] I.e. the French garrison. Vide p. 31, n. 1.
[3] Vide p. 12, n. 1.

concluons pas de là que l'Allemagne du Sud doive être française ; mais qu'on ne vienne pas non plus soutenir que, par droit ancien, Metz et Luxembourg doivent être allemands. Nul ne peut dire où cette archéologie s'arrêterait. Presque partout où les patriotes fougueux de l'Allemagne réclament un droit germanique, nous pourrions réclamer un droit celtique antérieur, et avant la période celtique, il y avait, dit-on, les allophyles, les Finnois, les Lapons ; et avant les Lapons, il y eut les hommes des cavernes ; et avant les hommes des cavernes, il y eut les orangs-outangs. Avec cette philosophie de l'histoire, il n'y aura de légitime dans le monde que le droit des orangs-outangs, injustement dépossédés par la perfidie des civilisés.

Soyons moins absolus ; à côté du droit des morts, admettons pour une petite part le droit des vivants. Le traité de 843, pacte conclu entre trois chefs barbares qui assurément ne se préoccupèrent dans le partage que de leurs convenances personnelles, ne saurait être une base éternelle de droit national. Le mariage de Marie de Bourgogne[1] avec Maximilien ne saurait s'imposer à jamais à la volonté des peuples. Il est impossible d'admettre que l'humanité soit liée pour des siècles indéfinis par les mariages, les batailles, les traités des créatures bornées, ignorantes, égoïstes, qui au moyen âge tenaient la tête des affaires de ce bas monde. Ceux de vos historiens comme Ranke, Sybel, qui ne voient dans l'histoire que le tableau des ambitions princières et des intrigues diplomatiques, pour lesquels une province se résume en la dynastie, souvent étrangère, qui l'a possédée, sont aussi peu philosophes que la naïve école qui veut que la révolution française ait marqué une ère absolument nouvelle dans l'histoire. Un moyen terme entre ces extrêmes nous paraît seul pratique. Certes nous repoussons comme une erreur de fait fondamentale l'égalité des individus humains et l'égalité des races ; les parties élevées de l'humanité doivent dominer les parties basses ; la société humaine est un édifice à plusieurs étages, où doit régner la douceur, la bonté (l'homme y est tenu même envers les animaux), non l'égalité. Mais les nations européennes telles que les a faites l'histoire sont les pairs d'un grand sénat où chaque membre est

[1] 1477.

inviolable. L'Europe est une confédération d'États réunis par l'idée commune de la civilisation. L'individualité de chaque nation est constituée sans doute par la race, la langue, l'histoire, la religion, mais aussi par quelque chose de beaucoup plus tangible, par le consentement actuel, par la volonté qu'ont les différentes provinces d'un État de vivre ensemble. Avant la malheureuse annexion de Nice,[1] pas un canton de la France ne voulait se séparer de la France; cela suffisait pour qu'il y eût crime européen à démembrer la France, quoique la France ne soit une ni de langue ni de race. Au contraire, des parties de la Belgique et de la Suisse, et jusqu'à un certain point les îles de la Manche, quoique parlant français, ne désirent nullement appartenir à la France; cela suffit pour qu'il fût criminel de chercher à les y annexer par la force. L'Alsace est allemande de langue et de race; mais elle ne désire pas faire partie de l'État allemand; cela tranche la question. On parle du droit de la France, du droit de l'Allemagne. Ces abstractions nous touchent beaucoup moins que le droit qu'ont les Alsaciens, êtres vivants en chair et en os, de n'obéir qu'à un pouvoir consenti par eux.

Ne blâmez donc pas notre école libérale française de regarder comme une sorte de droit divin le droit qu'ont les populations de n'être pas transférées sans leur consentement. Pour ceux qui comme nous n'admettent plus le principe dynastique qui fait consister l'unité d'un État dans les droits personnels du souverain, il n'y a plus d'autre droit des gens que celui-là. De même qu'une nation légitimiste se fait hacher pour sa dynastie, de même nous sommes obligés de faire les derniers sacrifices pour que ceux qui étaient liés à nous par un pacte de vie et de mort ne souffrent pas violence. Nous n'admettons pas les cessions d'âmes; si les territoires à céder étaient déserts, rien de mieux; mais les hommes qui les habitent sont des créatures libres, et notre devoir est de les faire respecter.

Notre politique, c'est la politique du droit des nations; la vôtre, c'est la politique des races: nous croyons que la nôtre vaut mieux. La division trop accusée de l'humanité en races, outre qu'elle repose sur une erreur scientifique, très-peu de pays possèdant une

[1] Vide p. 19, n. 1.

race vraiment pure, ne peut mener qu'à des guerres d'extermination, à des guerres 'zoologiques', permettez-moi de le dire,
analogues à celles que les diverses espèces de rongeurs ou de car-
nassiers se livrent pour la vie. Ce serait la fin de ce mélange fécond,
composé d'éléments nombreux et tous nécessaires, qui s'appelle
l'humanité. Vous avez levé dans le monde le drapeau de la politique ethnographique et archéologique en place de la politique
libérale; cette politique vous sera fatale. La philologie comparée,
que vous avez créée et que vous avez transportée à tort sur le
terrain de la politique, vous jouera de mauvais tours. Les Slaves
s'y passionnent; chaque maître d'école slave est pour vous un
ennemi, un termite qui ruine votre maison. Comment pouvez-
vous croire que les Slaves ne vous feront pas ce que vous faites
aux autres, eux qui en toute chose marchent après vous, suivent
vos traces pas pour pas? Chaque affirmation du germanisme est
une affirmation du slavisme; chaque mouvement de concentration
de votre part est un mouvement qui 'précipite' le Slave, le dégage,
le fait être séparément. Un coup d'œil sur les affaires d'Autriche
montre cela avec évidence. Le Slave, dans cinquante ans, saura
que c'est vous qui avez fait son nom synonyme d'"esclave'; il
verra cette longue exploitation historique de sa race par la vôtre,
et le nombre des Slaves est double du vôtre, et le Slave, comme le
dragon de l'Apocalypse, dont la queue balaye la troisième partie
des étoiles, traînera un jour après lui le troupeau de l'Asie centrale, l'ancienne clientèle des Gengiskhan et des Tamerlan. Combien il eût mieux valu vous réserver pour ce jour-là l'appel à la
raison, à la moralité, à des amitiés de principes! Songez quel poids
pèsera dans la balance du monde le jour où la Bohême, la Moravie,
la Croatie, la Servie, toutes les populations slaves de l'empire
ottoman, sûrement destinées à l'affranchissement, races héroïques
encore, toutes militaires et qui n'ont besoin que d'être commandées, se grouperont autour de ce grand conglomérat moscovite,
qui englobe déjà dans une gangue slave tant d'éléments divers, et
qui paraît bien le noyau désigné de la future unité slave, de même
que la Macédoine, à peine grecque, le Piémont, à peine italien, la
Prusse, à peine allemande, ont été le centre de formation de
l'unité grecque, de l'unité italienne, de l'unité allemande. Et vous

êtes trop sages pour compter sur la reconnaissance que vous doit la Russie. Une des causes secrètes de la mauvaise humeur de la Prusse contre nous est de nous devoir une partie de sa culture. Une des blessures des Russes sera un jour d'avoir été civilisés par les Allemands. Ils le nieront, mais se l'avoueront tout en le niant, et ce souvenir les exaspérera. L'académie de Saint-Pétersbourg en voudra un jour autant à celle de Berlin, pour avoir été tout allemande, que celle de Berlin nous en veut, pour avoir été autrefois à moitié française. Notre siècle est le siècle du triomphe du serf sur son maître; le Slave a été et à quelques égards est encore votre serf.

Or, le jour de la conquête slave, nous vaudrons plus que vous, de même qu'Athènes sous l'empire romain eut un rôle brillant encore, tandis que Sparte n'en eut plus.

Défiez-vous donc de l'ethnographie, ou plutôt ne l'appliquez pas trop à la politique. Sous prétexte d'une étymologie germanique, vous prenez pour la Prusse tel village de Lorraine. Les noms de Vienne (*Vindobona*), de Worms (*Borbitomagus*), de Mayence (*Mogontiacum*) sont gaulois; nous ne vous réclamerons jamais ces villes; mais, si un jour les Slaves viennent revendiquer la Prusse proprement dite, la Poméranie, la Silésie, Berlin, par la raison que tous ces noms sont slaves, s'ils font sur l'Elbe et sur l'Oder ce que vous avez fait sur la Moselle, s'ils pointent sur la carte les villages obotrites ou vélatabes, qu'aurez-vous à dire? Nation n'est pas synonyme de race. La petite Suisse, si solidement bâtie, compte trois langues, trois ou quatre races, deux religions. Une nation est[1] une grande association séculaire (non pas éternelle) entre des provinces en partie congénères formant noyau, et autour desquelles se groupent d'autres provinces liées les unes aux autres par des intérêts communs ou par d'anciens faits acceptés et devenus des intérêts. L'Angleterre, qui est la plus parfaite des nations, est la plus mêlée, au point de vue de l'ethnographie et de l'histoire. Bretons purs, Bretons romanisés, Irlandais, Calédoniens, Anglo-Saxons, Danois, Normands purs, Normands francisés, tout s'y est confondu.

[1] Cf. Renan's admirable lecture entitled 'Qu'est-ce qu'une Nation.' Vide *Discours et Conférences* (1887).

Et j'ose dire qu'aucune nation n'aura tant à souffrir de cette fausse manière de raisonner que l'Allemagne. Vous savez mieux que moi que ce qui marqua le grand règne de la race germanique dans le monde, du ve au xie siècle, ce fut moins d'occuper à l'état de population compacte de vastes pays contigus que d'essaimer l'Europe et d'y introduire un nouveau principe d'autorité. Pendant que le germanisme était maître de tout l'Occident, la Germanie proprement dite avait peu de corps. Les Slaves venaient jusqu'à l'Elbe, le vieux fond gaulois persistait; si bien que l'empire germanique n'était en partie qu'une féodalité germanique régnant sur un fond slave et gaulois. Prenez garde, en ce siècle de la résurrection des morts, il pourrait se passer d'étranges choses. Si l'Allemagne s'abandonne à un sentiment trop exclusivement national, elle verra se retrécir d'autant la zone de son rayonnement moral. La Bohême, qui était à demi digérée par le germanisme, vous échappe, comme une proie déjà avalée par un serpent boa, qui ressusciterait dans l'œsophage du monstre et ferait des efforts désespérés pour en sortir. Je veux croire que la conscience slave est morte en Silésie; mais vous n'assimilerez pas Posen. Ces opérations veulent être enlevées d'emblée, pendant que le patient dort; s'il vient à se réveiller, on ne les reprend plus. Une suspicion universelle contre votre puissance d'assimilation, contre vos écoles, va se répandre. Un vaste effort pour écarter vos nationaux, que l'on envisagera comme les avants-coureurs de vos armées, sera pour longtemps à l'ordre du jour. L'infiltration silencieuse de vos émigrants dans les grandes villes, qui était devenue un des faits sociaux les plus importants et les plus bienfaisants de notre siècle, va être bien diminuée. L'Allemand, ayant dévoilé ses appétits conquérants, ne s'avancera plus qu'en conquérant. Sous l'extérieur le plus pacifique, on verra un ennemi cherchant à s'impatroniser chez autrui. Croyez-moi, ce que vous avez perdu est faiblement compensé par les cinq milliards[1] que vous avez gagnés.

Chacun doit se défier de ce qu'il y a d'exclusif et d'absolu dans son esprit. Ne nous imaginons jamais avoir tellement raison que

[1] I.e. The war indemnity which France paid under the Treaty of Frankfort, 1871.

nos adversaires aient complètement tort. Le Père céleste fait lever son soleil avec une bienveillance égale sur les spectacles les plus divers. Ce que nous croyons mauvais est souvent utile et nécessaire. Pour moi, je m'irriterais d'un monde où tous mèneraient le même genre de vie que moi. Comme vous, je me suis imposé, en qualité d'ancien clerc, d'observer strictement la règle des mœurs; mais je serais désolé qu'il n'y eût pas des gens du monde pour représenter une vie plus libre. Je ne suis pas riche; mais je ne pourrais guère vivre dans une société où il n'y aurait pas de gens riches. Je ne suis pas catholique; mais je suis bien aise qu'il y ait des catholiques, des sœurs de charité, des curés de campagne, des carmélites, et il dépendrait de moi de supprimer tout cela que je ne le ferais pas. De même, vous autres Allemands, supportez ce qui ne vous ressemble pas; si tout le monde était fait à votre image, le monde serait peut-être un peu morne et ennuyeux; vos femmes elles-mêmes supportent avec peine cette austérité trop virile. Cet univers est un spectacle qu'un dieu se donne à lui-même. Servons les intentions du grand chorège en contribuant à rendre le spectacle aussi brillant, aussi varié que possible.

Votre race germanique a toujours l'air de croire à la Walhalla; mais la Walhalla ne sera jamais le royaume de Dieu. Avec cet éclat militaire, l'Allemagne risque de manquer sa vraie vocation. Reprenons tous ensemble les grands et vrais problèmes, les problèmes sociaux, qui se résument ainsi: trouver une organisation rationnelle et aussi juste que possible de l'humanité. Ces problèmes ont été posés par la France en 1789 et en 1848; mais en général celui qui pose les problèmes n'est pas celui qui les résout. La France les attaqua d'une façon trop simple; elle crut avoir trouvé une issue par la démocratie pure, par le suffrage universel et par des rêves d'organisation communiste du travail.[1] Les deux tentatives ont échoué, et ce double échec a été la cause de réactions fâcheuses, pour lesquelles il convient d'être indulgent, si l'on songe que l'initiative en pareille matière a bien quelque mérite. Attaquez à votre tour ces problèmes. Créez à l'homme en dehors de

[1] Presumably allusion to the ideas of Louis Blanc (1812–82) to be found in his pamphlet *l'Organisation du Travail* (1840).

l'État et par delà la famille une association qui l'élève, le soutienne, le corrige, l'assiste, le rende heureux, ce que fut l'Église et ce qu'elle n'est plus. Réformez l'Église, ou substituez-y quelque chose. L'excès du patriotisme nuit à ces œuvres universelles dont la base est le mot de saint Paul: *Non est Judæus neque Græcus.* C'est justement parce que vos grands hommes d'il y a quatre-vingts ans n'étaient pas trop patriotes qu'ils ouvrirent cette large voie, où nous sommes leurs disciples. Je crains que votre généra-tion ultra-patriotique, en repoussant tout ce qui n'est pas ger-manique pur, ne se prépare un auditoire beaucoup plus restreint. Jésus et les fondateurs du christianisme n'étaient pas des Alle-mands. Saint-Boniface, les Irlandais qui vous ont appris à écrire du temps des Carlovingiens, les Italiens, qui ont été deux ou trois fois nos maîtres à tous, n'étaient pas des Allemands. Votre Gœthe reconnaissait devoir quelque chose à cette France 'corrompue' de Voltaire, de Diderot. Laissons ces fanatismes étroits aux régions inférieures de l'opinion. Permettez-moi de vous le dire: vous avez déchu. Vous avez été plus étroitement patriotes que nous. Chez nous, quelques hommes supérieurs ont trouvé dans leur philosophie le calme et l'impartialité; chez vous, je ne connais personne, en dehors du parti démocratique, qui n'ait été ébranlé dans la froideur de ses jugements, qui n'ait été une fois injuste, qui n'ait recommandé de faire dans l'ordre des relations nationales ce qui eût été une honte selon les principes de la morale privée.

Mais je m'arrête; on est aujourd'hui trop naïf à parler de modération, de justice, de fraternité, de la reconnaissance et des égards que les peuples se doivent entre eux. La conduite que vous allez être forcés de tenir dans les provinces annexées malgré elles achèvera de vous démoraliser. Vous allez être obligés de donner un démenti à tous vos principes, de traiter en criminels des hommes que vous devrez estimer, des hommes qui n'auront fait autre chose que ce que vous fîtes si noblement après Iéna; toutes les idées morales vont être perverties. Notre système d'équilibre et d'amphictyonie[1] européenne va être renvoyé au pays des chimères; nos thèses libérales vont devenir un jargon

[1] Vide p. 98, n. 1.

vieilli. Par le fait des hommes d'État prussiens, la France d'ici longtemps n'aura plus qu'un objectif: reconquérir les provinces perdues. Attiser la haine toujours croissante des Slaves[1] contre les Allemands, favoriser le panslavisme, servir sans réserve toutes les ambitions russes, faire miroiter aux yeux du parti catholique répandu partout le rétablissement du pape à Rome; à l'intérieur, s'abandonner au parti légitimiste et clérical de l'Ouest, qui seul possède un fanatisme intense, voilà la politique que commande une telle situation. C'est justement l'inverse de ce que nous avions rêvé. On ne sert pas tour à tour deux causes opposées: ce n'est pas nous qui conseillerons la destruction de ce que nous avons aimé, qui donnerons un plan pour trafiquer habilement de la question romaine, qui deviendrons russes et papistes, qui recommanderons la défiance et la malveillance envers les étrangers; mais que voulez-vous! nous serions coupables, d'un autre côté, si nous cherchions, en conseillant encore des poursuites généreuses et désintéressées, à empêcher le pays d'écouter la voix de deux millions de Français qui réclament l'aide de leur ancienne patrie.

La France est en train de dire comme votre Herwegh:[2] 'Assez d'amour comme cela; essayons maintenant de la haine.' Je ne la suivrai pas dans cette expérience nouvelle, où l'on peut, au reste, douter qu'elle réussisse; la résolution que la France tient le moins est celle de haïr. En tout cas, la vie est trop courte pour qu'il soit sage de perdre son temps et d'user sa force à un jeu si misérable. J'ai travaillé dans mon humble sphère à l'amitié de la France et de l'Allemagne; si c'est maintenant 'le temps de cesser les baisers', comme dit l'Ecclésiaste, je me retire. Je ne conseillerai pas la haine, après avoir conseillé l'amour; je me tairai. Âpre et orgueilleuse est cette vertu germanique, qui nous punit, comme Prométhée, de nos téméraires essais, de notre folle 'philanthropie'. Mais nous pouvons dire avec le grand vaincu: 'Jupiter, malgré tout son orgueil, ferait bien d'être humble. Maintenant, puisqu'il est vainqueur, qu'il trône à son aise, se fiant au bruit de son tonnerre et secouant dans sa main son dard au souffle de feu. Tout cela ne

[1] Vide p. 112, n. 1.
[2] Georg Herwegh, minor poet (1817-75).

le préservera pas un jour de tomber ignominieusement d'une chute horrible. Je le vois se créer lui-même son ennemi, monstre très-difficile à combattre, qui trouvera une flamme supérieure à la foudre, un bruit supérieur au tonnerre. Vaincu alors, il comprendra par son expérience combien il est différent de régner ou de servir.'

Croyez, monsieur et illustre maître, à mes sentiments les plus élevés.

DE LA CONVOCATION D'UNE
ASSEMBLÉE PENDANT LE SIÈGE

Profondément convaincu de ce principe qu'une force organisée et disciplinée l'emporte toujours sur une force non organisée et indisciplinée, je n'eus jamais d'espoir dans les efforts tentés pour continuer la lutte après le 4 septembre. Au mois de novembre, j'insérai dans le *Journal des Débats* les trois articles que voici :

PREMIER ARTICLE.—10 NOVEMBRE 1870

L'étrange situation où nous sommes a cela de particulier que la volonté de la France est devenue tout à fait obscure, et que l'unité même de la conscience française est gravement mise en péril. Le gouvernement de la défense nationale, sorti d'une révolution qui, comme la plupart des révolutions et des coups d'État, fut une erreur politique, n'a jamais été, à beaucoup près, aussi pleinement accepté que les gouvernements issus des révolutions de 1830 et de 1848. Les portions conservatrices du pays n'y ont adhéré qu'à demi ; les partis dits avancés l'ont à peine reconnu ; l'Ouest, le Midi ont montré un esprit d'indépendance qui n'a surpris que les observateurs inattentifs ; à l'heure qu'il est, Lyon, Marseille, Bordeaux[1] sont des communes révolutionnaires, admettant à peine avec le gouvernement de Paris un lien fédéral. Cela devait être. Composé uniquement de membres de la députation parisienne et de personnes appartenant au parti républicain, le gouvernement de la défense nationale ne pouvait avoir la prétention d'être la large expression de la France entière ; il aurait fallu pour cela que, dès son premier jour, il eût admis parmi ses membres des députés de province et qu'il eût groupé autour de lui les hommes éminents de tous les partis. Ce gouvernement, qui, malgré le défaut de son origine, compte dans son sein tant de personnes sages, courageuses et dignes d'estime, avoue, du reste, son vice

---

[1] Vide p. 61, n. 4.

fondamental avec une franchise qui l'honore: 'Le lendemain du jour où le gouvernement impérial s'est abîmé, les hommes que la nécessité a investis du pouvoir ont proposé la paix, et, pour en régler les conditions, ils ont proposé une trêve indispensable à la constitution d'une représentation nationale. Désireux avant tout de s'effacer devant les mandataires du pays et d'arriver par eux à une paix honorable, ils ont voulu que la France pût réunir ses députés pour délibérer sur la paix; ils ont cherché les combinaisons pouvant permettre à la France d'exprimer sa volonté.'

Ainsi parle avec une haute raison M. Jules Favre. Ajoutons que ce gouvernement, si partiel, si incomplètement accepté, a le pire défaut que puisse avoir un gouvernement: il ne communique pas avec les pays qu'il gouverne. La fausse situation du pouvoir établi à l'hôtel de ville se montre ici dans tout son jour. Dominé par les nécessités de son origine toute parisienne, il n'a pas osé quitter Paris au moment de l'investissement, ainsi que la logique l'aurait voulu. Il est tout à fait contre nature que le gouvernement central d'un grand pays soit assiégé. Trop sensé pour ne pas voir ce qu'une telle situation avait de faible, le gouvernement de la défense nationale a tâché avec beaucoup de bonne foi de procurer la réunion d'une assemblée investie des pleins pouvoirs du pays.

Une idée paraît avoir préoccupé le gouvernement et une partie du public, c'est que, pour la réunion d'une telle assemblée, un armistice était nécessaire. De là ces tentatives de Ferrières,[1] noblement conçues et noblement racontées; de là ces essais des puissances neutres provoqués et secondés avec tant de patriotisme et d'élévation d'âme par M. Thiers.[2] Toute espérance de voir conclure un pareil arrangement semble perdue; mais il est permis de se demander si l'on ne s'était pas exagéré la nécessité de la convention militaire qu'on a poursuivie avec tant de suite et d'insistance. Fallait-il réellement, pour réunir une assemblée nationale, la permission de l'ennemi? N'y avait-il pas, au contraire, quelque chose de profondément inconstitutionnel, quelque chose de très-

[1] On 19 and 20 September 1870 Jules Favre had conferences with William I and Bismarck in view of an armistice, but the Conversations were fruitless.
[2] Vide p. 83, n. 1.

humiliant et qui même viciait le fond de l'acte électoral, à exécuter l'opération essentielle de la vie politique de la nation grâce à une cédule délivrée par l'ennemi et sous sa surveillance? Les difficultés soulevées par la Prusse à propos du vote en certaines portions du territoire envahi, qu'elle prétend garder après la paix, avaient quelque chose d'assez conséquent. Il n'est pas naturel qu'un acte de haute hostilité contre la Prusse s'accomplisse sous les yeux d'une sentinelle prussienne. C'est malgré la Prusse et non avec l'agrément de la Prusse que l'Alsace et la Lorraine doivent choisir leurs délégués. Ce choix sera sans aucun doute une protestation contre les projets hautement annoncés par le parti allemand exalté; une telle protestation n'aurait pas toute sa force si elle avait lieu par suite d'une concession gracieuse de l'ennemi.

Un formalisme méticuleux a pu seul nous faire croire qu'une très-sérieuse représentation de la volonté nationale ne pouvait se faire sans que l'ennemi s'y prêtât. L'histoire nous montre au contraire les vrais représentants d'un esprit national naissant sous la pression de l'ennemi. Assurément, pour que les opérations électorales pussent avoir lieu avec les formalités ordinaires, il faudrait que, dans les parties envahies du territoire, le gouvernement prussien y consentît. Ces formalités ont quelque chose de solennel; un acte public de haute liberté et même de souveraineté ne saurait être accompli en présence de l'ennemi. Mais, dans un moment de suprême nécessité, les formes peuvent être simplifiées. Il faut songer que les trois quarts de la France n'ont pas été atteints par les armées allemandes. Dans ces régions, les élections pourraient se faire selon les règles accoutumées. Dans les départements envahis même, un grand nombre de communes pourraient procéder à des scrutins réguliers. Restent les pays écrasés par les armées étrangères et où tout acte de vie politique est impossible. Dans ces pays, l'opinion publique devrait se faire jour d'une façon irrégulière, mais qui n'en serait peut-être que plus sincère, surtout si l'opération se faisait trés-rapidement. Il n'est pas admissible que la France se prive d'une fonction essentielle de sa vie nationale, parce qu'elle ne peut l'accomplir avec l'appareil ordinaire et d'une manière uniforme dans toutes les parties du territoire.

La difficulté serait grande si l'on voulait former de la sorte une assemblée de sept ou huit cents membres au scrutin de liste.[1] Une telle élection exigerait un état calme, un pays libre. L'ennemi nous accordât-il toutes les facilités possibles, le gouvernement prussien voulût-il bien s'interdire toute ingérence dans les opérations de scrutin, on peut trouver qu'une élection ainsi accomplie serait sans dignité et sans légitimité. Mais ce n'est pas une assemblée nombreuse qu'il nous faut à l'heure présente; ce qu'il nous faut, c'est une délégation exécutive des départements, délégation rapidement formée et promptement rassemblée à Tours ou dans une ville derrière la Loire. Ce qu'il faut, c'est que chaque département, dans huit ou dix jours, ait fait choix d'un délégué muni de ses pleins pouvoirs. Ces délégués, joints aux membres de la fraction du gouvernement résidant à Tours, formeraient une réunion d'une centaine de personnes. Cette réunion se mettrait en rapport, autant qu'il serait possible, avec le gouvernement de Paris; elle serait investie de tous les droits de la souveraineté nationale; elle déciderait de la continuation de la guerre ou de la conclusion de la paix. En recevant ses ordres et en les exécutant, nous aurions la certitude d'accomplir un devoir et de nous conformer à la volonté de la France, soit qu'elle nous commandât de nous imposer de nouveaux sacrifices, soit qu'elle nous enjoignît de subir pour elle une cruelle humiliation.

Si l'heure de la paix est venue, un tel gouvernement pourrait la conclure. Nous doutons que le gouvernement de Paris le puisse. On porte toujours les attaches de son point de départ. Un gouvernement qui doit compter sans cesse avec les journaux et les clubs,[2] un gouvernement fondé sur la popularité et obligé de ménager les erreurs qu'impliquent presque toujours les opinions tranchées, ne peut manquer de faire des fautes. Le gouvernement de la défense nationale a su traverser des moments fort difficiles; mais il n'a pu se défendre d'afficher un programme conforme à ce ton d'assurance, de fierté, de déclamation qu'aime le peuple. Il a dit imprudemment: 'Pas un pouce de notre territoire, pas une pierre de nos forteresses.' Or de très-bons patriotes, qui ne consentiraient jamais à condamner des millions de Français à un sort

[1] Vide p. 58, n. 2.   [2] Vide p. 61, n. 2.

qui leur répugne, peuvent accepter un système de neutralisation
où le droit des populations soit suffisamment garanti. Le gouvernement de la défense nationale, en outre, a fait comme tous les
gouvernements mis en présence d'une grande fièvre populaire :
le plus innocemment du monde, il a contribué à nourrir des
illusions ; il a pactisé avec certaines erreurs du public. Aujour-
d'hui, cela lui coupe à peu près la retraite. Nous doutons qu'il
puisse être le gouvernement de la paix. Le péché originel de toute
institution démocratique, ce sont les sacrifices qu'on est obligé
de faire à l'esprit superficiel de la foule. Comment détruire des
espérances qu'on a entretenues, déclarer sans issue une situation
qu'on a laissé croire brillante ou assez bonne ? Ajoutons qu'un
gouvernement qui ne représente que très-imparfaitement la
France, un gouvernement assiégé et dont les communications
sont coupées avec le pays, ne peut guère traiter pour le pays. Si
Paris doit se rendre, il faut que la capitulation lui soit commandée.
Si la guerre doit être continuée, il est plus nécessaire encore que
nous sachions si la prolongation de la lutte est voulue par le pays
entier, et si nous ne lui imposons pas une épreuve au-dessus de
ses forces.

On arrive ainsi par toutes les voies à reconnaître la nécessité de
constituer une délégation provinciale, dépositaire de la souveraineté de la France, et qui puisse être réunie sans qu'on ait à
demander aucune permission à l'ennemi. Il est fâcheux que cette
délégation ne se soit pas formée spontanément. Si la France avait
eu des états provinciaux ou des conseils généraux sérieux et
capables de grande politique qui eussent constitué cette délégation, combien nous serions près du salut ! Un scrutin rapide, et,
partout où le scrutin n'est pas possible, une interprétation sagace
de l'opinion publique, faite par les citoyens les plus estimés et
les plus éclairés, voilà la planche de salut. Le noyau de la délégation, une fois formé par les élus des scrutins réguliers, jugerait
les nominations moins régulières et au besoin y suppléerait.
L'impartialité serait facile dans les terribles circonstances où
nous sommes, surtout si l'on songe qu'une telle délégation aurait
un caractère essentiellement temporaire, qu'elle ne traiterait
aucune question de politique engageant l'avenir, que ses pouvoirs

cesseraient au moment de l'évacuation du territoire, par la nomination régulière d'une constituante.

L'unité de la France est menacée; la tête, le cœur ne renvoient plus, ne reçoivent plus la vie. Défendons de toutes nos forces cette grande conscience française qui a été un si bel instrument de civilisation, et qui menace de s'éteindre. Défendons-la par une résistance énergique qui, même vaincue, sera notre sauvegarde dans l'avenir; défendons-la aussi en maintenant l'entente et la solidarité des parties de la nation. Que le gouvernement invite par un décret chaque département à faire sa délégation dans le plus bref délai, qu'il indique le lieu de la réunion, et la France aura une représentation centrale sans avoir la honte de la devoir à une concession de l'ennemi. Ajoutons que peut-être elle n'en aura jamais eu de meilleure. Le mandat sera trop triste pour que personne ait le courage de le briguer; les circonstances sont trop solennelles pour laisser une place aux petites intrigues et aux chétives récriminations.

DEUXIÈME ARTICLE.—13 NOVEMBRE

En insistant sur la nécessité d'organiser le plus tôt possible une représentation du pays, nous n'avons pas prétendu indiquer en détail les voies et moyens de la constituer. Nous croyons une telle opération difficile; nous ne la croyons pas impossible; nous nous fions à la sagesse du gouvernement de la défense nationale pour le choix des meilleures manières d'y procéder. Deux points seulement sont arrêtés dans notre esprit: le premier, auquel nous tenons absolument, c'est qu'une assemblée est indispensable pour sauver la nation; le second, de bien moindre importance, c'est que l'assemblée réunie[1] pour continuer la guerre ou faire la paix doit être distincte de l'assemblée constituante qui réglera nos futures destinées politiques. Une constituante ne peut être nommée qu'en un temps de calme relatif, après de mûres discussions, par des scrutins uniformes et strictement contrôlés. Un pareil acte électoral nous paraît impraticable durant la crise que nous traversons; les pays envahis n'y pourraient prendre part, à moins d'une convention avec les Prussiens, dont il vaut mieux se passer. Une constituante est, d'après les idées françaises (en ceci du reste fort critiquables) une assemblée nombreuse. Peut-être une assemblée nombreuse remplirait-elle assez mal le mandat douloureux et terrible dont il s'agit à l'heure où nous sommes. Enfin une constituante est une assemblé eessentiellement politique. Dans celle qui décidera de notre avenir, les partis peuvent être profondément divisés. Au contraire, l'assemblée qu'il faut élire en ce moment devra être placée au-dessus de toutes les divisions de partis; elle devra presque les ignorer; elle ne songera qu'à une seule chose, tirer la France de l'horrible situation où l'ont plongée quelques erreurs fondamentales et persistantes en fait de philo-sophie politique. Les personnes qui veulent la réunion immédiate d'une assemblée constituante s'inquiètent avec raison des réunions électorales, des professions de foi, de la confection des listes, de la libre circulation des candidats, des élus. Tout cela ne saurait se faire sans une convention avec l'ennemi. Pour nous, qui con-cevons la possibilité de l'élection sans aucune permission deman-dée à l'autorité prussienne, nous imaginons la désignation rapide des délégués comme ayant lieu sans candidatures régulières. Chaque département vote dès qu'il est informé; l'élu, sitôt nommé, se dirige vers Tours; les premiers arrivés se réunissent, se consti-tuent; les nouveaux arrivants se joignent à eux. Il y aura des lacunes, des départements tardivement représentés; n'importe. Tel département n'aura pu faire de scrutin régulier; mais on aura des données sur les préférences de l'opinion publique; cela peut suffire. Dans quelques départements, aucune désignation, même sommaire, n'aura pu se produire; alors le noyau de l'Assemblée déjà formé à Tours donnera pour représentants à ces départe-ments d'anciens députés, des hommes connus pour y être uni-versellement estimés et pour en représenter l'esprit. Qu' importent leurs opinions antérieures, puisqu'il s'agit en ce moment d'un acte patriotique en dehors de toutes les opinions?

C'est là, dira-t-on, une assemblée de notables, quelque chose d'aristocratique, de peu conforme à notre jalouse et soupçon-neuse démocratie. Il est vrai; mais faisons trêve pour un moment à ces mesquines préoccupations. Quand nous serons sortis de l'abîme, nous reprendrons ces questions; maintenant, sauvons-nous. Un pays ne se sauve que par des actes de foi et de confiance en l'intelligence et en la vertu de quelques citoyens. Laissez le petit nombre des vrais aristocrates qui existe encore vous tirer de la détresse où vous êtes; puis vous vous vengerez d'eux en les excluant de vos chambres, de vos conseils électifs. Il faut, au moment présent, des hommes d'élite par l'esprit et le cœur. Ces hommes ne réclament de privilège qu'au moment du péril; qu'on souffre ce privilège-là. La réunion qu'il s'agit de former aura pour mission de traiter avec un gouvernement essentiellement aristocratique, qui admet hautement la valeur de la supériorité de naissance et de la supériorité du savoir; acceptez pour un moment l'esprit de votre adversaire; vous prendrez ensuite votre revanche à loisir.

Certes, il vaudrait mieux que la France trouvât dans ses institutions antérieures la désignation de cette chambre improvisée et intérimaire. On n'a jamais vu plus clairement que ces jours-ci le vide terrible que laisse en un pays le manque d'institutions provinciales et d'une réelle aristocratie locale. Que n'avons-nous depuis longtemps de sérieux conseils généraux! Si dans quelques départements ces conseils sont réunis et qu'ils veuillent prendre sur eux de choisir un délégué qui paraisse adopté par l'opinion publique, il faut accueillir ce délégué avec empressement. Si, comme on le dit, quelques départements sont en train de faire leurs élections sans avoir attendu l'invitation officielle, tant mieux: ces départements-là sont probablement les plus avancés de la France sous le rapport de l'esprit politique. Toutes les expressions promptes et sincères de l'opinion, qu'on les accueille vite, qu'on les groupe. Pas de minutieuses formalités, pas de petitesses d'amour-propre. Le plus indigne de faire partie d'une telle assemblée serait celui qui s'y porterait candidat. Candidat, grand Dieu! à une mission de larmes et de deuil!...

Comment feront les députés de Paris[1] pour se rendre à cette assemblée? je n'en sais rien; ils n'y sont pas absolument néces-

---

[1] On 7 October Gambetta had left Paris by balloon. His objective was Tours, there to direct the National Defence Delegation. In fact he came down in the forest of Épineuse, near Amiens! (Vide Bury, *Gambetta and the National Defence*, chap. VIII.)

saires. Paris sera représenté par la délégation du gouvernement de la défense nationale qui est à Tours, par ceux des autres membres du gouvernement qui pourront s'y rendre, par M. Thiers, député de Paris, qui est le président naturel de l'assemblée. Loin d'exclure d'une telle assemblée souveraine les membres actuels du gouvernement de la défense nationale, je les envisage tous comme en étant membres par le fait même du pouvoir qu'ils exercent avec tant de patriotisme, et que nul ne songe à leur enlever. L'assemblée nouvelle ne serait qu'un élargissement du gouvernement de la défense nationale, une adjonction faite par le pays à ce gouvernement pour l'aider à accomplir la tâche redoutable qui pèse sur lui.

Comment expédier de Paris le décret de convocation et les instructions nécessaires pour l'acte qu'il s'agit d'accomplir? Si les communications, qui, jusqu'à ces derniers temps, ont permis des relations irrégulières mais pourtant assez suivies avec la province, sont insuffisantes ou interrompues, il faudrait, sans relever la question de l'armistice, obtenir, directement ou par l'intermédiaire des puissances neutres, que les Prussiens laissent passer le décret, et avec lui, s'il se peut, un membre du gouvernement de Paris. Les Prussiens ont autant d'intérêt que nous à ce qu'il y ait quelque part un gouvernement muni des pleins pouvoirs de la France. En laissant passer le message et l'envoyé du gouvernement de Paris, ils n'écouteraient que leur propre intérêt et ne nous accorderaient aucune faveur.

L'essentiel est, d'une part, de ne point s'arrêter aux considérations d'un pédantisme exagéré en fait de régularité; de l'autre, d'oublier toutes les divisions de partis. Sur ce dernier point, le parti légitimiste et clérical de l'Ouest nous a donné un bel exemple. Il doit avoir peu de sympathie pour le gouvernement sorti de la révolution du 4 septembre, et pourtant il a pris bravement les armes; il sert ce gouvernement pour son objet essentiel, qui est la défense nationale. Toutes les fractions du parti républicain n'ont pas montré la même abnégation. On se divisera plus tard; il ne faut pas que dans l'assemblée qui doit d'abord se réunir il y ait une trace de distinction entre les royalistes, les impérialistes, les cléricaux et les républicains.

Nous ne savons ce qu'il peut y avoir de fondé dans le bruit répandu par quelques journaux d'une proposition ayant pour objet de soumettre au pays sous forme de plébiscite les conditions de paix offertes par le vainqueur. Ce bruit ne saurait être exact dans la forme où on l'a fait circuler, mais quelque idée de ce genre peut en effet se présenter à l'esprit de nos ennemis. Rien ne serait plus perfide; jamais on n'aurait fait une plus cruelle application de ce dangereux principe du plébiscite, dont on peut tirer un jour de si funestes conséquences. S'il est un acte qu'une nation ne puisse faire que par délégation, c'est un acte diplomatique, un traité de paix. Des milliers d'électeurs ne savent pas lire; des millions ne savent pas un mot de géographie. Il n'y a pas de cession qu'un ennemi vainqueur ne pût se faire octroyer, s'il mettait le paysan ruiné entre la paix et l'abandon d'une province éloignée dont l'illettré sait à peine le nom. Ce n'est pas là, espérons-le, un péril immédiat; mais le moyen d'écarter tout à fait un coup de ce genre, c'est de convoquer une assemblée d'hommes éclairés, patriotes, courageux, en qui vivent réellement l'âme, l'esprit de la France, les souvenirs de son passé. Sans cela, il y aura toujours à craindre que l'ennemi n'exploite à son profit le besoin de paix, légitime à quelques égards, qui se fait jour dans le pays, et ne présente directement à la province effrayée les conditions qu'il accusera le gouvernement de Paris d'avoir refusées. Fussent-elles en réalité inacceptables pour tout bon patriote, la foule les subira, si entre elle et le tentateur ne se trouve le jugement froid d'une réunion d'hommes éclairés, choisis récemment par le pays, désireux sans doute de la paix, mais capables de distinguer les conditions acceptables de celles qui ne le sont pas. Donnons au pays le moyen de conclure une paix honorable, de peur que le pays, consulté directement par l'ennemi, ne fasse une paix ruineuse sans nous.

TROISIÈME ARTICLE.—28 NOVEMBRE

Il y a trois semaines, nous disions ici que le gouvernement de la défense nationale se donnerait beaucoup de force pour l'accomplissement de sa mission en provoquant la reunion d'une assemblée susceptible d'être considérée comme une représentation de la France entière. Il est clair que la réunion d'une telle assemblée eût été bien plus facile, si l'armistice proposé[1] par les puissances neutres avait été conclu. Cet armistice ayant échoué, nous avons cru pouvoir soutenir que, même dans la situation créée par la non-réussite de la proposition des neutres, la formation d'une assemblée était encore fort désirable, et que, tout en étant difficile, elle n'était pas absolument impossible.

La plupart des objections qu'on a faites contre notre sentiment reposent sur des malentendus. Ces objections seraient décisives contre la réunion d'une assemblée constituante; l'élection d'une constituante, en effet, suppose du calme, de la liberté, des discussions préalables. Aussi avons-nous toujours soigneusement maintenu que l'assemblée dont la France a besoin en ce moment doit être distincte de celle qui fixera l'avenir politique du pays. Notre motif pour désirer cette distinction est bien simple. La constituante qui sera chargée un jour de donner un gouvernement à la France sera profondément divisée; les opinions contraires s'y dessineront avec force; les républicains, les légitimistes, les orléanistes, les bonapartistes, les cléricaux s'y livreront d'ardents combats;[2] il faudra qu'avant l'élection toutes ces opinions s'expriment nettement en des programmes, des affiches, des professions de foi, des réunions publiques. Or, à l'heure présente, nous sommes perdus si de telles divisions se font jour. Il faut qu'aujourd'hui tous les partis marchent ensemble, oublient en quelque sorte leur propre existence. Le salut est à ce prix.

Ce que nous avons dit il y a trois semaines, nous le croyons encore. Nous cesserons cependant de revenir sur le vœu que nous avons exprimé. La situation est changée; nous sommes à la veille de grandes actions décisives;[3] attendons et espérons. En insistant davantage, nous aurions l'air de jouer un rôle d'opposition qui est aussi loin que possible de notre pensée dans un moment aussi solennel. Le gouvernement de la défense nationale aurait tort

[1] Vide p. 83, n. 1.
[2] A most accurate forecaste. Vide p. 50, n. 2.
[3] Allusion, presumably, to the efforts of the armies in the Provinces to converge on the capital and to the 'sortie' of 30 November–2 December in the direction of Villiers and Champigny.

de regarder comme ses ennemis les hommes qui, sans avoir pris aucune part à la journée du 4 septembre, ont voté chaleureusement pour le pouvoir nouveau lors du plébiscite du 3 novembre;[1] continuent de l'envisager comme représentant le principe de l'unité nationale, mais en même temps usent envers lui de l'honnête indépendance d'appréciation dont ils ne se sont jamais départis sous des régimes qui n'avaient pas pour premier principe la liberté de discussion. Peut-être même ce gouvernement a-t-il en nous, surtout depuis le 3 novembre, des soutiens plus fidèles que dans les personnes qui l'ont créé tumultuairement, et dont plusieurs voulaient quelques jours après le renverser.

C'est avec peine que nous avons vu le parti démocratique, dans le sein duquel il y a souvent, à côté d'éléments moins purs, beaucoup de patriotisme et de chaleur d'âme, se méprendre sur notre pensée. Comme tous les bons citoyens, nous cherchons, sans aucune prétention à l'infaillibilité, les moyens d'aider notre pauvre patrie à sortir de l'abîme où on l'a plongée. Le parti démocratique a tort de croire que les procédés d'un jacobinisme superficiel suffisent pour cela. Ce parti, dont il ne faut pas songer à se passer, mais qui ne peut régler à lui seul les destinées de la nation, commettrait une faute capitale s'il prétendait gouverner la France sans l'assentiment de la province. C'est un cercle vicieux de premier ordre que de prétendre s'imposer à la majorité d'un pays, quand on a pour principe le suffrage universel. Il est fâcheux aussi que les organes les plus accrédités de ce parti ne prennent pas assez le soin d'examiner les raisons qu'on leur propose, et soient trop portés à voir des ennemis en ceux qui ne partagent pas toutes leurs opinions. Évitons ce qui divise. Nous entrons dans une période de fortes épreuves; la froideur du jugement est nécessaire en de telles circonstances; que tous s'efforcent de n'écouter que la raison et le sentiment du devoir.

---

[1] In order to strengthen its hands against revolutionary elements which, under Blanqui, had staged a revolt in the capital in October, the Government of National Defence organized a plebiscite in Paris, the result of which, published on 5 November, was a big majority in its favour.

MONARCHIE CONSTITUTIONNELLE
EN FRANCE*

L'histoire n'est ni une géométrie inflexible ni une simple succession d'incidents fortuits. Si l'histoire était dominée d'une manière absolue par la nécessité, on pourrait tout prévoir ; si elle était un simple jeu de la passion et de la fortune, on ne pourrait rien prévoir. Or la vérité est que les choses humaines, bien qu'elles déjouent souvent les conjectures des esprits les plus sagaces, prêtent néanmoins au calcul. Les faits accomplis contiennent, si on sait distinguer l'essentiel de l'accessoire, les lignes générales de l'avenir. La part de l'accident est limitée. 'Le petit grain de sable qui se mit dans l'urètre de Cromwell'[1] fut, au XVIIe siècle, un événement capital ; cependant la philosophie de l'histoire d'Angleterre est indépendante d'un pareil détail. Santé ou maladie, bonne ou mauvaise humeur des princes, brouilles ou raccommodements des personnages considérables, intrigues diplomatiques, chances diverses de la guerre, le plus grand génie ne sert de rien pour deviner tout cela ; ces sortes de choses se passent dans un monde où le raisonnement n'a aucune application ; le valet de chambre d'un souverain pourrait, en fait de nouvelles importantes, redresser les idées du meilleur esprit ; mais ces accidents, impossibles à prévoir et à déterminer *a priori*, s'effacent dans l'ensemble. Le passé nous montre un dessein suivi, où tout se tient et s'explique ; l'avenir jugera notre temps comme nous jugeons le passé, et verra des conséquences rigoureuses où nous sommes souvent tentés de ne voir que des volontés individuelles et des rencontres du hasard.

C'est dans cet esprit que nous voudrions proposer quelques observations sur les graves événements accomplis en cette année 1869. La philosophie que nous porterons dans cet examen n'est pas celle de l'indifférence. Nous ne nous exagérons pas la part de la réflexion dans la conduite des choses humaines ; nous ne

---

* *Revue des Deux Mondes*, 1er novembre 1869.

[1] Vide Pascal, *Pensées*.

croyons pas cependant que le temps soit déjà venu de déserter la vie publique et d'abandonner les affaires de ce monde à l'intrigue et à la violence. Un reproche peut toujours être adressé à celui qui critique les affaires de son siècle sans avoir consenti à s'en mêler; mais celui qui a fait ce qu'un honnête homme peut faire, celui qui a dit ce qu'il pense sans souci de plaire ou de déplaire à personne, celui-là peut avoir la conscience merveilleusement à l'aise. Nous ne devons pas à notre patrie de trahir pour elle la vérité, de manquer pour elle de goût et de tact; nous ne lui devons pas de suivre ses caprices ni de nous convertir à la thèse qui réussit; nous lui devons de dire bien exactement, et sans le sacrifice d'une nuance, ce que nous croyons être la vérité.

I

La révolution française est un événement si extraordinaire, que c'est par elle qu'il faut ouvrir toute série de considérations sur les affaires de notre temps. Rien d'important n'arrive en France qui ne soit la conséquence directe de ce fait capital, lequel a changé profondément les conditions de la vie dans notre pays. Comme tout ce qui est grand, héroïque, téméraire, comme tout ce qui dépasse la commune mesure des forces humaines, la révolution française sera durant des siècles le sujet dont le monde s'entretiendra, sur lequel on se divisera, qui servira de prétexte pour s'aimer et se haïr, qui fournira des sujets de drames et de romans. En un sens, la révolution française (l'Empire, dans ma pensée, fait corps avec elle) est la gloire de la France, l'épopée française par excellence; mais presque toujours les nations qui ont dans leur histoire un fait exceptionnel expient ce fait par de longues souffrances et souvent le payent de leur existence nationale. Il en fut ainsi de la Judée, de la Grèce et de l'Italie. Pour avoir créé des choses uniques dont le monde vit et profite, ces pays ont traversé des siècles d'humiliation et de mort nationale. La vie nationale est quelque chose de limité, de médiocre, de borné. Pour faire de l'extraordinaire, de l'universel, il faut déchirer ce réseau étroit; du même coup, on déchire sa patrie, une patrie étant un ensemble de préjugés et d'idées arrêtées que l'humanité entière ne saurait accepter. Les nations qui ont créé la religion, l'art, la science, l'empire, l'Église, la papauté (toutes choses universelles, non nationales), ont été plus que des nations; elles ont été par là même moins que des nations en ce sens qu'elles ont été victimes de leur œuvre. Je pense que la Révolution aura pour la France des conséquences analogues, mais moins durables, parce que l'œuvre de la France a été moins grande et moins universelle que les œuvres de la Judée, de la Grèce, de l'Italie. Le parallèle exact de la situation actuelle de notre pays me paraît être l'Allemagne au xviie siècle. L'Allemagne au xvie siècle avait fait pour l'humanité une œuvre de premier ordre, la Réforme. Elle l'expia au xviie par un extrême abaissement politique. Il est probable que le xixe siècle sera de même considéré, dans l'histoire de France, comme l'expiation de la Révolution. Les nations, pas plus que les individus, ne sortent impunément de la ligne moyenne, qui est celle du bon sens pratique et de la possibilité.

Si la Révolution en effet a créé pour la France dans le monde une situation poétique et romanesque de premier ordre, il est sûr d'un autre côté, à considérer seulement les exigences de la politique ordinaire, qu'elle a engagé la France dans une voie pleine de singularités. Le but que la France a voulu atteindre par la Revolution est celui que toutes les nations modernes poursuivent: une société juste, honnête, humaine, garantissant les droits et la liberté de tous avec le moins de sacrifices possible des droits et de la liberté de chacun. Ce but, la France, à la date où nous sommes, après avoir versé des flots de sang, en est fort loin, tandis que l'Angleterre, qui n'a pas procédé par révolutions, l'a presque atteint. La France, en d'autres termes, offre cet étrange spectacle d'un pays qui essaye tardivement de regagner son arriéré sur les nations qu'elle avait traitées d'arriérées, qui se remet à l'école des peuples auxquels elle avait prétendu donner des leçons, et s'efforce de faire par imitation l'œuvre où elle avait cru déployer une haute originalité.

La cause de cette bizarrerie historique est fort simple. Malgré le feu étrange qui l'animait, la France, à la fin du xviiie siècle, était assez ignorante des conditions d'existence d'une nation et de l'humanité. Sa prodigieuse tentative impliqua beaucoup d'erreurs; elle méconnut tout à fait les règles de la liberté moderne. Qu'on le regrette ou qu'on s'en réjouisse, la liberté moderne n'est nullement la liberté antique ni celle des républiques du moyen âge. Elle est bien plus réelle, mais beaucoup moins brillante. Thucydide et Machiavel n'y comprendraient rien, et cependant un sujet de la reine Victoria est mille fois plus libre que ne l'a été aucun citoyen de Sparte, d'Athènes, de Venise ou de Florence. Plus de ces fiévreuses agitations républicaines, pleines de noblesse et de danger; plus de ces villes composées d'un peuple fin, vivant et aristocratique; au lieu de cela, de grandes masses pesantes, chez lesquelles l'intelligence est le fait d'un petit nombre, mais qui contribuent puissamment à la civilisation en mettant au service de l'État, par la conscription et l'impôt, un merveilleux trésor d'abnégation, de docilité, de bon esprit. Cette manière d'exister, qui est assurément celle qui use le moins une nation, et conserve le mieux ses forces, l'Angleterre en a donné le modèle. L'Angleterre est arrivée à l'état le plus libéral que le monde ait connu jusqu'ici en développant ses institutions du moyen âge, et nullement par la révolution. La liberté en Angleterre ne vient pas de Cromwell ni des républicains de 1649; elle vient de son histoire entière, de son égal respect pour le droit du roi, pour le droit des seigneurs, pour le droit des communes et des corporations de toute espèce. La France suivit la marche opposée. Le roi avait depuis longtemps fait table rase du droit des seigneurs et des communes; la nation fit table rase des droits du roi. Elle procéda philosophiquement en une matière où il faut procéder historiquement: elle crut qu'on fonde la liberté par la souveraineté du peuple et au nom d'une autorité centrale, tandis que la liberté s'obtient par de petites conquêtes locales successives, par des réformes lentes. L'Angleterre, qui ne se pique de nulle philosophie, l'Angleterre, qui n'a rompu avec sa tradition qu'à un seul moment d'égarement passager suivi d'un prompt repentir, l'Angleterre, qui, au lieu du dogme absolu de la souveraineté du peuple, admet seulement le principe plus modéré qu'il n'y a pas de gouvernement sans le peuple, ni contre le peuple, s'est trouvée mille fois plus libre que la France, qui avait si fièrement planté le drapeau philosophique des droits de l'homme. C'est que la souveraineté du peuple ne

fonde pas le gouvernement constitutionnel. L'État, ainsi établi
à la française, est trop fort; loin de garantir toutes les libertés,
il absorbe toutes les libertés; sa forme est la Convention ou le
despotisme. Ce qui devait sortir de la Révolution ne pouvait,
après tout, beaucoup différer du Consulat et de l'Empire; ce qui
devait sortir d'une telle conception de la société ne pouvait être
autre chose qu'une administration, un réseau de préfets, un code
civil étroit, une machine servant à étreindre la nation, un maillot
où il lui serait impossible de vivre et de croître. Rien de plus
injuste que la haine avec laquelle l'école radicale française traite
l'œuvre de Napoléon. L'œuvre de Napoléon, si l'on excepte quelques erreurs qui furent personnelles à cet homme extraordinaire,
n'est en somme que le programme révolutionnaire réalisé en ses
parties possibles. Napoléon n'eût pas existé, que la constitution
définitive de la République n'eût pas différé essentiellement de la
constitution de l'an VIII.[1]

Une idée à plusieurs égards très-fausse de la société humaine
est en effet au fond de toutes les tentatives révolutionnaires françaises. L'erreur originelle fut d'abord masquée par le magnifique
élan d'enthousiasme pour la liberté et le droit qui remplit les
premières années de la Révolution; mais, ce beau feu une fois
tombé, il resta une théorie sociale qui fut dominante sous le
Directoire, le Consulat et l'Empire, et marqua d'un sceau profond
toutes les créations du temps.

D'après cette théorie, qu'on peut bien qualifier de matérialisme
en politique, la société n'est pas quelque chose de religieux ni de
sacré. Elle n'a qu'un seul but, c'est que les individus qui la composent jouissent de la plus grande somme possible de bien-être,
sans souci de la destinée idéale de l'humanité. Que parle-t-on
d'élever, d'ennoblir la conscience humaine? Il s'agit seulement de
contenter le grand nombre, d'assurer à tous une sorte de bonheur
vulgaire et bien relatif assurément, car l'âme noble aurait en
aversion un pareil bonheur, et se mettrait en révolte contre la
société qui prétendrait le procurer. Aux yeux d'une philosophie
éclairée, la société est un grand fait providentiel; elle est établie
non par l'homme, mais par la nature elle-même, afin qu'à la

[1] Vide p. 61, n. 1.

surface de notre planète se produise la vie intellectuelle et morale. L'homme isolé n'a jamais existé. La société humaine, mère de tout idéal, est le produit direct de la volonté suprême qui veut que le bien, le vrai, le beau, aient dans l'univers des contemplateurs. Cette fonction transcendante de l'humanité ne s'accomplit pas au moyen de la simple coexistence des individus. La société est une hiérarchie. Tous les individus sont nobles et sacrés, tous les êtres (même les animaux) ont des droits; mais tous les êtres ne sont pas égaux, tous sont des membres d'un vaste corps, des parties d'un immense organisme qui accomplit un travail divin. La négation de ce travail divin est l'erreur où verse facilement la démocratie française. Considérant les jouissances de l'individu comme l'objet unique de la société, elle est amenée à méconnaître les droits de l'idée, la primauté de l'esprit. Ne comprenant pas d'ailleurs l'inégalité des races, parce qu'en effet les différences ethnographiques ont disparu de son sein depuis un temps immémorial, la France est amenée à concevoir comme la perfection sociale une sorte de médiocrité universelle. Dieu nous garde de rêver la résurrection de ce qui est mort; mais, sans demander la reconstitution de la noblesse, il est bien permis de trouver que l'importance accordée à la naissance vaut mieux à beaucoup d'égards que l'importance accordée à la fortune: l'une n'est pas plus juste que l'autre, et la seule distinction juste, qui est celle du mérite et de la vertu, se trouve mieux d'une société où les rangs sont réglés par la naissance que d'une société où la richesse seule fait l'inégalité.

La vie humaine deviendrait impossible, si l'homme ne se donnait le droit de subordonner l'animal à ses besoins; elle ne serait guère plus possible, si l'on s'en tenait à cette conception abstraite qui fait envisager tous les hommes comme apportant en naissant un même droit à la fortune et aux rangs sociaux. Un tel état de choses, juste en apparence, serait la fin de toute vertu; ce serait fatalement la haine et la guerre entre les deux sexes, puisque la nature a créé là, au sein même de l'espèce humaine, une différence de rôle indéniable. La bourgeoisie trouve juste qu'après avoir supprimé la royauté et la noblesse héréditaires, on s'arrête devant la richesse héréditaire. L'ouvrier trouve juste qu'après avoir supprimé la richesse héréditaire, on s'arrête devant l'inégalité de sexe, et même, s'il est un peu sensé, devant l'inégalité de force et de capacité. L'utopiste le plus exalté trouve juste qu'après avoir supprimé en imagination toute inégalité entre les hommes, on admette le droit qu'a l'homme d'employer l'animal selon ses besoins. Et, pourtant, il n'est pas plus juste que tel individu naisse riche qu'il n'est juste que tel individu naisse avec une distinction sociale; l'un n'a pas plus que l'autre gagné son privilège par un travail personnel. On part toujours de l'idée que la noblesse a pour origine le mérite, et, comme il est clair que le mérite n'est pas héréditaire, on démontre facilement que la noblesse héréditaire est chose absurde; mais c'est là l'éternelle erreur française d'une justice distributive dont l'État tiendrait la balance. La raison sociale de la noblesse, envisagée comme institution d'utilité publique, était non pas de récompenser le mérite, mais de le provoquer, de rendre possibles, faciles même, certains genres de mérite. N'aurait-elle eu pour effet que de montrer que la justice ne doit pas être cherchée dans la constitution officielle de la société, c'eût été déjà quelque chose. La devise 'au plus digne' n'a en politique que bien peu d'applications.

La bourgeoisie française s'est donc fait illusion en croyant, par son système de concours, d'écoles spéciales et d'avancement régulier, fonder une société juste. Le peuple lui démontrera facilement que l'enfant pauvre est exclu de ces concours, et lui soutiendra que la justice ne sera complète que quand tous les Français seront placés, en naissant, dans des conditions identiques. En d'autres termes, aucune société n'est possible, si l'on pousse à la rigueur les idées de justice distributive à l'égard des individus. Une nation qui poursuivrait un tel programme se condamnerait à une incurable faiblesse. Supprimant l'hérédité, et par là détruisant la famille ou la laissant facultative, elle serait bientôt vaincue soit par les parties d'elle-même où se conserveraient les anciens principes, soit par les nations étrangères qui conserveraient ces principes. La race qui triomphe est toujours celle où la famille et la propriété sont le plus fortement organisées. L'humanité est une échelle mystérieuse, une série de résultantes procédant les unes des autres. Des générations laborieuses d'hommes du peuple et de paysans font l'existence du bourgeois honnête et économe, lequel fait à son tour le noble, l'homme dispensé du travail matériel, voué tout entier aux choses désintéressées. Chacun à son rang est le gardien d'une tradition qui importe aux progrès de la civilisation. Il n'y a pas deux morales, il n'y a pas deux sciences, il n'y a pas deux éducations. Il y a un seul ensemble intellectuel et moral, ouvrage splendide de l'esprit humain, que chacun, excepté l'égoïste, crée pour une petite part et auquel chacun participe à des degrés divers.

On supprime l'humanité, si l'on n'admet pas que des classes entières doivent vivre de la gloire et de la jouissance des autres. Le démocrate traite de dupe le paysan d'ancien régime qui travaille pour ses nobles, les aime et jouit de la haute existence que d'autres mènent avec ses sueurs. Certainement, c'est là un nonsens avec une vie étroite, renfermée, où tout se passe à huis clos comme de notre temps. Dans l'état actuel de la société, les avantages qu'un homme a sur un autre sont devenus choses exclusives et personnelles : jouir du plaisir ou de la noblesse d'autrui paraît une extravagance ; mais il n'en a pas toujours été ainsi. Quand Gubbio ou Assise voyait défiler en cavalcade la noce de son jeune seigneur, nul n'était jaloux. Tous alors participaient de la vie de tous ; le pauvre jouissait de la richesse du riche, le moine des joies du mondain, le mondain des prières du moine ; pour tous, il y avait l'art, la poésie, la religion.

Les froides considérations de l'économiste sauront-elles remplacer tout cela ? suffiront-elles pour refréner l'arrogance d'une démocratie sûre de sa force, et qui, après ne s'être pas arrêtée devant le fait de la souveraineté, sera bien tentée de ne pas s'arrêter devant le fait de la propriété ? Y aura-t-il des voix assez éloquentes pour faire accepter à des jeunes gens de dix-huit ans des raisonnements de vieillards, pour persuader à des classes sociales jeunes, ardentes, croyant au plaisir, et que la jouissance n'a pas encore désabusées, qu'il n'est pas possible que tous jouissent, que tous soient bien élevés, délicats, vertueux même dans le sens raffiné, mais qu'il faut qu'il y ait des gens de loisir, savants, bien élevés, délicats, vertueux, en qui et par qui les autres jouissent et goûtent l'idéal ? Les événements le diront. La supériorité de l'Église et la force qui lui assure encore un avenir consiste en ce que seule elle comprend cela et le fait comprendre. L'Église sait bien que les meilleurs sont souvent victimes de la supériorité des classes prétendues élevées; mais elle sait aussi que la nature a voulu que la vie de l'humanité fût à plusieurs degrés. Elle sait et elle avoue que c'est la grossièreté de plusieurs qui fait l'éducation d'un seul, que c'est la sueur de plusieurs qui permet la vie noble d'un petit nombre; cependant, elle n'appelle pas ceux-ci privilégiés, ni ceux-là déshérités, car l'œuvre humaine est pour elle indivisible. Supprimez cette grande loi, mettez tous les individus sur le même rang, avec des droits égaux, sans lien de subordination à une œuvre commune, vous avez égoïsme, médiocrité, isolement, sécheresse, impossibilité de vivre, quelque chose comme la vie de notre temps, la plus triste, même pour l'homme du peuple, qui ait jamais été menée. A n'envisager que le droit des individus, il est injuste qu'un homme soit sacrifié à un autre homme; mais il n'est pas injuste que tous soient assujettis à l'œuvre supérieure qu'accomplit l'humanité. C'est à la religion qu'il appartient d'expliquer ces mystères et d'offrir dans le monde idéal de surabondantes consolations à tous les sacrifiés d'ici-bas.

Voilà ce que la Révolution, dès qu'elle eut perdu sa grande ivresse sacrée des premiers jours, ne comprit pas assez. La Révolution en définitive fut irréligieuse et athée. La société qu'elle rêva dans les tristes jours qui suivirent l'accès de fièvre, quand elle chercha à se recueillir, est une sorte de régiment composé de matérialistes, et où la discipline tient lieu de vertu. La base toute négative que les hommes secs et durs de ce temps donnèrent à la société française ne peut produire qu'un peuple rogue et mal élevé; leur code, œuvre de défiance, admet pour premier principe que tout s'apprécie en argent, c'est-à-dire en plaisir. La jalousie résume toute la théorie morale de ces prétendus fondateurs de nos lois. Or la jalousie fonde l'égalité, non la liberté; mettant l'homme toujours en garde contre les empiètements de son semblable, elle empêche l'affabilité entre les classes. Pas de société sans amour, sans tradition, sans respect, sans mutuelle aménité. Dans sa fausse notion de la vertu, qu'elle confond avec l'âpre revendication de ce que chacun regarde comme son droit, l'école démocratique ne voit pas que la grande vertu d'une nation est de supporter l'inégalité traditionnelle. La race la plus vertueuse est pour cette école, non la race qui pratique le sacrifice, le dévouement, l'idéalisme sous toutes ses formes, mais la plus turbulente, celle qui fait le plus de révolutions. On étonne beaucoup les plus intelligents démocrates quand on leur dit qu'il y a encore dans le monde des races vertueuses, les Lithuaniens, par exemple, les Dithmarses, les Poméraniens, races féodales, pleines de forces vives en réserve, comprenant le devoir comme Kant, et pour lesquelles le mot de révolution n'a aucun sens.

La première conséquence de cette philosophie revêche et superficielle, trop tôt substituée à celle des Montesquieu et des Turgot, fut la suppression de la royauté. A des esprits imbus d'une philosophie matérialiste, la royauté devait paraître une anomalie. Bien peu de personnes comprenaient, en 1792,[1] que la continuité des bonnes choses doit être gardée par des institutions qui sont, si l'on veut, un privilège pour quelques-uns, mais qui constituent des organes de la vie nationale sans lesquels certains besoins restent en souffrance. Ces petites forteresses où se conservent des dépôts appartenant à la société paraissaient des tours féodales. On niait toutes les subordinations traditionnelles, tous les pactes historiques, tous les symboles. La royauté était le premier de ces pactes, un pacte remontant à mille ans, un symbole que la puérile philosophie de l'histoire alors en vogue ne pouvait comprendre. Aucune nation n'a jamais créé une légende plus complète que celle de cette grande royauté capétienne, sorte de religion, née à Saint-Denis, consacrée à Reims par le concert des évêques, ayant ses rites, sa liturgie, son ampoule sacrée, son oriflamme. A toute nationalité correspond une dynastie en laquelle s'incarnent le génie et les intérêts de la nation; une conscience nationale n'est fixe et ferme que quand elle a contracté un mariage indissoluble avec une famille, qui s'engage par le contrat à n'avoir aucun intérêt distinct de celui de la nation. Jamais cette identification ne fut aussi parfaite qu'entre la maison capétienne et la

---

[1] On 10 August 1792 the crowd attacked the Tuileries. The King and Queen were forced to take refuge, in the Legislative Assembly, where in their presence and under mob pressure, the monarchy was suspended. The first act of the Convention (September 1792–October 1795) was to promulgate the decree of abolition, 21 September 1792.

France. Ce fut plus qu'une royauté, ce fut un sacerdoce; prêtre-roi comme David, le roi de France porte la chape et tient l'épée. Dieu l'éclaire en ses jugements. Le roi d'Angleterre se soucie peu de justice, il défend son droit contre ses barons; l'empereur d'Allemagne s'en soucie moins encore, il chasse éternellement sur ses montagnes du Tyrol pendant que la boule du monde roule à sa guise; le roi de France, lui, est juste: entouré de ses prud'-hommes et de ses clercs solennels, avec sa main de justice, il ressemble à un Salomon. Son sacre, imité des rois d'Israël, était quelque chose d'étrange et d'unique. La France avait créé un huitième sacrement,* qui ne s'administrait qu'à Reims, le sacre-ment de la royauté. Le roi sacré fait des miracles; il est revêtu d'un 'ordre': c'est un personnage ecclésiastique de premier rang. Au pape, qui l'interpelle au nom de Dieu, il répond en montrant son onction: 'Moi aussi, je suis de Dieu!' Il se permet avec le successeur de Pierre des libertés sans égales. Une fois, il le fait arrêter et déclarer hérétique; une autre fois, il le menace de la faire brûler; appuyé sur ses docteurs de Sorbonne, il le semonce, le dépose. Nonobstant cela, son type le plus parfait est un roi cano-nisé, saint Louis, si pur, si humble, si simple et si fort. Il a ses adorateurs mystiques; la bonne Jeanne d'Arc ne le sépare pas de saint Michel et de sainte Catherine; cette pauvre fille vécut à la lettre de la religion de Reims. Légende incomparable! fable sainte! C'est le vulgaire couteau destiné à faire tomber la tête des criminels qu'on lève contre elle! Le meurtre du 21 janvier[1] est, au point de vue de l'idéaliste, l'acte de matérialisme le plus hideux, la plus honteuse profession qu'on ait jamais faite d'ingratitude et de bassesse, de roturière vilenie et d'oubli du passé.

Est-ce à dire que cet ancien régime, dont la société nouvelle cherchait à faire disparaître le souvenir avec le genre particulier d'acharnement qu'on ne trouve que chez le parvenu contre le grand seigneur auquel il doit tout, est-ce à dire que cet ancien régime ne fût pas gravement coupable? Certes, il l'était; si je faisais en ce moment la philosophie générale de notre histoire, je

---

* Le mot de 'sacrement' est employé pour le sacre de Reims. *Hist. litt. de la France*, t. XXVI, p. 122.

[1] Louis XVI was executed on 21 January 1793.

montrerais que la royauté, la noblesse, le clergé, les parlements, les villes, les universités de la vieille France, avaient tous manqué à leurs devoirs, et que les révolutionnaires de 1793 ne firent que mettre le sceau à une série de fautes dont les conséquences pèsent lourdement sur nous. On expie toujours sa grandeur. La France avait conçu sa royauté comme quelque chose d'illimité. Le roi à la façon anglaise, sorte de stathouder payé et armé pour défendre la nation et détenir certains droits, était mesquin à ses yeux. Dès le xiiie siècle, le roi d'Angleterre, sans cesse en lutte avec ses sujets et lié par des chartes, est pour nos poëtes français un objet de dérision; il n'est pas assez puissant. La royauté française était quelque chose de trop sacré; on ne contrôle pas l'oint du Seigneur; Bossuet était conséquent en dressant la théorie du roi de France avec l'Écriture sainte.[1] Si le roi d'Angleterre avait eu cette teinte de mysticité, les barons et les communes n'auraient pas réussi à le mater. La royauté française, pour produire ce brillant météore de règne de Louis XIV, avait absorbé tous les pouvoirs de la nation. Le lendemain du jour où l'État se trouva constitué sous la main d'un seul en cette puissante unité, il était inévitable que la France se prît telle que l'avait faite le grand roi avec son pouvoir central tout-puissant, ses libertés détruites, et, jugeant le roi une superfétation, le traitât comme un moule devenu inutile dès que la statue est coulée. Richelieu et Louis XIV ont été de la sorte les grands révolutionnaires, les vrais fondateurs de la République. Le pendant exact de la colossale royauté de Louis XIV est la république de 1793, avec sa concentration effrayante des pouvoirs, monstre inouï, tel qu'on n'en avait jamais vu de semblable. Les exemples de républiques ne sont pas rares dans l'histoire; mais ces républiques sont des villes ou de petits États confédérés. Ce qui est absolument sans exemple, c'est une république centralisée de trente millions d'âmes. Livrée pendant quatre ou cinq ans aux vacillations de l'homme ivre, comme un *Great-Eastern*[2] en perdition, l'énorme machine tomba dans son

[1] His *Politique tirée des propres paroles de l'Écriture Sainte*, written for the dauphin whose tutor he was from 1670 to 1681, was published in 1709.
[2] Launched at Blackwall in 1838, the *Great-Eastern* was a paddle-steamer of 25,000 tons displacement. It laid the first Transatlantic cable

lit naturel, entre les mains d'un puissant despote, qui sut d'abord avec une habileté prodigieuse organiser le mouvement nouveau, mais qui finit comme tous les despotes. Devenu fou d'orgueil, il attira sur le pays qui s'était mis à sa discrétion la plus cruelle avanie que puisse éprouver une nation, et amena le retour de la dynastie[1] que la France avait expulsée avec les derniers affronts.

II

L'analogie d'une telle marche des événements avec ce qui se passa en Angleterre au XVIIe siècle se remarque sans peine. Elle frappa tout le monde en 1830, quand on vit un mouvement national substituer à la branche légitime des Bourbons une branche collatérale plus disposée à tenir compte des besoins nouveaux. Louis-Philippe dut paraître un Guillaume III, et l'on put espérer que la conséquence dernière de tant de convulsions serait le paisible établissement du régime constitutionnel en France. Une sorte de paix, un peu de quiétude et d'oubli entra avec cette consolante pensée dans notre pauvre conscience française si troublée; on amnistia tout, même les folies et les crimes, on s'envisagea comme la génération privilégiée destinée à recueillir le fruit des fautes des générations passées. C'était là une grande illusion; la surprise la plus inconcevable de l'histoire réussit; une bande d'étourdis, contre lesquels aurait dû suffire le bâton du constable, renversa une dynastie sur laquelle la partie sensée de la nation avait fait reposer toute sa foi politique, toutes ses espérances. Pour emporter une théorie conçue par les meilleurs esprits d'après les plus séduisantes apparences, une heure d'irréflexion chez les uns, de défaillance chez les autres, suffit.

Pourquoi cette singulière déconvenue? Pourquoi ce qui s'était passé en Angleterre ne se passa-t-il pas en France? Pourquoi Louis-Philippe ne fut-il pas un Guillaume III, fondateur glorieux d'une ère nouvelle dans l'histoire de notre pays? Dira-t-on que ce fut la faute de Louis-Philippe? Cela serait injuste. Louis-Philippe fit des fautes; mais il faut qu'il soit loisible à tous les gouverne-

and was the biggest vessel afloat. Victor Hugo describes it as a hulk at the shipbreaker's yard in his *Légende des Siècles* (1859), chap. 58, 'Pleine Mer.'

[1] April 1814.

ments d'en commettre. Qui prendrait la conduite des choses humaines à la condition d'être infaillible et impeccable ne régnerait pas un jour. En tout cas, si Louis-Philippe mérita d'être détrôné, Guillaume III le mérita beaucoup plus. Ce qu'on a le plus reproché à Louis-Philippe, impopularité, inhabileté à se faire aimer, goût du pouvoir personnel, insouciance de la gloire extérieure, retour vers le parti légitimiste au détriment du parti qui l'avait fait roi, efforts pour reconstituer la prérogative royale, on put le reprocher bien plus encore à Guillaume III. Pourquoi donc les résultats furent-ils si divers? Sans doute cela tint à la différence des temps et des pays. Des opérations historiques possibles chez un peuple sérieux et lourd, plein de confiance dans l'hérédité, ayant une répugnance invincible à forcer la dernière résistance du souverain, peuvent être impossibles à une époque de légèreté spirituelle et d'étourderie raisonneuse. Le mouvement républicain de 1649, d'ailleurs, avait été infiniment moins profond que ne fut celui de 1792. Le mouvement anglais de 1649 n'arriva pas à constituer un pouvoir impérial; Cromwell ne fut pas un Napoléon. Enfin le parti républicain anglais n'eut pas de seconde génération. Écrasé sous la restauration des Stuarts, décimé par la persécution ou réfugié en Amérique, il cessa d'avoir sur les affaires d'Angleterre une influence considérable. Au XVIIIᵉ siècle, l'Angleterre semble prendre à tâche d'expier par une sorte d'exagération de *loyalisme* et d'orthodoxie ses écarts momentanés du milieu du XVIIᵉ. Il fallut plus de cent cinquante ans pour que la mort de Charles Iᵉʳ cessât de peser sur la politique, pour qu'on osât penser librement et ne pas se croire obligé d'afficher un légitimisme effréné. Les choses se seraient passées à peu près de la même manière en France, si la réaction royaliste[1] de 1796 et 1797 l'eût emporté. La Restauration se fût faite alors avec de bien plus franches allures, et la République n'eût été dans l'histoire de France que ce qu'elle est dans l'histoire d'Angleterre, un incident sans conséquence. Napoléon, par son génie, aidé des merveilleuses

---

[1] Allusion to the revolt in Vendée, under Charette and Stofflet, with English help (February–March 1796) and the renewed strength of the Royalists in the Council of 500 which provoked the *coup d'état* of 'Fructidor' (4 September 1797) by the Directory against the Council.

ressources de la France, sauva la Révolution, lui donna une forme, une organisation, un prestige militaire inouï.

La faible et inintelligente restauration de 1814 ne put en aucune manière déraciner une idée qui avait vécu si profondément dans la nation et entraîné après elle une génération énergique. La France, sous la Restauration et sous Louis-Philippe, continua de vivre des souvenirs de l'Empire[1] et de la République. La Révolution reprit faveur. Tandis qu'en Angleterre, à partir de la restauration de Charles II et après 1688, la république ne cesse d'être maudite, qu'un homme était mal posé dans la société s'il nommait Charles Ier sans l'appeler le roi martyr, ou Cromwell sans le qualifier d'usurpateur, en France il devint de règle de faire des histoires de la Révolution sur le ton apologétique et admiratif.[2] Ce fut un fait grave que le père du nouveau roi[3] eût pris à la Révolution une part considérable; on s'habitua à considérer la dynastie nouvelle comme un compromis avec la Révolution, non comme l'héritière par substitution d'une légitimité. Un nouveau parti républicain, se rattachant à quelques vieux patriarches survivants de 1793, parvint à se reformer. Ce parti, qui avait joué un rôle considérable en juillet 1830, mais qui dès lors n'avait pu faire prévaloir ses idées théoriques absolues, ne cessa de battre en brèche le gouvernement nouveau. Le changement de 1688 en Angleterre n'avait eu rien de révolutionnaire, dans le sens où nous entendons ce mot; ce changement ne se fit point par le peuple; il ne viola aucun droit, si ce n'est celui du roi détrôné. Chez nous,

[1] In the 1830's and 1840's the Napoleonic legend became an important factor in French politics. Louis-Philippe fostered it (e.g. the return of Napoleon's ashes, 1840) in the belief that, as an early participant in the military glories of the Revolution (he had fought at Valmy and Jemmapes) he might himself derive political profit thereby.

It was therefore embarrassing to him to find that Louis Napoleon, the future Napoleon III, had had the same idea, and it was the latter who, after his two fiascos (Strasbourg, 1836, and Boulogne, 1846) reaped the benefit of the legend when in December 1848 the French peasantry voted en masse for the only presidential candidate whose name they knew.

[2] E.g. Thiers' History (1823–27); Mignet's History (1842); Michelet's History (1847–53). Vide p. 8, n. 3.

[3] Louis-Philippe-Joseph, duc d'Orléans (1747–93). Renouncing all his titles he solicited and obtained from the Convention the surname 'Égalité'. The fact that he voted for the death of Louis XVI did not save him from the guillotine nine months later, November 1793.

au contraire, 1830 déchaîna des forces anarchiques et humilia profondément le parti légitimiste. Ce parti, renfermant à quelques égards les portions les plus solides et les plus morales du pays, fit une cruelle guerre à la dynastie nouvelle, soit par son abstention, en l'empêchant de s'asseoir sur la seule base qui fonde une dynastie, l'élément lourdement conservateur,—soit par sa connivence avec le parti républicain. De la sorte, le gouvernement de la maison d'Orléans ne put se fonder sérieusement; un souffle le renversa. On avait tout pardonné à Guillaume III; on ne pardonna rien à Louis-Philippe. Le principe royaliste fut assez fort en Angleterre pour subir une transformation; il ne le fut pas en France. Certainement, si le parti républicain avait eu en Angleterre sous Guillaume III l'importance qu'il eut en France sous Louis-Philippe, si ce parti avait eu l'appui de la faction des Stuarts, l'établissement constitutionnel de l'Angleterre n'eût pas duré. En cela, l'Angleterre bénéficia d'un avantage énorme qu'elle possède, son aptitude colonisatrice. L'Amérique fut le déversoir du parti républicain; sans cela, ce parti serait resté comme un virus dans la mère patrie, et eût empêché l'établissement constitutionnel. Rien ne se perd dans le monde de ce qui est fort et sincère. Ces exilés républicains furent les pères de ceux qui firent la guerre de l'indépendance à la fin du XVIIIe siècle. L'élément révolutionnaire en Angleterre, au lieu d'être un dissolvant, fut de la sorte créateur; le radicalisme anglais, au lieu de déchirer la mère patrie, fit l'Amérique. Si la France eût été colonisatrice au lieu d'être militaire, si l'élément hardi et entreprenant qui ailleurs colonise était capable chez nous d'autre chose que de conspirer et de se battre pour des principes abstraits, nous n'aurions pas eu Napoléon; le parti républicain, chassé par la réaction, eût émigré vers 1798 et eût fondé au loin une Nouvelle-France qui, selon la loi des colonies, serait maintenant sans doute une république séparée. Malheureusement, nos discordes civiles n'aboutirent qu'à des déportations. Au lieu des États-Unis, nous avons eu Sinnamary[1] et Lambèse![2] Pendant que, dans ces tristes séjours,

[1] In French Guiana. The Royalists arrested at the 'coup' of Fructidor an V (September 1797) were deported there. Vide p. 156, n. 1.
[2] In Algeria. The political exiles at the beginning of the Second Empire were sent there.

des colons déplorables mouraient, s'échappaient comme des
forçats, attendaient quelque nouvelle révolution ou quelque
amnistie, la mère patrie continuait à broyer les redoutables
problèmes qui avaient amené leur exil sans une ombre de
progrès.

Une grosse erreur de philosophie historique contribuait au
moins autant que le goût particulier de la France pour les théories
à fausser le jugement national sur cette grave question des formes
du gouvernement: c'était justement l'exemple de l'Amérique.
L'école républicaine citait toujours cet exemple comme bon et
facile à suivre. Rien de plus superficiel. Que des colonies habituées à se gouverner d'une façon indépendante rompent le lien
qui les unit à la mère patrie, que, ce lien rompu, elles se passent
de royauté et pourvoient à leur sûreté par un pacte fédératif, il
n'y a rien en cela que de naturel. Cette façon de se séparer du
tronc comme une bouture portant en elle son germe de vie est le
principe éternel de la colonisation, principe qui est une des conditions du progrès de l'humanité, de la race âryenne en particulier.
La Virginie, la Caroline, étaient des républiques avant la guerre
de l'indépendance. Cette guerre ne changea rien à la constitution
intérieure des États; elle coupa seulement la corde, devenue
gênante, qui les liait à l'Europe, et y substitua un lien fédéral. Ce
ne fut pas là une œuvre révolutionnaire; une conception du droit
éminemment conservatrice, un esprit aristocratique et juridique
de liberté provinciale était au fond de ce grand mouvement. De
même, quand le Canada et l'Australie verront se rompre le lien
léger qui les rattache à l'Angleterre, ces pays, habitués à se
gouverner eux-mêmes, continueront leur vie propre, sans presque s'apercevoir du changement. Si la France avait entrepris
sérieusement la colonisation de l'Algérie,[1] l'Algérie aurait chance

[1] The main era of French conquest and colonization in Algeria extends
from the capture of Algiers in 1830 to the surrender of Abd-el-Kader,
the Arab chieftain in 1847, though there have been subsequent campaigns
to deal with insurrections usually of a religious character. The subsequent development of Algeria has been the very opposite of that suggested
by Renan. French political and administrative policy undoubtedly
supported by the French colonists has aimed at integrating Algeria with
Metropolitan France. On the other hand Arab Nationalist parties have
gradually arisen and have become particularly vocal in recent years. It

d'être une république avant la France. Les colonies, formées de personnes qui ne se trouvent pas à l'aise dans leur pays natal et qui cherchent plus de liberté qu'elles n'en ont chez elles, sont toujours plus près de la république que la mère patrie, liée par ses vieilles habitudes et ses vieux préjugés.

Ainsi continua de vivre en France un parti qui ne permet pas à la royauté constitutionnelle de se développer, le parti républicain radical. La situation de la France ne fut nullement celle de l'Angleterre; à côté de la droite, de la gauche et du centre, il y eut un parti irréconciliable, négation totale du gouvernement existant, un parti qui ne dit pas au gouvernement: 'Faites telle chose, et nous sommes à vous;' mais qui lui laisse entendre: 'Quoi que vous fassiez, nous serons contre vous.' La république est en un sens le terme de toute société humaine, mais on conçoit deux manières bien différentes d'y venir. Établir la république de haute lutte, en détruisant tous les obstacles, est le rêve des esprits ardents. Il est une autre voie plus douce et plus sûre: conserver les anciennes familles royales comme de précieux monuments et d'antiques souvenirs n'est pas seulement une fantaisie d'antiquaire; les dynasties ainsi conservées deviennent des rouages infiniment commodes du gouvernement constitutionnel à certains jours de crise. Les pays qui ont suivi cette marche, comme l'Angleterre, arriveront-ils un jour à la république parfaite, sans dynastie héréditaire et avec suffrage universel? C'est demander si l'hyperbole atteint ses asymptotes. Qu'importe, puisqu'en réalité elle en approche si près, que la distance est insaisissable à l'œil! Voilà ce que le parti républicain français ne comprend pas. Pour la forme de la république, il en sacrifie la réalité. Pour ne pas suivre une grande route, tracée, faisant quelques détours, il préfère se jeter dans les précipices et les fondrières. On vit rarement avec autant d'honnêteté aussi peu d'esprit politique et de pénétration.

L'année 1848 mit la plaie à nu, et posa pour tout esprit exercé le principe fondamental de la philosophie de notre histoire. La révolution de 1848 ne fut pas un effet sans cause (une telle asser-

remains to be seen whether the measure of decentralization which France is prepared to grant within the framework of 'l'Union Française' will content Arab aspirations.

tion serait dénuée de sens), ce fut un effet complétement dispro-
portionné avec sa cause apparente. Le choc ne fut rien, la ruine
fut immense. Il arriva en 1848 ce qui serait arrivé en Angleterre,
si Guillaume III eût été emporté par un des accès de vif mécon-
tentement que provoqua son gouvernement. L'histoire d'Angleterre eût été bouleversée dans une telle hypothèse. En Angleterre,
le goût du peuple pour la légitimité et la crainte de la république
furent assez forts pour faire traverser à la nouvelle dynastie les
moments difficiles. En France, l'affaiblissement moral de la nation,
son manque de foi en la royauté, l'énergie du parti républicain,
suffirent pour jeter par terre un trône qui n'avait que des assises
ruineuses. On vit ce jour-là la funeste situation où la France est
restée depuis la Révolution. Si en France la révolution et la
république avaient jeté des racines moins profondes, la maison
d'Orléans et avec elle le régime parlementaire se fussent sûrement
consolidés; si l'idée républicaine avait été dominante, elle aurait,
après diverses actions et réactions, entraîné le pays, et la république se fût fondée : ni l'une ni l'autre de ces deux suppositions
ne se réalisa. L'esprit républicain s'était trouvé assez fort pour
empêcher la royauté constitutionnelle de durer ; il ne fut pas assez
fort pour établir la république. De là une position fausse, bizarre
et faite pour amener un triste abaissement. Ce qui s'est passé en
1848 pourrait se passer plusieurs fois encore ; tâchons d'en bien
démêler la loi secrète et l'intime raison.

Quand nous voyons un homme mourir d'un rhume, nous en
concluons, non pas que le rhume est une maladie mortelle, mais
que cet homme était poitrinaire. La maladie dont mourut le
gouvernement de juillet fut de même si légère, qu'il faut admettre
que sa constitution était des plus chétives. La petite agitation des
banquets[1] était de celles qu'un gouvernement doit pouvoir
supporter sous peine de n'être pas capable de vivre. Comment,
avec toutes les apparences de la santé, le gouvernement de juillet

---

[1] The campaign for political reform which spread through France in
1847 took the form of banquets (which were an agreeable form of pro-
paganda and a convenient way of evading the law on public meetings).
By forbidding the banquet which was to take place in the XIIth arron-
dissement of Paris on 22 February 1848 the Government gave the signa
for the February Revolution.

se trouva-t-il si faible? C'est qu'il n'avait pas ce qui donne à un gouvernement de bons poumons, un cœur vigoureux, de solides viscères; je veux dire la sérieuse adhésion des parties résistantes du pays. Le sentiment de profonde humanité qui empêcha Louis-Philippe de livrer la bataille, outre qu'il impliquait une défiance de son droit, ne suffit pas pour expliquer sa chute. Le parti républicain qui fit la révolution était une imperceptible minorité. Dans un pays où le gouvernement eût été moins centralisé, et où l'opinion se fût trouvée moins divisée, la majorité eût fait volte-face; mais la province[1] n'avait pas encore l'idée de résister à un mouvement venant de Paris; de plus, si la faction qui prit part au mouvement le 24 février 1848 fut insignifiante, le nombre de ceux qui eussent pu défendre la dynastie vaincue était aussi bien peu considérable. Le parti légitimiste triompha, et sans faire de barricades, eut ce jour-là sa revanche. La dynastie d'Orléans n'avait pas su, malgré sa profonde droiture et sa rare honnêteté, parler au cœur du pays ni se faire aimer.

Ainsi mise en présence du fait accompli par une minorité turbulente, que va faire la France? Un pays qui n'a pas de dynastie unanimement acceptée est toujours dans ses actions un peu gauche et embarrassé. La France plia; elle accepta la république sans y croire, sournoisement, et bien décidée à lui être infidèle. L'occasion ne manqua point. Le vote du 10 décembre[2] fut une évidente répudiation de la république. Le parti qui avait fait la révolution de février subit la loi du talion. Qu'on nous permette une expression vulgaire: il avait joué un mauvais tour à la France, la France lui joua un mauvais tour. Elle fit comme un bourgeois honnête dont les gamins s'empareraient en un jour d'émeute et qu'ils affubleraient du bonnet rouge; ce digne homme pourrait se laisser faire par amour de la paix, mais en garderait probablement quelque rancune. La surprise du scrutin répondit à la surprise de l'émeute, Sûrement la conduite de la France eût été plus digne et plus loyale, si, à l'annonce de la révolution, elle avait résisté en face, arrêté poliment les commissaires du gouvernement provisoire à leur descente de diligence, et convoqueé des espèces de conseils généraux qui eussent rétabli la

monarchie; mais plusieurs raisons qui s'entrevoient trop facilement pour qu'il soit besoin de les développer rendaient alors cette
conduite impossible; en outre, la nation à qui l'on donne le suffrage
universel devient toujours un peu dissimulée. Elle a entre les mains
une arme toute-puissante, qui dispense des guerres civiles. Quand
on est sûr que l'ennemi sera obligé de passer par un défilé dont on
est maître et où il sera forcé de subir le feu sans répondre, on ne
va pas l'attaquer. La France attendit, et en décembre 1848 infligea
au parti républicain un affront sanglant. Si février avait prouvé
que la France ne tenait pas beaucoup à la monarchie constitutionnelle de la maison d'Orléans, le scrutin du 10 décembre
prouva qu'elle ne tenait pas davantage à la république. L'impuissance politique de ce grand pays parut dans tout son jour.

Que dire de ce qui se passa ensuite? Nous n'aimons pas plus les
coups d'État que les révolutions; nous n'aimons pas les révolutions
justement parce qu'elles amènent les coups d'État. On ne peut
cependant accorder au parti de 1848 sa prétention fondamentale.
Ce parti, au nom de je ne sais quel droit divin, s'arroge le pouvoir
qu'il n'accorde à aucun autre parti d'avoir pu enchaîner la France,
si bien que les illégalités qu'on a faites pour briser les liens dont
il avait entouré le pays sont des crimes, tandis que sa révolution de
février, à lui, n'a été qu'un acte glorieux. Voilà qui est inacceptable.
Quis tulerit Gracchos de seditione querentes? Qui frappe avec l'épée
finira par l'épée. Si les fusils[1] qui couchèrent en joue M. Sauzet et
la duchesse d'Orléans le 24 février 1848 furent innocents, les baïon-
nettes qui envahirent la chambre le 2 décembre 1851 ne furent
pas coupables. Pour nous, chacune de ces violences est un coup de
poignard à la patrie, une blessure qui atteint les parties les plus
essentielles de sa constitution, un pas de plus dans un labyrinthe
sans issue, et nous avons le droit de dire de toutes ces néfastes
journées:

Excidat illa dies ævo, nec postera credant
Secula; nos etiam taceamus, et oblita multa
Nocte tegi nostræ patiamur crimina gentis.

[1] Louis-Philippe abdicated on 24 February in favour of his grandson
the Comte de Paris, who with his mother, the Duchesse d'Orléans was
in the Chamber of Deputies where the question of the regency was being
debated when the mob invaded the Chamber and forced the issue.

III

L'empereur Napoléon III et le petit groupe d'hommes qui partagent sa pensée intime apportèrent au gouvernement de la France
un programme qui, pour n'être pas fondé sur l'histoire, ne manquait pas d'originalité: relever la tradition de l'Empire, profiter
de sa légende[1] grandiose, si vivante encore dans le peuple, faire
parler le sentiment populaire à cet égard par le suffrage universel,
amener par ce suffrage une délégation engageant l'avenir et fondant l'hérédité, provoquer, suivant l'idée chère à la France, une
élection dynastique*; au dedans, gouvernement personnel de
l'empereur, avec des apparences de gouvernement parlementaire
habilement réduites à la nullité; au dehors, rôle brillant et actif
rendant peu à peu à la France, par la guerre et la diplomatie, la
place de premier ordre qu'elle possédait, il y a soixante ans, parmi
les nations de l'Europe, et que depuis 1814 elle a perdue.

La France, pendant dix-sept ans, a laissé faire cette expérience
avec une patience qu'on pourrait appeler exemplaire, si jamais
il était bon pour une nation de trop pratiquer l'abnégation quand
il s'agit de ses destinées. Où en est l'expérience? Quels résultats
a-t-elle amenés?

Peut-on dire d'abord que la nouvelle maison napoléonienne se
soit fondée, c'est-à-dire ait créé autour d'elle ces sentiments
d'affection et de dévouement personnel qui font la force d'une
dynastie? Il ne faut pas à cet égard se faire d'illusion. L'égoïsme,
le scepticisme, l'indifférence envers les gouvernants, la persuasion qu'on ne leur doit aucune reconnaissance, ont totalement
desséché le cœur du pays. La question est devenue une question
d'intérêt. La fortune publique ayant pris un grand accroissement,
si la question se posait en ces termes: *révolution — pas de révolution*,
le second terme obtiendrait une immense majorité; mais souvent
un pays qui ne veut pas de la révolution fait ce qu'il faut pour

---

* L'idée que l'élection a joué un rôle à l'origine des dynasties de
la France, quoique historiquement fausse, se retrouve dès la fin du
xiiie siècle. Voir les romans de *Hugues Capet* et de *Baudouin de
Sebourg*.

[1] Vide p. 157, n. 1.

l'amener. En tout cas, ces sentiments d'effusion tendre et de fidélité que le pays avait autrefois pour ses rois, il n'y faut plus penser. Les personnes ayant pour la dynastie napoléonienne les sentiments que le royaliste de la Restauration avait pour la famille royale pourraient se compter. Il n'y a presque pas de légitimistes napoléoniens; voilà un fait dont le gouvernement ne peut assez se pénétrer.

La partie du programme de l'empereur Napoléon III relative à la gloire militaire et au rôle prépondérant de la France avait sa grandeur, et ceux qui, du point de vue des intérêts généraux de la civilisation, sont reconnaissants à l'empereur de la guerre de Crimée et de celle d'Italie, ne peuvent juger avec sévérité tous les points de la politique étrangère du second Empire; mais il est clair que la France n'est nullement à l'unisson de pareilles idées. Mis au suffrage universel, le plébiscite *pas de guerre* réunirait une majorité bien plus forte que *pas de révolution*. La France actuelle n'est pas plus héroïque que sentimentale. La prépondérance d'une nation européenne sur les autres est devenue impossible dans l'état actuel des sociétés. Les intentions menaçantes imprudemment exprimées de ce côté du Rhin (et ce n'est pas le gouvernement qui à cet égard a été le plus coupable ou le plus maladroit) ont provoqué chez les nations germaniques une émotion qui tombera le jour où elles seront rassurées sur l'ambition qu'elles ont pu nous supposer. Ce jour-là cessera la force de la Prusse dans le corps germanique, force qui n'a pas d'autre raison d'être que la crainte de la France. Ce jour-là même cessera probablement le désir d'unité politique, désir si peu conforme à l'esprit germanique et qui n'a jamais été chez les Allemands qu'une mesure défensive, impatiemment tolérée, contre un voisin fortement organisé.

Ce seul point changé dans le programme primitif de l'empereur Napoléon III suffirait pour modifier tout ce qui a trait au gouvernement intérieur. L'empereur Napoléon III n'a jamais cru pouvoir gouverner sans une chambre élective; seulement, il a espéré rester longtemps, sinon toujours, maître des élections. C'était là un calcul qui n'aurait pu se réaliser qu'avec de perpétuelles guerres, de perpétuelles victoires. Le gouvernement personnel ne se maintient qu'à la condition d'avoir toujours et partout gloire et

succès. Comment pouvait-on espérer qu'à moins d'un éblouisse-
ment de prospérité le pays déposerait éternellement dans l'urne
le bulletin que l'administration lui mettait dans la main ? Il était
inévitable qu'un jour la France voulût se servir de l'arme puissante
qu'on lui avait laissée, et prît une part de responsabilité dans ses
affaires. En politique, on ne joue pas longtemps avec les apparences.
On devait s'attendre à ce que le simulacre de gouvernement parlementaire que l'empereur Napoléon III avait toujours conservé
devînt une réalité sérieuse. Les dernières élections ont fait passer
cette supposition dans le domaine des faits accomplis. Les élections de mai et juin 1869 ont montré que la loi de notre société ne
pouvait être celle du césarisme romain. Le césarisme romain fut
également à son origine un despotisme entouré de fictions républicaines ; le despotisme tua les fictions ; chez nous, au contraire, les
fictions représentatives ont tué le despotisme. Cela n'arriva pas
sous le premier Empire, car le mode d'élection[1] du Corps législatif était alors tout à fait illusoire. Rien ne prouve mieux que les
événements de ces derniers mois combien l'idéal de gouvernement
créé par l'Angleterre s'impose forcément à tous les États. On dit
souvent que la France n'est pas faite pour un tel gouvernement.
La France vient de prouver qu'elle pense le contraire ; en tout cas,
si cela était vrai, je dirais qu'il faut désespérer de l'avenir de la
France. Le régime libéral est une nécessité absolue pour toutes
les nations modernes. Qui ne pourra s'y accommoder périra.
D'abord le régime libéral donnera aux nations qui l'ont adopté une
immense supériorité sur celles qui ne pourront s'y plier. Une
nation qui ne sera capable ni de la liberté de la presse, ni de la
liberté de réunion, ni de la liberté politique, sera certainement
dépassée et vaincue par les nations qui peuvent supporter de telles
libertés. Ces dernières seront toujours mieux informées, plus
instruites, plus sérieuses, mieux gouvernées.

[1] Under the constitution of l'an VIII (December 1799), slightly
modified by the constitution of l'an X (August 1802) and retained under
the Empire, established by the constitution of l'an XII (May 1804),
departmental colleges were elected by a carefully graded system of universal suffrage. These colleges had the right of presenting lists of candidates
from which the Emperor chose members of the 'Corps législatif'. Cf.
Duverger, *Les Constitutions de la France* (Presses Universitaires, 1946).

Une autre raison encore établit que, si la France est condamnée à une fatale alternative d'anarchie et de despotisme, sa perte est inévitable. On ne sort de l'anarchie que par un grand état militaire, lequel, outre qu'il ruine et épuise la nation, ne peut conserver son ascendant sur la nation qu'à la condition d'être toujours victorieux à l'étranger. Le régime de compression militaire à l'intérieur amène nécessairement la guerre étrangère; une armée vaincue et humiliée ne peut comprimer énergiquement. Or, dans l'état actuel de l'Europe, une nation condamnée à faire par système la guerre à l'extérieur est une nation perdue. Cette nation provoquera sans cesse contre elle des coalitions et des invasions. Voilà comment l'état instable du gouvernement intérieur de la France constitue pour elle un danger au dehors, et fait d'elle une nation guerrière, bien que l'opinion générale y soit très-pacifique. L'équilibre de l'Europe exige que toutes les nations qui la composent aient à peu près la même constitution politique. Un *ebrius inter sobrios* ne saurait être toléré dans ce concert. La première république fut conséquente dans sa guerre de propagande; elle sentait que la république française ne pouvait exister si elle n'était entourée de républiques batave,[1] parthénopéenne,[2] etc.

De toutes parts, on arrive donc à cette conséquence, que la France doit entrer sans retard dans la voie du gouvernement représentatif. Une question prealable se poserait ici: l'empereur Napoléon III se résignera-t-il à ce changement de rôle? Modifiera-t-il à ce point un programme qui est pour lui non un simple calcul d'ambition, mais une foi, un enthousiasme, la croyance qui explique toute sa vie? Après avoir aimé jusqu'au fanatisme un idéal qu'il tient pour le seul noble et grand, mais dont la France n'a pas voulu, n'éprouvera-t-il pas un invincible dégoût pour ce régime de paix, d'économie, de petites batailles ministérielles, qui s'est toujours présenté à lui comme une image de décadence, et qu'il associe au souvenir d'une dynastie tenue de lui en peu d'estime? Sortira-t-il de ce cercle de conseillers et de ministres médiocres où il paraît se complaire? Le souverain investi par plébiscite de la

---

[1] Netherlands Republic, 1795–1806.
[2] Republic established by the French in the kingdom of the Two Sicilies and which lasted from January to June 1799.

plénitude des droits populaires peut-il être parlementaire? Le plébiscite n'est-il pas la négation de la monarchie constitutionnelle? Un tel gouvernement est-il jamais sorti d'un coup d'État? peut-il exister avec le suffrage universel? Le respect dû à la personne du souverain nous interdit d'examiner ces questions. Le caractère de l'empereur Napoléon III est d'ailleurs un problème sur lequel, même quand on possédera des données que personne maintenant ne peut avoir, on fera bien de s'exprimer avec beaucoup de précautions. Il y aura peu de sujets historiques où il sera plus important d'user de retouches, et, si dans cinquante ans il n'y a pas un critique aussi profond que M. Sainte-Beuve, aussi consciencieux, aussi attentif à ne pas effacer les contradictions et à les expliquer, l'empereur Napoléon III ne sera jamais bien jugé. Nous ne ferons qu'une seule réflexion. Les considérations de race et de sang, qui étaient jadis décisives en histoire, ont beaucoup perdu de leur force. Des substitutions qui eussent été impossibles sous l'ancien régime peuvent être devenues possibles. Le caractère des familles, qui était autrefois inflexible, si bien qu'un Bourbon, par exemple, ne pouvait convenir qu'à un rôle déterminé, est maintenant susceptible de bien des modifications. Le rôle historique et la race ne sont plus deux choses inséparables. Qu'un héritier de Napoléon Ier accomplisse une œuvre en contradiction avec l'œuvre de Napoléon Ier, il n'y a en cela rien d'absolument inadmissible. L'opinion publique est tellement devenue le souverain maître, que chaque nom, chaque homme n'est que ce qu'elle le fait. Les objections *a priori* que certaines personnes élèvent contre la possibilité d'un avenir constitutionnel avec la famille Bonaparte ne sont donc pas décisives. La famille capétienne, qui devint bien réellement la représentation de la nationalité française et du tiers état, fut, à l'origine, ultra-germanique, ultra-féodale.

De même que l'architecture fait un style avec des fautes et des inexpériences, de même un pays tire tel parti qu'il veut des actes où la fatalité l'a poussé. Nous jouissons des bienfaits de la royauté, quoique la royauté ait été fondée par une série de crimes; nous profitons des conséquences de la Révolution, quoique la Révolution ait été un tissu d'atrocités. Une triste loi des choses humaines veut qu'on devienne sage quand on est usé. On a été trop difficile, on a repoussé l'excellent; on reste dans le médiocre par crainte de pire. La coquette qui a refusé les plus beaux mariages finit souvent par un mariage de raison. Ceux qui ont rêvé la République sans républicains se laissent aller de même à concevoir un règne de la famille Bonaparte sans bonapartistes, un état de choses où cette famille, débarrassée de l'entourage compromettant de ceux qui ont fondé son second avènement, trouverait ses meilleurs appuis, ses conseillers les plus sûrs dans ceux qui ne l'ont pas faite, mais l'ont acceptée comme voulue par la France et susceptible d'ouvrir quelque issue à l'étrange impasse où nous a engagés la destinée. Il est très-vrai qu'il n'y a pas un exemple de dynastie constitutionnelle sortie d'un coup d'État. Des Visconti, des Sforza, tyrans issus de discordes républicaines, ne sont pas l'étoffe dont on fait des royautés légitimes. De telles royautés ne se sont fondées que par la particulière dureté et hauteur de la race germanique aux époques barbares et inconscientes, où l'oubli est possible et où l'humanité vit dans ces ténèbres mystérieuses qui fondent le respect. *Fata viam invenient*...Le défi étrange que la France a jeté à toutes les lois de l'histoire impose en de telles inductions une extrême réserve. Montons plus haut, et, négligeant ce qui peut être déjoué par l'accident de demain, recherchons quelles sont dans le pays les raisons d'être de la monarchie constitutionnelle, quels motifs peuvent en faire espérer le triomphe, quelles craintes peuvent rester sur son établissement.

IV

Nous avons vu que le trait particulier de la France, trait qui la sépare profondément de l'Angleterre et des autres États européens (l'Italie et l'Espagne jusqu'à un certain point exceptées), est que le parti républicain constitue dans son sein un élément considérable. Ce parti, qui fut assez fort pour renverser Louis-Philippe et pour imposer quelques mois sa théorie à la France, fut, après le 2 décembre, l'objet d'une sorte de proscription.[1] A-t-il disparu pour cela? Non, certes. Les progrès qu'il a faits en

[1] Vide p. 158, n. 2

ces dix-sept dernières années ont été très-sensibles. Non-seulement il s'est maintenu en possession de la majorité dans Paris et les grandes villes, mais encore il a conquis des pays entiers; toute la zone des environs de Paris lui appartient. L'esprit démocratique, tel que nous le connaissons à Paris, avec sa raideur, son ton absolu, sa simplicité décevante d'idées, ses soupçons méticuleux, son ingratitude, a conquis certains cantons ruraux d'une façon qui étonne. Dans tel village, la situation des fermiers et des valets de ferme est exactement celle des ouvriers et des patrons dans une ville de manufactures; des paysans vous y feront de la politique rogue, radicale et jalouse avec autant d'assurance que des ouvriers de Belleville[1] ou du faubourg Saint-Antoine. L'idée des droits égaux de tous, la façon de concevoir le gouvernement comme un simple service public qu'on paye et auquel on ne doit ni respect ni reconnaissance, une sorte d'impertinence américaine, la prétention d'être aussi sage que les meilleurs hommes d'État et de réduire la politique à une simple consultation de la volonté de la majorité, voilà l'esprit qui envahit de plus en plus, même les campagnes. Je ne doute pas que cet esprit ne fasse tous les jours des progrès, et qu'aux prochaines élections, il ne se montre, partout où il sera le maître, plus exigeant, plus intraitable encore qu'il ne l'a été cette année.

Le parti républicain pourra-t-il cependant devenir un jour la majorité et faire prévaloir en France les institutions américaines? Je ne le crois pas. L'essence de ce parti est d'être une minorité. S'il aboutissait à une révolution sociale, il pourrait créer de nouvelles classes, mais ces classes deviendraient monarchiques le lendemain de leur enrichissement. Les intérêts les plus pressants de la France, son esprit, ses qualités et ses défauts lui font de la royauté un besoin. Le lendemain du jour où le parti radical aura jeté bas une monarchie, les journalistes, les littérateurs, les artistes, les gens d'esprit, les gens du monde, les femmes, conspireront pour en établir une autre, car la monarchie répond à des besoins profonds de la France. Notre amabilité seule suffit pour

[1] Gambetta (1838–82), clearly established the republican ideals in his famous Belleville programme in 1869 when he was elected to the Legislative Body both at Belleville and at Marseilles.

faire de nous de mauvais républicains. Les charmantes exagérations de la vieille politesse française, la courtoisie qui nous met aux pieds de ceux avec qui nous sommes en rapport, sont le contraire de cette raideur, de cette âpreté, de cette sécheresse que donne au démocrate le sentiment perpétuel de son droit. La France n'excelle que dans l'exquis, elle n'aime que le distingué, elle ne sait faire que de l'aristocratique. Nous sommes une race de gentilshommes; notre idéal a été créé par des gentilshommes, non, comme celui de l'Amérique, par d'honnêtes bourgeois, de sérieux hommes d'affaires. De telles habitudes ne sont satisfaites qu'avec une haute société, une cour et des princes du sang. Espérer que les grandes et fines œuvres françaises continueraient de se produire dans un monde bourgeois, n'admettant d'autre inégalité que celle de la fortune, c'est une illusion. Les gens d'esprit et de cœur qui dépensent le plus de chaleur pour l'utopie républicaine seraient justement ceux qui pourraient le moins s'accommoder d'une pareille société. Les personnes qui poursuivent si avidement l'idéal américain oublient que cette race n'a pas notre passé brillant, qu'elle n'a pas fait une découverte de science pure ni créé un chef-d'œuvre, qu'elle n'a jamais eu de noblesse, que le négoce et la fortune l'occupent tout entière. Notre idéal à nous ne peut se réaliser qu'avec un gouvernement donnant de l'éclat à ce qui approche de lui, et créant des distinctions en dehors de la richesse. Un société où le mérite d'un homme et sa supériorité sur un autre ne peuvent se révéler que sous forme d'industrie et de commerce nous est antipathique; non que le commerce et l'industrie ne nous paraissent honnêtes, mais parce que nous voyons bien que les meilleures choses (par exemple, les fonctions du prêtre, du magistrat, du savant, de l'artiste et de l'homme de lettres sérieux) sont l'inverse de l'esprit industriel et commercial, le premier devoir de ceux qui s'y adonnent étant de ne pas chercher à s'enrichir, et de ne jamais considérer la valeur vénale de ce qu'ils font.

Le parti républicain pourra donc empêcher tout gouvernement libéral de s'établir, car, en provoquant des séditions, il lui sera toujours loisible de forcer les gouvernements à s'armer de lois répressives, à restreindre les libertés, à fortifier l'élément militaire; il est douteux qu'il soit capable de s'établir lui-même. La haine entre lui et la partie paisible du pays ira toujours s'envenimant, car il paraîtra de plus en plus au pays un éternel trouble-fête. Il ne réussira, je le crains, qu'à provoquer des espèces de crises périodiques, suivies d'expulsions violentes, que le parti conservateur montrera comme des assainissements, mais qui seront en réalité des affaiblissements, et qui en tout cas useront d'une manière déplorable le tempérament de la France. Dans ces vomissements convulsifs en effet, des éléments excellents, nécessaires à la vie d'une nation, seront rejetés avec les éléments impurs. Comme il est arrivé après 1848, les idées libérales souffriront de leur inévitable solidarité avec un parti qui, plein d'illusions généreuses, exerce un grand attrait sur les imaginations jeunes, et qui, d'ailleurs, a toute une partie de son programme en commun avec l'école libérale. Il est à craindre que de longues habitudes d'esprit, une certaine raideur, beaucoup de routine et d'habitude de tout juger d'après Paris (habitude facile à comprendre chez un parti qui fut à l'origine essentiellement parisien) n'induisent ce parti à croire que des révolutions dans le genre de 1830 et 1848 pourraient se renouveler. Rien ne serait plus funeste. Le temps des révolutions parisiennes [1] est fini. Je fonde cette opinion beaucoup moins sur les changements matériels accomplis dans Paris que sur deux raisons qui pèseront, selon moi, d'un poids énorme sur les destinées de l'avenir.

L'une est l'établissement du suffrage universel. Un peuple en possession de ce suffrage ne laissera pas faire de révolution par sa capitale. Si une telle révolution s'opérait dans Paris (chose heureusement impossible), je suis persuadé que les départements ne l'accepteraient pas, que des barricades s'élèveraient sur les chemins de fer pour arrêter la propagation de l'incendie et empêcher l'approvisionnement de la capitale, que l'émeute parisienne, vite affamée, n'aurait que quelques jours de vie. L'émancipation de la province a fait depuis 1848 de grands progrès.

Un autre événement, d'ailleurs, doit être pris en grande considération. Toute la philosophie de l'histoire est dominée par la question de l'armement. Rien n'a autant contribué au triomphe de l'esprit moderne que l'invention de la poudre à canon. L'artillerie

[1] Vide p. 24, n. 1.

a tué la chevalerie et la féodalité, créé la force des royautés et des États, maté définitivement la barbarie, rendu impossible ces cyclones étranges du monde tartare qui, se formant au centre de l'Asie, venaient ébranler l'Europe et terrifier le monde chrétien. L'application délicate de la science à l'art de la guerre amènera de nos jours des révolutions presque aussi graves. La guerre deviendra de plus en plus un problème scientifique et industriel; l'avantage sera pour la nation la plus riche, la plus scientifique, la plus industrieuse. Que si nous examinons les effets de ce changement à l'intérieur des États, il est clair que l'application en grand de la science à l'armement profitera uniquement aux gouvernements. L'effet de l'artillerie fut de démolir les uns après les autres tous les châteaux féodaux; une décharge de tel engin perfectionné arrêtera une révolution. Aux époques où l'armement est peu perfectionné, un citoyen égale presque un soldat; mais, dès que le procédé agressif devient une chose savante, exigeant des instruments de précision et demandant une éducation spéciale, le soldat a une immense supériorité sur la masse désarmée. Tout porte donc à croire que des révolutions commencées par les citoyens seraient désormais écrasées dans leur germe.

C'est ce que comprennent avec leur habileté ordinaire les jésuites quand ils s'emparent des avenues de l'école de Saint-Cyr et de l'École polytechnique. Ils voient l'avenir de ceux qui savent manier les armes savantes et les forces disciplinées, et ils reconnaissent très-bien que l'avantage, sous ce rapport, est aux anciennes classes nobles, moins préoccupées que la bourgeoisie d'industrie ou de positions civiles lucratives, et par là même plus capables d'abnégation. La victoire est toujours à l'abnégation. Le Germain conquit le monde, parce qu'il était capable de fidélité, c'est-à-dire d'abnégation. Il est vrai que le parti démocratique est capable, lui aussi, de grands sacrifices, mais non de celui qui consiste à mourir par fidélité et à supporter le dédain de l'aristocrate dont on est moralement le supérieur.

La France paraît donc devoir longtemps encore échapper à la république, même quand le parti républicain formerait la majorité numérique. La France voit grandir chaque jour dans son sein une masse populaire dénuée d'idéal religieux, et repoussant tout principe social supérieur à la volonté des individus. L'autre masse, non encore pénétrée de cette idée égoïste, est chaque jour diminuée par l'instruction primaire et par l'usage du suffrage universel ; mais, contre ce flot montant d'idées envahissantes, lesquelles, étant jeunes et inexpérimentées, ne tiennent compte d'aucune difficulté, se dressent des intérêts et des besoins supérieurs, qui veulent une organisation et une direction de la société par un principe de raison et de science distinct de la volonté des individus Le démocrate s'imagine toujours que la conscience de la nation est parfaitement claire, il n'admet rien d'obscur, d'hésitant, de contradictoire dans l'opinion : compter les voix et faire ce que veut la majorité lui paraissent choses fort simples ; mais ce sont là des illusions. Longtemps encore l'opinion devra être devinée, pressentie, supposée et jusqu'à un certain point dirigée. De là des intérêts monarchiques qui, le lendemain de l'établissement de la république, se montreront formidables, même dans l'esprit de ceux qui auront fait ou laissé faire la république.

Le mouvement qui s'opère dans les classes populaires et qui tend à donner aux individus une conscience de plus en plus nette de leurs droits est un fait si évident, que vouloir s'y opposer serait de la pure folie. Le devoir de la politique est, non pas de combattre un tel mouvement, mais de le prévoir et de s'en accommoder. Les savants n'ont jamais cherché des moyens pour arrêter la marée ; ils ont mieux fait ; ils ont si bien déterminé les lois du phénomène, que le navigateur sait minute par minute l'état de la mer et en tire grand profit. L'essentiel est que le flot ascendant n'emporte pas les digues nécessaires et ne produise pas, en se retirant, de funestes réactions. Or c'est là, suivant les apparences, ce qui arrivera toutes les fois que la démocratie française sera conduite par le jacobinisme âpre, hargneux, pédantesque, qui remue le pays, parfois même lui donne de l'essor, mais ne le conduira jamais à une constitution assurée. Ce parti peut faire une révolution, il ne régnera pas plus de deux mois après l'avoir faite. Même le jour où (chose peu probable) il arriverait à une majorité de scrutin, il ne fonderait rien encore, car les éléments dont il dispose, excellents pour agiter, sont instables, faciles à diviser, et tout à fait incapables de fournir les éléments solides d'une construction. Sa force, quoique grande, est en partie une force de circonstance. Dix fois il m'a été donné, pendant une campagne électorale, d'éntendre le dialogue que voici : 'Nous ne sommes pas contents du gouvernement; il coûte trop cher; il gouverne au profit d'idées qui ne sont pas les nôtres; nous voterons pour le candidat de l'opposition la plus avancée.—Vous êtes donc révolutionnaires?—Nullement; une révolution serait le dernier malheur. Il s'agit seulement de faire impression sur le gouvernement, de le forcer à changer, de le contenir vigoureusement.—Mais, si la Chambre est composée de révolutionnaires, c'est le renversement du gouvernement.—Non; il n'y en aura que vingt ou trente, et puis le gouvernement est si fort! il a les chassepots!'[1] Ce naïf raisonnement donne la mesure de l'illusion que se fait la gauche radicale, quand elle s'imagine que le pays la veut pour elle-même. Une grande partie du pays la prend comme un bâton pour châtier le pouvoir, non comme un appui pour s'étayer. 'On nous nomme, donc on nous aime,' serait de la part des honorables membres de l'opposition dite avancée la plus dangereuse des conclusions. On les nomme pour donner une leçon au gouvernement, et avec la persuasion que le gouvernement est assez fort pour supporter la leçon. Le jour où il n'en serait plus ainsi et où l'on s'apercevrait qu'on a mis en danger l'existence du gouvernement, il se ferait une volte-face, si bien que le parti radical est soumis à cette loi étrange, que l'heure de sa victoire est le commencement de sa défaite. Son triomphe est sa fin; souvent ceux qui l'ont nommé et mis en avant applaudissent eux-mêmes à sa proscription.

L'ordre en effet est devenu, dans nos sociétés modernes d'Europe, une condition si impérieuse, que de longues guerres civiles sont impossibles. On cite quelquefois l'exemple de ces illustres républiques grecques et italiennes, qui créèrent une admirable civilisation au milieu d'un État politique assez analogue à notre Terreur; mais on ne saurait rien conclure de là pour des sociétés comme les nôtres, où les ressorts sont bien plus compliqués. L'Espagne, les républiques espagnoles de l'Amérique, l'Italie même, peuvent supporter plus d'anarchie que la France, parce que ce sont des pays où la vie matérielle est plus facile, où il y a

[1] Vide p. 37, n. 1.

moins de sources de richesse, où les intérêts et le crédit ont pris moins de développement. La Terreur, à la fin du dernier siècle, fut la suspension de la vie. Ce serait de nos jours bien pis encore. De même qu'un être d'une structure simple résiste à des milieux très-différents, et que les animaux fins, tels que l'homme, ont des limites de vie très-restreintes, si bien que de légers changements dans leurs habitudes amènent pour eux la mort, de même nos civilisations montées comme de savants appareils ne supportent pas de crises. Elles ont, si j'ose le dire, le tempérament délicat ; un degré de plus ou de moins les tue. Huit jours d'anarchie amèneraient des pertes incalculables ; au bout d'un mois peut-être, les chemins de fer s'arrêteraient. Nous avons créé des mécanismes d'une précision infinie, des outillages qui marchent par la confiance et qui tous supposent une profonde tranquillité publique, un gouvernement à la fois fortement établi et sérieusement contrôlé. Je sais qu'aux États-Unis les choses ne se passent point de la sorte ; on y supporte des désordres qui chez nous feraient pousser des cris d'alarme. Cela vient de ce que l'assise constitutionnelle des États-Unis n'est jamais réellement compromise. Ces pays américains, peu gouvernés, ressemblent aux pays européens où la dynastie est hors de question. Ils ont le respect de la loi et de la constitution, qui représentent chez eux ce qu'est en Europe le dogme de la légitimité. Comparer les pays à tendances socialistes, comme le nôtre, où tant de personnes attendent d'une révolution l'amélioration de leur sort, à de pareils États, complètement exempts de socialisme, où l'homme, tout occupé de ses affaires privées, demande au gouvernement très-peu de garanties, est la plus profonde erreur qu'on puisse commettre en fait d'histoire philosophique.

Le besoin d'ordre qu'éprouvent nos vieilles sociétés européennes, coïncidant avec le perfectionnement des armes, donnera en somme aux gouvernements autant de force que leur en enlève chaque jour le progrès des idées révolutionnaires. Comme la religion, l'ordre aura ses fanatiques. Les sociétés modernes offrent cette particularité, qu'elles sont d'une grande douceur quand leur principe n'est pas en danger, mais qu'elles deviennent impitoyables si on leur inspire des doutes sur les conditions de leur durée.

La société qui a eu peur est comme l'homme qui a eu peur: elle n'a plus toute sa valeur morale. Les moyens qu'employa la société catholique au XIIIe et au XVIe siècle pour défendre son existence menacée, la société moderne les emploiera, sous des formes plus expéditives et moins cruelles, mais non moins terribles. Si les vieilles dynasties y sont impuissantes, ou si, comme il est probable, elles refusent le pouvoir dans des conditions indignes d'elles, on recourra aux *paciers*[1] et aux podestats de l'Italie du moyen âge, que l'on chargera à forfait, et sur un sanglant programme réglé d'avance, de rétablir les conditions de la vie. Cette ère de podestats, bien blasés sur la gloire, et qui ne voudront pour prix de leurs services que de beaux profits, sera l'ère des supplices. Les supplices reviennent toujours aux époques d'égoïsme et de perfidie, qui ont tué toute fidélité personnelle, quand la hiérarchie de l'humanité ne se fonde plus que sur la peur, et que l'homme n'a de prise sur son semblable qu'en torturant sa chair. On reverra le *carême* des Visconti,[2] les supplices des Achéménides[3] et de Timour.[4] Des dictateurs d'aventure analogues aux généraux de l'Amérique espagnole se chargeront seuls d'une telle besogne. Comme nos races cependant ont un fonds de fidélité dont elles ne se départent pas, comme d'ailleurs il restera longtemps des survivants des anciennes dynasties, il y aura probablement des retours de légitimité et même de féodalité, après chaque cruelle dictature. En certaines provinces, les populations iront demander à des familles anciennes, riches, habituées au maniement des armes, de se mettre à leur tête pour lutter contre l'anarchie et former des centres de résistance locale. Plus d'une fois encore, on suppliera les vieux détenteurs traditionnels de rôles nationaux de reprendre leur tâche et de rendre à tout prix, aux pays qui contractèrent jadis avec leurs ancêtres, un peu de paix, de bonne foi et d'honneur. Peut-être se feront-ils prier et mettront-ils à leur acceptation des clauses qu'on ne marchandera pas. Peut-être même leur demandera-t-on de n'accepter aucune

---

[1] Arbitrators.
[2] A system of torture designed by Galeazzo Visconti (d. 1378) and calculated to keep the victim alive for forty days.
[3] Persian dynasty.
[4] Tamerlane (1336–1405).

condition, et, dans l'intérêt des peuples, de conserver intacte une plénitude de pouvoir qu'on envisagera comme la propriété la plus précieuse de la nation. En présence de certains faits [1] comme ceux qui se sont passés récemment en Grèce, au Mexique, en Espagne, le parti démocratique dit parfois avec un sourire: 'On ne trouve plus de rois.' En effet, nous verrons un temps où la royauté dépréciée n'aura plus assez d'attraits pour tenter les princes capables et se respectant eux-mêmes. Dieu veuille qu'un jour, pour avoir trop fait fi des libertés octroyées, on ne soit pas amené à prier les souverains de les réserver toutes, ou de n'en délier le faisceau que lentement, par des concessions et des chartes personnelles, locales, momentanées!

Un retour des barbares, c'est-à-dire un nouveau triomphe des parties moins conscientes et moins civilisées de l'humanité sur les parties plus conscientes et plus civilisées, paraît, au premier coup d'œil, impossible. Entendons-nous bien à cet égard. Il existe encore dans le monde un réservoir de forces barbares, placées presque toutes sous la main de la Russie. Tant que les nations civilisées conserveront leur forte organisation, le rôle de cette barbarie est à peu près réduit à néant; mais certainement, si (ce qu'à Dieu ne plaise!) la lèpre de l'égoïsme et de l'anarchie faisait périr nos États occidentaux, la barbarie retrouverait sa fonction, qui est de relever la virilité dans les civilisations corrompues, d'opérer un retour vivifiant d'instinct quand la réflexion a supprimé la subordination, de montrer que se faire tuer volontiers par fidélité pour un chef (chose que le démocrate tient pour basse et insensée) est ce qui rend fort et fait posséder la terre. Il ne faut pas se dissimuler, en effet, que le dernier terme des théories démocratiques socialistes serait un complet affaiblissement. Une nation qui se livrerait à ce programme, répudiant toute idée de gloire, d'éclat social, de supériorité individuelle, réduisant tout à contenter les volontés matérialistes des foules, c'est-à-dire à procurer la jouissance du plus grand nombre, deviendrait tout à fait ouverte à la conquête, et son existence courrait les plus grands dangers.

[1] Allusion to the Cretan revolt, 1866–9, the execution of the Emperor Maximilian at Queretaro, 1867, and to the revolution in Spain, 1868, which expelled Queen Isabella.

Comment prévenir ces tristes éventualités, que nous avons voulu montrer comme des possibilités et non comme des craintes déterminées? Par le programme réactionnaire? En comprimant, éteignant, serrant, gouvernant de plus en plus? Non, mille fois non; cette politique a été l'origine de tout le mal; elle serait le moyen de tout perdre. Le programme libéral est en même temps le programme vraiment conservateur. Monarchie constitutionnelle, limitée et contrôlée; décentralisation, diminution du gouvernement, forte organisation de la commune, du canton, du département; large essor donné à l'activité individuelle dans le domaine de l'art, de l'esprit, de la science, de l'industrie, de la colonisation; politique décidément pacifique, abandon de toute prétention à des agrandissements territoriaux en Europe; développement d'une bonne instruction primaire et d'une instruction supérieure capable de donner aux mœurs de la classe instruite la base d'une solide philosophie; formation d'une chambre haute provenant de modes d'élection très-variés et réalisant à côté de la simple représentation numérique des citoyens la représentation des intérêts, des fonctions, des spécialités, des aptitudes diverses; dans les questions sociales, neutralité du gouvernement; liberté entière d'association;[1] séparation[2] graduelle de l'Église et de l'État, condition de tout sérieux dans les opinions religieuses: voilà ce qu'on rêve quand on cherche, avec la réflexion froide et dégagée des aveuglements d'un patriotisme intempérant, la voie du possible. A quelques égards, c'est là une politique de pénitence, impliquant l'aveu que, pour le moment, il s'agit moins de continuer la Révolution que de la critiquer et de réparer ses erreurs. Je me figure souvent, en effet, que l'esprit français traverse une période de jeûne, une sorte de diète politique, durant laquelle l'attitude qui nous convient est celle de l'homme d'esprit qui expie les fautes de sa jeunesse, ou bien du voyageur déçu qui contourne par le plus long chemin la hauteur qu'il avait prétendu escalader à pic. Les révolutions, comme les guerres civiles, fortifient si l'on en sort; elles tuent si elles durent. Les brillantes et hardies entreprises nous ont mal réussi; essayons des voies plus humbles. Les initiatives de Paris

[1] Trade Unions were first recognized by law in France in 1884.
[2] Vide p. 70, n. 1.

ont été funestes; voyons ce que peut le terre-à-terre provincial. Craignons ces revendications impérieuses et hautaines, si rarement suivies d'effet. Qu'on me montre un exemple, au moins en France, d'une liberté prise de haute lutte et gardée.

Nul plus que moi n'admire et n'aime ce centre extraordinaire de vie et de pensée qui s'appelle Paris. Maladie si l'on veut, mais maladie à la façon de la perle, précieuse et exquise hypertrophie, Paris est la raison d'être de la France. Foyer de lumière et de chaleur, je veux bien qu'on l'appelle aussi foyer de décomposition morale, pourvu qu'on m'accorde que sur ce fumier naissent des fleurs charmantes, dont quelques-unes de première rareté. La gloire de la France est de savoir entretenir cette prodigieuse exhibition permanente de ses produits les plus excellents; mais il ne faut pas se dissimuler à quel prix ce merveilleux résultat est obtenu. Les capitales consomment et ne produisent pas. Il ne faut pas, en portant le mal aux extrêmes, risquer de faire de la France alternativement une tête sans corps et un corps sans tête. L'action politique de Paris doit cesser d'être prépondérante. Les deux choses que la province a jusqu'ici reçues de Paris, les révolutions et le gouvernement, la province commence à les accueillir avec une égale antipathie. Seule, la démocratie parisienne ne fondera rien de solide; si l'on n'y prend garde, elle amènera des exterminations périodiques, funestes pour la France, puisque la démocratie parisienne est d'un autre côté un ferment nécessaire, un excitant sans lequel la vie de la France languirait. Les réunions publiques de la dernière période électorale à Paris ont révélé un manque complet d'esprit politique. Maîtresse du terrain, la démocratie a mis à l'ordre du jour une sorte de surenchère en fait de paradoxes; les candidats se sont laissé conduire par les exigences de la foule, et n'ont guère été appréciés qu'en proportion de leur vigueur déclamatoire; l'opinion modérée n'a pu se faire entendre, ou bien a été obligée de forcer sa voix. Paris ignore les deux premières vertus de la vie politique, la patience et l'oubli. La politique du patriarche Jacob, qui voulait que la marche de toute sa tribu se réglât sur le pas des agneaux nouveau-nés, n'est pas du tout son fait.

En général, l'erreur du parti libéral français est de ne pas comprendre que toute construction politique doit avoir une base conservatrice. En Angleterre, le gouvernement parlementaire n'a été possible qu'après l'exclusion du parti radical, exclusion qui s'est faite avec une sorte de frénésie de légitimité. Rien n'est assuré en politique jusqu'à ce qu'on ait amené les parties lourdes et solides, qui sont le lest de la nation, à servir le progrès. Le parti libéral de 1830 s'imagina trop facilement emporter son programme de vive force, en contrariant en face le parti légitimiste. L'abstention ou l'hostilité de ce parti est encore le grand malheur de la France. Retirée de la vie commune, l'aristocratie légitimiste refuse à la société ce qu'elle lui doit, un patronage, des modèles et des leçons de noble vie, de belles images de sérieux. La vulgarité, le défaut d'éducation de la France, l'ignorance de l'art de vivre, l'ennui, le manque de respect, la parcimonie puérile de la vie provinciale, viennent de ce que les personnes qui devraient au pays les types de gentilshommes remplissant les devoirs publics avec une autorité reconnue de tous désertent la société générale, se renferment de plus en plus dans une vie solitaire et fermée. Le parti légitimiste est en un sens l'assise indispensable de toute fondation politique parmi nous ; même les États-Unis possèdent à leur manière cette base essentielle de toute société dans leurs souvenirs religieux, héroïques à leur manière, et dans cette classe de citoyens moraux, fiers, graves, pesants, qui sont les pierres avec lesquelles on bâtit l'édifice de l'État. Le reste n'est que sable ; on n'en fait rien de durable, quelque esprit et même quelque chaleur de cœur qu'on y mette.

Ce parti provincial, qui prend de jour en jour conscience de sa force, que pense-t-il ? que veut-il ? Jamais état d'opinion ne fut plus évident. Ce parti est libéral, non révolutionnaire, constitutionnel, non républicain ; il veut le contrôle du pouvoir, non sa destruction, la fin du gouvernement personnel, non le renversement de la dynastie. Je ne doute pas que, si le gouvernement eût, il y a huit mois, nettement pris son parti, renoncé aux candidatures officielles, au morcellement artificiel des circonscriptions, et laissé les élections se faire spontanément par le pays, le scrutin n'eût envoyé une chambre décidément imbue de ces principes, et qui, étant considérée par le pays comme une représentation de sa volonté, aurait eu assez de force pour traverser les circonstances les plus difficiles. On aura un jour autant de peine à comprendre que l'empereur Napoléon III n'ait pas saisi ce moyen pour obtenir une seconde signature du pays à son contrat de mariage et pour partager avec lui la responsabilité d'un obscur avenir, qu'on en éprouve à comprendre que Louis-Philippe n'ait pas vu dans l'adjonction des capacités une manière d'élargir les bases de sa dynastie. La province, en effet, prend les élections beaucoup plus au sérieux que Paris. N'ayant de vie politique qu'une fois tous les six ans, elle prête aux élections une importance que Paris, avec sa perpétuelle légèreté, ne leur accorde pas. Paris, préoccupé de sa protestation radicale, voit dans les élections non un choix de graves délégués, mais une occasion de manifestations ironiques. La province ne comprend pas ces finesses ; son député est vraiment son mandataire, et elle y tient. Une chambre élue librement et sans l'intervention de l'administration eût-elle été dangereuse pour la dynastie ? L'opposition radicale y eût-elle été représentée par un nombre plus considérable de députés ? Je crois juste tout le contraire. Dans un grand nombre de cas, l'élection des candidats hostiles ou même injurieux a été une façon de protester contre le candidat officiel ou complaisant. La candidature officielle trouble complétement l'operation électorale et en altère la sincérité, non-seulement par la pression directe que l'administration exerce en sa faveur, mais surtout par la fausse situation où elle met l'électeur indépendant. Pour celui-ci, en effet, il ne s'agit plus de choisir le candidat qui représente le mieux son opinion, ou qu'il croit le plus capable de rendre des services au pays ; il s'agit d'écarter à tout prix le candidat officiel. Dès lors, plus de nuances, plus de préférences. Les opinions extrêmes trouvant une faveur assurée dans la foule, sur laquelle les assertions tranchées, les déclamations bruyantes, ont plus de force que les opinions moyennes, le parti démocratique d'ailleurs ayant une organisation que n'a aucun autre parti et disposant d'un vrai fanatisme, les libéraux suivent le torrent, et adoptent malgré leurs répugnances le candidat radical. C'est une erreur fort répandue en France de croire qu'en demandant plus on obtient moins, et que l'opposition radicale est l'instrument du progrès, la force d'impulsion du gouvernement; cela est vrai de l'opposition modérée, mais non de l'opinion radicale, laquelle est un obstacle au progrès, un empêchement aux concessions, par la terreur qu'elle inspire et les mesures de répression qu'elle amène.

Plus que jamais l'effort de la politique doit être non pas de résoudre les questions, mais d'attendre qu'elles s'usent. La vie des nations, comme celle des individus, est un compromis entre des contradictions. De combien de choses il faut reconnaître qu'on ne peut vivre ni avec elles ni sans elles, et pourtant l'on vit toujours! Le prince Napoléon disait, il y a quelques jours, avec esprit, à ceux qui veulent ajourner la liberté jusqu'à ce qu'il n'y ait plus en France ni dynasties rivales ni parti révolutionnaire: 'Vous attendrez longtemps.' L'histoire ne blâmera pas la politique de ceux qui, dans un tel état de choses, se seront résignés à vivre d'expédients. Supposez qu'un membre de la branche aînée ou de la branche cadette de Bourbon règne un jour sur la France, ce ne sera point parce que la majorité de la France se sera faite légitimiste ou orléaniste, c'est parce que la *roue de fortune* aura ramené des circonstances où tel membre de la maison de Bourbon se sera trouvé l'utilité du moment. La France a si complétement laissé mourir en elle l'attachement dynastique, que même la légitimité n'y rentrerait que par aventure, à titre transitoire. Le positivisme contemporain a tellement supprimé toute métaphysique, qu'une idée des plus étroites tend à se répandre: c'est qu'un suffrage populaire a d'autant plus de force qu'il est plus récent, si bien qu'au bout d'une quinzaine d'années on fait cet étrange raisonnement: 'La génération qui avait voté tel plébiscite est morte en partie, le suffrage a perdu sa valeur et a besoin d'être renouvelé.' C'est le contraire de l'idée du moyen âge, selon laquelle un pacte valait d'autant plus qu'il était plus ancien. C'est en un sens la négation du principe national, car le principe national, comme la religion, suppose des pactes indépendants de la volonté des individus, des pactes transmis et reçus de père en fils comme un héritage. En refusant à la nation le pouvoir d'engager l'avenir, on réduit tout à des contrats viagers, que dis-je? passagers; les exaltés, je crois, les voudraient même annuels, en attendant ce qu'ils appellent le gouvernement direct, état où la volonté nationale ne serait plus que le caprice de chaque heure. Que devient avec de pareilles conceptions politiques l'intégrité de la nation ? Comment nier le droit à la sécession quand on réduit tout au fait matériel de la volonté actuelle des citoyens ? La vérité est qu'une nation est autre chose que la collection des unités qui la composent, qu'elle ne saurait dépendre d'un vote, qu'elle est à sa manière une idée, une chose abstraite, supérieure aux volontés particulières. Le principe du gouvernement ne saurait non plus être réduit à une simple consultation du suffrage universel, c'est-à-dire à constater et exécuter ce que le plus grand nombre regarde comme son intérêt. Cette conception matérialiste renferme au fond un appel à la lutte : en se proclamant *ultima ratio*, le suffrage universel part de cette idée que le plus grand nombre est un indice de force ; il suppose que, si la minorité ne pliait pas devant l'opinion de la majorité, elle aurait toute chance d'être vaincue. Mais ce raisonnement n'est pas exact, car la minorité peut être plus énergique et plus versée dans le maniement des armes que la majorité. 'Nous sommes vingt, vous êtes un, dit le suffrage universel ; cédez, ou nous vous forçons ! — Vous êtes vingt, mais j'ai raison, et à moi seul je peux vous forcer ; cédez,' dira l'homme armé.

Fata viam invenient! Heureux qui peut, comme Boèce[1], sur les ruines d'un monde, écrire sa *Consolation de la philosophie.* L'avenir de la France est un mystère qui déjoue toute sagacité. Certes, d'autres pays agitent de graves problèmes : l'Angleterre, avec un calme qu'on ne peut assez admirer, résout des questions hardies qui chez nous passent pour le domaine des seuls utopistes ; mais partout le débat est circonscrit, partout il y a une arène limitée, des lois du combat, des hérauts et des juges. Chez nous, c'est la constitution même, la forme et jusqu'à un certain point l'existence de la société qui sont perpétuellement en question. Un pays peut-il résister à un tel régime ? Voilà ce qu'on se demande avec inquiétude. On se rassure en songeant qu'une grande nation est, comme le corps humain, une machine admirablement pondérée et équilibrée, qu'elle se crée les organes dont elle a besoin, et que, si elle les a perdus, elle se les redonne. Il se peut que, dans notre ardeur

[1] *C.* A.D. 470–c. 525.

révolutionnaire, nous ayons poussé trop loin les amputations, qu'en croyant ne retrancher que des superfluités maladives, nous ayons touché à quelque organe essentiel de la vie, si bien que l'obstination du malade à ne pas se bien porter tienne à quelque grosse lésion faite par nous dans ses entrailles. C'est une raison pour y mettre désormais beaucoup de précautions et pour laisser ce corps, robuste après tout, quoique profondément atteint, réparer ses blessures intérieures et revenir aux conditions normales de la vie.

Hâtons-nous de le dire, d'ailleurs : des défauts aussi brillants que ceux de la France sont à leur maniere des qualités. La France n'a pas perdu le sceptre de l'esprit, du goût, de l'art délicat, de l'atticisme ; longtemps encore, elle fixera l'attention de l'humanité civilisée, et posera l'enjeu sur lequel le public européen engagera ses paris. Les affaires de la France sont de telle nature, qu'elles divisent et passionnent les étrangers autant et souvent plus que les affaires de leur propre pays. Le grand inconvénient de son état politique, c'est l'imprévu ; mais l'imprévu est à double face : à côté des mauvaises chances, il y a les bonnes, et nous ne serions nullement surpris qu'après de déplorables aventures, la France traversât des années d'un singulier éclat. Si, lasse enfin d'étonner le monde, elle voulait prendre son parti d'une sorte d'apaisement politique, quelle ample et glorieuse revanche elle pourrait prendre dans les voies de l'activité privée ! Comme elle saurait rivaliser avec l'Angleterre dans la conquête pacifique du globe et dans l'assujettissement de toutes les races inférieures ! La France peut tout, excepté être médiocre. Ce qu'elle souffre, en somme, elle le souffre pour avoir trop osé contre les dieux. Quels que soient les malheurs que l'avenir lui réserve, et dût le sort du Français, comme celui du Grec, du Juif, de l'Italien, exciter un jour la pitié du monde et presque son sourire, le monde n'oubliera point que, si la France est tombée dans cet abîme de misère, c'est pour avoir fait d'audacieuses expériences dont tous profitent, pour avoir aimé la justice jusqu'à la folie, pour avoir admis avec une généreuse imprudence la possibilité d'un idéal que les misères de l'humanité ne comportent pas.

LA PART DE LA FAMILLE ET DE L'ÉTAT DANS L'ÉDUCATION*

MESDAMES, MESSIEURS,

Vous venez d'entendre de nobles, d'excellentes paroles, et dites avec une haute autorité. J'y adhère complétement. Je pense, comme notre digne et illustre président,† que la question de l'éducation est pour les sociétés modernes une question de vie ou de mort, une question d'où dépend l'avenir. Notre parti, messieurs, est bien pris à cet égard. Nous ne reculerons jamais devant ce principe philosophique, que tout homme a droit à la lumière. Nous avons confiance que la lumière est bienfaisante, que, si elle a parfois des dangers, elle seule peut offrir le remède à ces dangers. Que les personnes qui ne croient pas à la réalité du devoir, qui regardent la morale comme une illusion, prêchent la thèse désolante de l'abrutissement nécessaire d'une partie de l'espèce humaine, rien de mieux; mais, pour nous qui croyons que la morale est vraie d'une manière absolue, une telle doctrine nous est interdite. A tout prix, et quoi qu'il arrive, *que plus de lumière se fasse!* Voilà notre devise; nous ne l'abandonnerons jamais.

Beaucoup d'esprits, et parfois de bons esprits, ont des scrupules, je le sais. Ils s'effrayent du progrès qui porte de nos jours la conscience dans des portions de l'humanité qui jusqu'à présent y étaient restées fermées. 'Il y a, disent-ils, dans le travail humain, des fonctions humbles auxquelles l'homme instruit et cultivé ne consentira jamais à se plier. Le réveil de la conscience est toujours plus ou moins accompagné de révolte; la diffusion de l'instruction rendra tout à fait impossibles l'ordre, la hiérarchie, l'acceptation de l'autorité, sans lesquels l'humanité n'a pas pu vivre jusqu'ici.' C'est là, messieurs, un raisonnement très-mauvais, j'ose même

* Conférence faite dans l'ancien Cirque du Prince-Impérial le 19 avril 1869.
† M. Carnot, député au Corps législatif.

dire très-impie. C'est la raison dont on s'est servi, durant des siècles, pour maintenir l'esclavage. 'Le monde, disait-on, a des besognes infimes dont jamais un homme libre ne se chargera; l'esclavage est donc nécessaire.' L'esclavage a disparu, et le monde n'a pas croulé pour cela. L'ignorance disparaîtra, et le monde ne croulera pas. Le raisonnement que je combats part d'une doctrine basse et fausse: c'est que l'instruction ne sert que pour l'usage pratique qu'on en fait; si bien que celui qui par sa position sociale n'a pas à faire valoir sa culture d'esprit n'a pas besoin de cette culture. La littérature, dans cette manière de voir, ne sert qu'à l'homme de lettres, la science qu'au savant; les bonnes manières, la distinction ne servent qu'à l'homme du monde. Le pauvre doit être ignorant, car l'éducation et le savoir lui seraient inutiles. Blasphème, messieurs! La culture de l'esprit, la culture de l'âme sont des devoirs pour tout homme. Ce ne sont pas de simples ornements, ce sont des choses sacrées comme la religion. Si la culture de l'esprit n'était qu'une chose frivole, 'la moins vaine des vanités,' comme disait Bossuet, on pourrait soutenir qu'elle n'est pas faite pour tous, de même que le luxe n'est pas fait pour tous. Mais, si la culture de l'esprit est la chose sainte par excellence, nul n'en doit être exclu. On n'a jamais osé dire, au moins dans un pays chrétien, que la religion soit une chose réservée pour quelques-uns, que l'homme humble et pauvre doive être chassé de l'église. Eh bien, messieurs, l'instruction, la culture de l'âme, c'est notre religion. Nous n'avons le droit d'en chasser personne. Condamner un homme *a priori* à ne pas recevoir l'instruction, c'est déclarer qu'il n'a pas d'âme, qu'il n'est pas fils de Dieu et de la lumière. Voilà l'impiété par excellence. Je me joins à l'honorable M. Carnot pour lui déclarer une guerre à mort. On a dit que la victoire de Sadowa avait été la victoire de l'instituteur primaire; cela est vrai, messieurs. Une nation qui négligerait cette partie de sa tâche non-seulement manquerait absolument à ses devoirs envers ses membres, elle se condamnerait à une inévitable décadence, à une complète infériorité devant les autres nations. La doctrine de l'abrutissement d'une partie de l'espèce humaine n'est pas seulement impie, elle est impolitique; elle exposera la société qui l'adoptera aux plus tristes retours de la brutalité. 'Prenez garde, disait Mirabeau, vous qui voulez tenir le peuple dans l'ignorance; c'est vous qui êtes les plus menacés; ne voyez-vous pas avec quelle facilité d'une bête brute on fait une bête féroce?'

La question spéciale que j'ai à discuter devant vous, messieurs, est une des plus difficiles de toutes celles qui sont relatives à cette délicate matière de l'instruction publique. J'entreprends de discuter les droits réciproques de la famille et de l'État dans l'éducation de l'enfant. Ce problème a donné lieu aux solutions les plus opposées. Il tient aux principes les plus profonds de la théorie de la société, principes pour lesquels je dois réclamer tout d'abord votre plus sérieuse attention.

Sauf des cas extrêmement rares, l'homme, messieurs, naît en société, c'est-à-dire que tout d'abord, et sans qu'il l'ait choisi, l'homme fait partie de groupes dont il est membre-né. La famille, la commune ou la cité, le canton, le département ou la province, l'État, l'Église ou l'association religieuse quelle qu'elle soit, voilà des groupes que j'appellerai naturels, en ce sens que chacun de nous y appartient en naissant, participe à leurs bienfaits et à leurs charges. Établir un juste équilibre entre les droits opposés de ces groupes divers est le grand problème des choses humaines. Nulle part cette tâche n'est plus difficile que quand il s'agit d'éducation. Dans toutes les autres parties du gouvernement civil, le sujet, le membre de l'État est considéré comme majeur, libre, responsable, capable de raisonner et discerner. Quand il s'agit d'éducation, au contraire, le sujet, qui est l'enfant, est en tutelle, incapable de volonté propre. Le choix de son éducateur, choix dans lequel il n'est pour rien, décidera de sa vie. Sa vie, en d'autres termes, différera totalement, selon que son père, sa mère, sa ville natale, l'État dont il fait partie, l'Église où le sort l'a fait naître régleront son éducation. L'expérience en pareille matière se fait sur le vif, sur des âmes, et sur des âmes mineures, si j'ose le dire, pour lesquelles la loi est obligée de prendre un parti.

L'homme, en effet, messieurs, est un être essentiellement éducable. Le don que chacun de nous apporte en naissant n'est presque rien si la société ne vient le développer et en diriger l'emploi. L'animal aussi est susceptible, dans une certaine mesure, d'élargir ses aptitudes par l'éducation ; mais cela est peu de chose, et, en tout cas, l'humanité a seule, comme l'a dit Herder, la possibilité de capitaliser ses découvertes, d'ajouter de nouvelles acquisitions à ses acquisitions plus anciennes, si bien que chacun de nous est l'héritier d'une somme immense de dévouements, de sacrifices, d'expériences, de réflexions, qui constitue notre patrimoine, fait notre lien avec le passé et avec l'avenir. Il n'y a pas de philosophie plus superficielle que celle qui, prenant l'homme comme un être égoïste et viager, prétend l'expliquer et lui tracer ses devoirs en dehors de la société dont il est une partie. Autant vaut considérer l'abeille abstraction faite de la ruche, et dire qu'à elle seule l'abeille construit son alvéole. L'humanité est un ensemble dont toutes les parties sont solidaires les unes pour les autres. Nous avons tous des ancêtres. Tel ami de la vérité qui a souffert pour elle il y a des siècles nous a conquis le droit de conduire librement notre pensée ; c'est à une longue série de générations honnêtes et obscures que nous devons une patrie, une existence civile et libre. Ce trésor de raison et de science, toujours grandissant, que nous avons reçu du passé et que nous léguons à l'avenir, c'est l'éducation, messieurs, l'éducation à tous ses degrés, qui nous y fait participer. Ce trésor appartient à la société qui le dispense. Sous quelle forme, par quelles mains, avec quelles garanties cette dispensation doit-elle se faire ?

Un principe sur lequel tous les bons esprits de nos jours paraissent d'accord est de n'attribuer à la société, je veux dire à la commune, à la province, à l'État, que ce que les individus isolés ou associés librement ne peuvent faire. Le progrès social consistera justement dans l'avenir à transporter une foule de choses de la catégorie des choses d'État à la catégorie des choses libres, abandonnées à l'initiative privée. La religion, par exemple, était autrefois une chose d'État ; elle ne l'est plus et tend chaque jour à devenir une chose tout à fait libre. Concevons-nous une société où l'instruction publique pourrait de même être considérée comme une chose libre, ne regardant que l'individu et la famille ; une société où il n'y aurait aucune administration de l'instruction publique, où l'État et la commune ne s'occuperaient pas plus de l'école à laquelle le père conduit son fils que de la maison où il le fournit de vêtements ; une société où chacun choisirait un professeur, un médecin, un avocat, selon l'opinion qu'il a de sa capacité, et sans s'inquiéter s'il est diplômé par l'État ? Oui, sans doute, une telle société se conçoit ; le jour où une pareille absence de législation serait possible, un immense progrès intellectuel et moral aurait été accompli ; car une société est d'autant plus parfaite que l'État s'y occupe de moins de choses ; mais ce jour est fort éloigné. Tous les pays du monde, la libre Amérique plus qu'aucun autre, regardent comme impossible d'abandonner purement et simplement à la sollicitude des particuliers le soin de l'instruction publique. Il est indubitable que l'application d'un tel système aurait, à l'heure qu'il est, pour conséquence de réduire déplorablement le nombre de ceux qui participent à l'instruction et d'en abaisser misérablement le niveau. Nous ne discuterons donc pas, messieurs, une utopie qui deviendra peut-être un jour une réalité, l'utopie d'une instruction absolument libre, je veux dire dont ni l'État, ni le canton, ni le département, ni la commune ne s'occuperaient, ni pour la subventionner, ni pour la surveiller. Nous rechercherons comment, dans l'état actuel de nos sociétés, il est possible, en pareille matière, de concilier l'intérêt de l'État avec les droits sacrés de la famille et de l'individu.

Plus nous remontons dans le passé, messieurs, plus nous trouvons les droits de l'État sur l'éducation de l'enfant affirmés hautement et même exagérés. Dans ces petites sociétés grecques qui sont pour nous à l'horizon de l'histoire comme un idéal, l'éducation, de même que la religion, était absolument une chose d'État. L'éducation était réglée dans ses moindres détails ; tous se livraient aux mêmes exercices du corps, tous apprenaient les mêmes chants, tous participaient aux mêmes cérémonies religieuses et traversaient les mêmes initiations. Y changer quelque chose était un crime puni de mort ; 'corrompre la jeunesse,' c'est-à-dire la détourner de l'éducation d'État, était un crime capital (témoin Socrate). Et ce régime, qui nous paraîtrait insupportable, était charmant alors ; car le monde était jeune, et la cité donnait tant de vie et de joie, qu'on lui pardonnait toutes les injustices, toutes les tyrannies. Un beau bas-relief trouvé à Athènes par M. Beulé, au pied de l'Acropole, nous montre une danse militaire d'éphèbes, une pyrrhique; ils sont là, l'épée à la main, faisant l'exercice avec un ensemble et à la fois une individualité qui étonnent; une muse préside à leurs exercices et les dirige. On sent dans ce morceau une harmonie de vie dont nous n'avons plus d'idée. Cela est tout simple. La cité antique, messieurs, était en réalité une famille; tous y étaient du même sang. Les luttes qui chez nous divisent la famille, l'Église, l'État, n'existaient pas alors; nos thèses sur la séparation de l'Église et de l'État, sur les écoles libres et les écoles d'État, n'avaient aucun sens. La cité était à la fois la famille, l'Église et l'État.

Une telle organisation, je le répète, n'était possible que dans de très-petites républiques, fondées sur la noblesse de race. Dans de grands États, une pareille maîtrise exercée sur les choses de l'âme eût été une insupportable tyrannie. Entendons-nous sur ce qui constituait la liberté dans ces vieilles cités grecques. La liberté, c'était l'indépendance de la cité, mais ce n'était nullement l'indépendance de l'individu, le droit de l'individu de se développer à sa guise, en dehors de l'esprit de la cité. L'individu qui voulait se développer de la sorte s'expatriait; il allait coloniser, ou bien il allait chercher un asile dans quelque grand État, dans un royaume où le principe de la culture intellectuelle et morale n'était pas si étroit. On était probablement plus libre, dans le sens moderne, en Perse qu'à Sparte, et ce fut justement ce que cette vieille discipline des Hellènes avait de tyrannique qui fit verser le monde du côté des grands empires, tels que l'empire romain, où des gens de toute provenance se trouvaient confondus sans distinction de race et de sang.

L'empire romain, messieurs, négligea tristement l'instruction publique, et certainement ce fut là une des causes de sa faiblesse. Je suis persuadé que, si les bons empereurs qui se succédèrent de Nerva à Marc-Aurèle avaient porté d'une manière plus suivie leur attention du côté de l'éducation populaire, la prompte décadence de la machine impériale eût été évitée. Le christianisme fit ce que l'empire n'avait pas su faire. A travers mille persécutions, malgré des lois vexatoires et toutes faites pour empêcher les associations privées des citoyens, le christianisme ouvrit l'ère des grands efforts libres, des grandes associations en dehors de

l'État. Il prit l'homme plus profondément qu'on ne l'avait pris
jusque-là. L'Église fit revivre en un sens la cité grecque, et créa,
au milieu du froid glacial d'une société égoïste, un petit monde
où l'homme trouva des motifs de bien faire et des raisons d'aimer.
A partir du triomphe du christianisme au ive siècle, l'État et la
cité abdiquent à peu près complètement tout droit sur l'éducation;
l'Église en est seule chargée; et voyez, messieurs, combien il est
dangereux de suivre dans les choses humaines une direction
exclusive: cette association des âmes, qui a si fort élevé le niveau
de la moralité humaine, réduit l'esprit humain durant six ou sept
cents ans à une complète nullité; rappelez-vous ce que furent le
vie, le viie, le viiie, le ixe, le xe siècle: un long sommeil durant
lequel l'humanité oublia toute la tradition savante de l'antiquité
et retomba en pleine barbarie.

Le réveil se fit en France; il se fit à Paris, au moment où Paris
a été le plus complètement et le plus légitimement le centre de
l'Europe, sous Philippe-Auguste, ou, pour mieux dire, sous
Louis le Jeune et Suger,[1] à l'époque d'Abélard.[2] Alors se fonda
quelque chose d'admirable et extraordinaire, je veux parler de
l'université de Paris, bientôt imitée dans toute l'Europe latine.
L'université de Paris, qui commence à paraître vers 1200, est,
dis-je, quelque chose de tout à fait nouveau et original. Elle naît
de l'Église, elle naît au parvis Notre-Dame, elle reste toujours
plus ou moins sous la surveillance souvent jalouse de l'Église, et,
à l'époque de la Révolution, les grades de l'université de Paris
étaient encore conférés par le chancelier de Notre-Dame. Mais
un pouvoir nouveau, qui grandissait alors, le roi de France, la
prend sous sa tutelle et la soustrait en grande partie à la juridiction
ecclésiastique. Le roi de France, en proclamant l'université de
Paris sa Fille aînée, émancipa en réalité l'enseignement, et créa
ce grand régime des corporations enseignantes, à demi indépendantes de l'État, possédant de grands biens en dehors de l'État,
qui a porté et porte encore en Allemagne et en Angleterre de si

[1] 1081–1151. Abbot of Saint Denis and Minister of Louis VI and
Louis VII. Regent of France, 1147–49, during Louis VII's absence on
a crusade.
[2] Pierre Abélard, philosopher and theologian (1079–1142).

bons fruits. La réforme protestante, dans les pays qui l'adoptèrent, acheva l'émancipation des universités et donna à l'école auprès de l'église, et presque à l'égal de l'église, une place qu'elle n'avait pas encore eue jusque-là. Dans les pays catholiques, au contraire, l'importance prise par la compagnie de Jésus[1] amoindrit les universités et donna à l'éducation une direction, selon moi, très-critiquable. Mais arrivons à notre temps et au système qui, à la suite de bien des tâtonnements depuis l'assemblée nationale de 1789 jusqu'à nos jours, semble s'être établi dans les mœurs, et qu'on peut considérer comme une espèce de charte intervenue, après de longs débats, pour mettre d'accord des prétentions également légitimes.

Ce qui caractérise toutes les œuvres de la révolution française, messieurs, c'est l'exagération de l'idée de l'État. Bien plus entraînés par un puissant enthousiasme que réglés par le sentiment de la réalité, les hommes de ce temps crurent qu'il était possible, dans nos grandes nations modernes, de revenir à l'idée du citoyen antique, ne vivant que pour l'État. C'était là une noble erreur. Sans doute l'homme moderne a une patrie, et pour cette patrie il saura, s'il le faut, égaler les actes les plus loués de l'héroïsme antique; mais cette patrie ne saurait être un moule étroit, une espèce d'ordre militaire comme Sparte et les républiques de l'antiquité. Nos États modernes sont trop grands pour cela. La patrie est selon nous une libre société que chacun aime parce qu'il y trouve les moyens de développer son individualité, mais qui ne doit être une gêne pour personne. La révolution française ne comprit pas cela suffisamment, ou du moins elle l'oublia, car ses premières vues sur l'éducation furent admirables. Presque tous les cahiers des états généraux (les vrais programmes de la Révolution) insistaient à la fois et sur la création d'un système général d'instruction publique, et sur la proclamation de la liberté

---

[1] Founded 1534. Came to France in the reign of Henry II and opened their first school in Paris, the Collège de Clermont (subsequently Collège Louis-le-Grand) in 1561. Henry IV expelled them, but himself recalled them in 1603. From then until their suppression by Pope Clement XIV in 1773, they exercised a great influence on French education. Re-established by Pius VII in 1814, they returned to France in 1815 but were expelled again in 1880. They have come back since 1919.

de l'enseignement. C'était la vérité. On est frappé de ce qu'il
y eut, dans ces premiers instincts de la révolution, de droiture et
de justesse. Le plan de M. de Talleyrand, lu aux séances des 10
et 11 septembre 1791 à l'Assemblée constituante, est la plus
remarquable théorie de l'instruction publique qu'on ait proposée
en notre pays. La part de la liberté y est assez large. Elle l'est
déjà moins dans le plan présenté par Condorcet à l'Assemblée
législative, le 20 avril 1792. Une sorte de roideur de sectaire, qui
sûrement a sa grandeur, commence à faire méconnaître les
nécessités de la vie réelle. C'est bien pis à la Convention : Sparte
est le rêve universel. L'enfant, selon les idées souvent énoncées
vers ce temps, doit être enlevé à sa famille pour être élevé selon
les vues de l'État ; les parents (les vrais éducateurs, messieurs, ne
l'oubliez jamais) sont tenus en suspicion. On était dans un état
de fièvre étrange ; les idées les plus contradictoires se produisaient.
Au milieu de ces rêves, on est heureusement surpris de voir la
terrible assemblée proclamer, à un moment, 'la liberté de l'enseignement'. Ce mot ne fut qu'un éclair passager. Les plans du Directoire et du Consulat versèrent dans le sens d'un enseignement
donné en principe uniquement par l'État. L'enseignement devint
d'abord une fonction de l'État, puis l'œuvre d'une corporation
totalement dépendante de l'État. L'organisation de l'instruction
publique de 1802 et l'Université impériale[1] de 1806 sont fondées
sur ce principe. L'éducation de cette époque est toute militaire ;
chaque école est un régiment divisé en compagnies, avec des
sergents et des caporaux ; tout se fait au bruit du tambour ; on
veut former des soldats bien plus que des hommes. L'être intérieur est tout à fait négligé. La part faite à la religion et à la
morale est presque nulle. Sûrement, la religion figure au règlement ; elle a ses heures, ses exercices, mais c'est une religion
officielle, une religion de régiment, quelque chose comme une
messe militaire, où l'on fait l'exercice et où l'on n'entend que le
bruit des fusils et du commandement. De la vraie religion et de
la vraie morale, de celle qu'on puise dans une tradition de famille,
dans les leçons d'une mère, dans les loisirs rêveurs d'une jeunesse
libre, il n'y en avait pas une trace. De là ce quelque chose de sec,

[1] Vide p. 67, n. 1.

de brutal et d'étroit qui caractérise ce temps. Les petits séminaires seuls, tolérés, mais strictement limités, offrirent une échappatoire à cette compression; là put se former l'âme poétique d'un Lamartine; rappelez-vous le premier moment de colère du grand poëte contre ' ces hommes géométriques, qui seuls avaient alors la parole, et qui nous écrasaient, nous autres jeunes hommes, sous l'insolente tyrannie de leur triomphe croyant avoir desséché pour toujours en nous ce qu'ils étaient parvenus en effet à flétrir et à tuer en eux, toute la partie morale, divine, mélodieuse de la pensée humaine. Rien ne peut peindre à ceux qui ne l'ont pas subie l'orgueilleuse stérilité de cette époque.'

Je ne raconterai pas les luttes qui suivirent et qui sont tout à fait de l'histoire contemporaine. Qu'il suffise de dire qu'une sorte de concordat semble s'être établi entre ceux qui voudraient que l'État seul enseignât et ceux qui voudraient que l'instruction fût livrée entièrement à l'initiative privée. Dans ce nouveau système, messieurs, l'État joue le rôle de zélateur, de principal promoteur des études: il fait pour elles des sacrifices pécuniaires, les villes en font aussi; la société, enfin, s'occupe activement d'un intérêt qu'elle sent bien être majeur pour elle; mais elle ne force personne. Le père assez coupable pour ne pas donner l'éducation à son fils, elle ne le punit pas. Le père qui ne veut pas des écoles de l'État en a d'autres à son choix. Je n'examine pas si, dans la pratique, cet idéal est bien réalisé; je ne rechercherai pas surtout si l'État porte dans la direction de l'instruction publique l'esprit libéral et solide qui conviendrait en pareille matière. Je ne m'occupe que du système général. Ce système, je l'adopte pour ma part, comme conciliant assez bien, s'il était loyalement pratiqué, les droits de la famille et les droits de l'État.

Il est clair en effet, messieurs, qu'un système d'éducation analogue à celui de l'antiquité grecque, un système uniforme, obligatoire pour tous, enlevant l'enfant à sa famille, l'assujettissant à une discipline où la conscience du père pourrait être blessée, un tel système, dis-je, est de nos jours absolument impossible. Loin d'être une machine d'éducation, ce serait là une machine d'abrutissement, de sottise et d'ignorance. Les conceptions du temps de la Révolution (si l'on excepte le plan de Talleyrand), et

surtout l'Université de Napoléon Ier, furent frappées à cet égard
d'un défaut irrémédiable. Lisez le règlement des études de 1802;
vous y lisez ce qui suit: 'Tout ce qui est relatif aux repas, aux
recréations, aux promenades, au sommeil se fera par compagnie...
Il y aura dans chaque lycée une bibliothèque de 1,500 volumes;
toutes les bibliothèques contiendront les mêmes ouvrages. Aucun
autre ouvrage ne pourra y être placé sans l'autorisation du ministre
de l'intérieur.'

Voilà ce que M. Thiers appelle 'la création la plus belle peut-
être du règne de Napoléon'. Nous nous permettons de ne pas
être de son avis. Cette uniformité d'éducation, cet esprit officiel
serait la mort intellectuelle d'une nation. Non, tel n'est nullement
notre idéal. L'État doit maintenir un niveau, non l'imposer.
Même sur la question de savoir si l'État doit déclarer obligatoire[1]
un certain *minimum* d'enseignement, j'hésite. Qu'il y ait obligation
morale pour le père de donner à son fils l'instruction nécessaire,
celle qui fait l'homme, cela est trop clair pour avoir besoin d'être
dit. Mais faut-il écrire cette obligation dans la loi, l'y écrire avec
une sanction pénale? eh bien, je le répète, j'hésite. Un père, une
mère (et ce cas sera fréquent) se chargeront de donner ou faire
donner chez eux à leur enfant l'éducation qui leur paraît la meilleure, comment constatera-t-on que cette éducation est l'équiva-
lent de celle qui se donne à l'école primaire? Fera-t-on subir un
examen à l'enfant? Cet examen m'inquiète. Qui le fera subir?
Sur quoi portera-t-il? Sûrement, si des personnes pratiques
m'assuraient qu'une telle législation est nécessaire pour rompre
ce poids d'ignorance qui nous écrase, j'y consentirais; mais je ne
crois pas qu'il en soit ainsi. Il n'en est pas de même de la gratuité
de l'instruction primaire; celle-là est désirable; il faut que le père
qui ne donne pas l'instruction à son fils soit inexcusable. Que le
blâme du public s'attache à lui, à la bonne heure! mais je ne veux
rien de plus. La vraie sanction à cet égard, comme pour toutes
les choses d'ordre moral, est de laisser se constituer par la liberté
une forte opinion publique qui soit sévère pour tant de méfaits
que la loi n'atteindra jamais.

[1] Jules Ferry (1832–93), first established the triple principle of 'gratuité'
'obligation', 'laïcité', in his law on primary education, 1882.

Une distinction capitale, du reste, doit ici être faite, et cette distinction va nous permettre de pénétrer plus profondément dans notre sujet. Entre les parties si diverses dont se compose la culture de l'homme, il en est que l'État peut donner, peut seul bien donner; il en est d'autres pour lesquelles l'État est tout à fait incompétent. La culture morale et intellectuelle de l'homme, en effet, se compose de deux parties bien distinctes: d'une part, l'*instruction*, l'acquisition d'un certain nombre de connaissances positives, diverses selon les vocations et les aptitudes du jeune homme; d'autre part, l'*éducation*, l'éducation, dis-je, également nécessaire à tous, l'éducation qui fait le galant homme, l'honnête homme, l'homme bien élevé. Il est clair que cette seconde partie est la plus importante. Il est permis d'être ignorant en bien des choses, d'être même un ignorant dans le sens absolu du mot; il n'est pas permis d'être un homme sans principes de moralité, un homme mal élevé. Que ces deux éléments fondamentaux de la culture humaine puissent être séparés, hélas! cela est trop clair. Ne voit-on pas tous les jours des hommes fort savants dénués de distinction, de bonté, parfois d'honnêteté? Ne voit-on pas, d'un autre côté, des personnes excellentes, délicates, distinguées, livrées à toutes les suggestions de l'ignorance et de l'absurdité? Il est clair que la perfection est de réunir les deux choses. Or, de ces deux choses, il en est une, l'instruction, que l'État seul peut donner d'une façon éminente; il en est une autre, l'éducation, pour laquelle il ne peut pas grand chose. Livrez l'instruction à l'initiative et au choix des particuliers, elle deviendra très-faible. La dignité du professeur ne sera pas assez gardée, l'appréciation de son savoir se trouvera livrée à des jugements arbitraires et superficiels. Livrez, d'un autre côté, l'éducation à l'État, il fera son possible, il n'aboutira qu'à ces grands internats,[1] héritage malheureux des jésuites du XVIIe et du XVIIIe siècle, où l'enfant séparé de la famille, séquestré du monde et de la société de l'autre sexe, ne peut acquérir ni distinction ni délicatesse. Je l'avoue, autant je maintiens le privilège de l'État sur l'enseignement pro-

[1] Cf. the interesting description in the opening pages of Balzac's *Louis Lambert*, founded on his own experience at the Collège de Vendôme.

prement dit, autant je voudrais voir l'État renoncer à ses internats ; la responsabilité y est trop grande ; la famille seule peut ici apporter une efficace collaboration. L'éducation, c'est le respect de ce qui est réellement bon, grand et beau ; c'est la politesse, charmante vertu, qui supplée à tant d'autres vertus ; c'est le tact, qui est presque de la vertu aussi. Ce n'est pas un professeur qui peut apprendre tout cela.

Cette pureté, cette délicatesse de conscience, base de toute solide moralité, cette fleur de sentiment qui sera un jour le charme de l'homme, cette finesse d'esprit consistant toute en insaisissables nuances, où l'enfant et le jeune homme peuvent-ils l'apprendre ? Dans les livres, dans des leçons attentivement écoutées, dans des textes appris par cœur ? oh ! nullement, messieurs ; ces choses-là s'apprennent dans l'atmosphère où l'on vit, dans le milieu social où l'on est placé ; elles s'apprennent par la vie de famille, non autrement. L'instruction se donne en classe, au lycée, à l'école ; l'éducation se reçoit dans la maison paternelle ; les maîtres, à cet égard, c'est la mère, ce sont les sœurs. Rappelez-vous, messieurs, ce beau récit de Jean Chrysostome sur son entrée à l'école du rhéteur Libanius, à Antioche. Libanius avait coutume, quand un élève nouveau se présentait à son école, de le questionner sur son passé, sur ses parents, sur son pays. Jean, interrogé de la sorte, lui raconta que sa mère Anthuse, devenue veuve à vingt ans, n'avait pas voulu se remarier pour se consacrer tout entière à son éducation. 'O dieux de la Grèce, s'écria le vieux rhéteur, quelles mères et quelles veuves parmi ces chrétiens !' Voilà le modèle, messieurs. Oui, la femme profondément sérieuse et morale peut seule guérir les plaies de notre temps, refaire l'éducation de l'homme, ramener le goût du bien et du beau. Il faut pour cela reprendre l'enfant, ne pas le confier à des soins mercenaires, ne se séparer de lui que pendant les heures consacrées à l'enseignement des classes, à aucun âge ne le laisser tout à fait séparé de la société des femmes. Je suis si convaincu de ces principes, que je voudrais voir introduire chez nous un usage qui existe chez d'autres nations, et qui produit d'excellents résultats : c'est que les écoles des deux sexes soient séparées le plus tard possible, que l'école soit commune aussi longtemps que cela se peut, et que cette école commune soit dirigée par une femme. L'homme, en présence de la femme, a le sentiment de quelque chose de plus faible, de plus délicat, de plus distingué que lui. Cet instinct obscur et profond a été la base de toute civilisation, l'homme puisant dans ce sentiment le désir de se subordonner, de rendre service à l'être plus faible, de lui prouver sa secrète sympathie par des complaisances et des politesses. La société de l'homme et de la femme est ainsi essentiellement éducatrice. L'éducation de l'homme est impossible sans femmes. On dit, je crois, que la séquestration que je combats se fait dans l'intérêt de la morale ; je suis persuadé qu'elle est une des causes de ce peu de respect pour la femme qu'on regrette de trouver dans une certaine jeunesse. La jeunesse allemande a sûrement des mœurs plus pures que la nôtre, et cependant son éducation est beaucoup plus libre, bien moins casernée.

Vous tracez là me dira-t-on, un idéal chimérique. Même dans une grande ville, un tel système d'éducation, avec nos mœurs, serait très-difficile. Dans les petites villes, dans les campagnes, il est impossible ; l'internat est la conséquence nécessaire de ce fait que toute famille n'a pas à sa portée un établissement d'instruction où elle puisse envoyer ses enfants.' — Je sais qu'un tel idéal sera dans beaucoup de cas difficile à réaliser. Ce que je maintiens seulement, c'est que l'internat doit toujours être un pis aller. Même dans les cas où la séparation de l'enfant et de sa famille est nécessaire, je voudrais qu'on se passât le plus possible de ce moyen désespéré. En Allemagne, pays si avancé pour ce qui touche aux questions d'éducation, il n'y a presque pas d'internats. Comment s'y prend-on ? Si l'on est obligé de se séparer de son enfant, on le met chez des parents, chez des amis, chez des pasteurs, chez des professeurs réunissant dans leur maison une dizaine d'élèves. A un âge où nous croyons que l'enfant a besoin d'être surveillé à toute heure, on ne craint pas de le livrer à lui-même ; on le charge de se loger, de se nourrir, de se conduire dans une grande ville. Permettez-moi de rappeler ici un souvenir d'enfance. Je suis né dans une petite ville de basse Bretagne, où se trouvait un collège tenu par de respectables ecclésiastiques, qui enseignaient fort bien le latin. Il s'exhalait de cette pieuse maison un parfum de vétusté qui, quand j'y pense, m'enchante encore ; on se fût cru transporté au temps de Rollin[1] ou des solitaires de Port-Royal.[2] Ce collège donnait l'éducation à toute la jeunesse de la petite ville et des campagnes dans un rayon de six ou huit lieues à la ronde. Il comptait très-peu d'internes. Les jeunes gens, quand ils n'avaient pas leurs parents dans la ville, demeuraient chez les habitants, dont plusieurs trouvaient dans l'exercice de cette hospitalité de petits bénéfices; les parents, en venant le mercredi au marché, apportaient à leurs enfants les provisions de la semaine; les chambrées faisaient le ménage en commun avec beaucoup de cordialité, de gaieté et d'économie. Ce système était celui du moyen âge; c'est encore celui de l'Angleterre et de l'Allemagne. Que si nos mœurs ne comportaient pas de tels arrangements, que si la forme nouvelle de Paris se prête en particulier aussi peu que possible à ce que cette ville reste ce qu'elle a toujours été, une ville d'études, je demanderais au moins une chose, c'est que les pensionnats, s'il en fut, ne soient pas tenus par l'État, qu'ils soient des établissements privés placés sous la surveillance des parents et choisis par eux en toute responsabilité.

Responsabilité, mot capital, messieurs, et qui renferme le secret de presque toutes les réformes morales de notre temps. Certes, il est commode de déléguer à d'autres ce poids de la conscience qui fait notre noblesse et notre fardeau; mais aucune de ces délégations n'est valable. Le tort de nos vieilles habitudes françaises, en fait d'éducation comme en bien d'autres choses, était de chercher à diminuer la responsabilité. Les parents n'avaient qu'un seul désir, trouver une bonne maison à laquelle ils pussent confier leur enfant en toute sûreté de conscience, afin de n'avoir plus à y penser. Eh bien, cela est très-immoral. Rien ne dégage l'homme de ses devoirs, de sa responsabilité devant Dieu. Cette manière de placer l'enfant durant son éducation hors du milieu de la famille est, je le répète, un héritage du système introduit par

---

[1] Charles Rollin (1661–1744). Head of the Collège de Beauvais (1699) and Rector of the University in 1691 and again in 1720.

[2] Men who had withdrawn from the world and taken up residence in the neighbourhood of Port-Royal des Champs, under the impulse of l'Abbé de Saint-Cyran (1581–1643), the convent's spiritual director. There they founded Les Petites Écoles in 1638. These were suppressed in 1660.

les jésuites, lesquels ont si souvent égaré les idées de notre pays en fait d'éducation. Quelle fut la tactique des jésuites au XVIe et au XVIIe siècle pour arriver à leur but, qui était d'attirer à eux l'éducation de la jeunesse? Elle fut bien simple. On s'emparait de l'esprit de la mère, on lui exposait le poids terrible que ferait peser sur elle devant Dieu l'éducation de ses enfants. Puis on lui offrait un moyen fort commode pour échapper à cette responsabilité, c'était de les confier à la Société. On lui expliquait avec toutes les précautions possibles qu'elle n'avait pas compétence pour des matières aussi graves, qu'il fallait se démettre d'un tel soin sur les docteurs autorisés (erreur énorme! en pareille matière le docteur autorisé, messieurs, c'est la mère). Remis aux meilleurs maîtres, l'enfant ne chargeait plus la conscience de ses parents. Hélas! la mère, trop souvent frivole, écoutait volontiers ce discours; elle-même n'était peut-être pas fâchée de se voir débarrassée de soins austères. Tout le monde, de la sorte, était content; la mère était à la fois tout entière à ses plaisirs et sûre de gagner le ciel; le révérend père le garantissait. Ainsi fut consommée cette séparation fatale de la mère et de l'enfant; ainsi fut infligée à nos mœurs nationales leur plus cruelle blessure; ainsi furent fondés ces gigantesques établissements dont l'ancien collége Louis-le-Grand (alors appartenant aux jésuites) donna le premier modèle. L'invention fut trouvée admirable; elle était funeste, et nous ne l'avons pas encore expiée. La femme abdiqua sa plus noble tâche, la tâche qu'elle seule peut remplir. La famille, loin d'être tenue pour la base de l'éducation, fut regardée comme un obstacle. On la mit en suspicion; on l'écarta le plus possible, on prémunit l'enfant contre l'influence de ses parents; les jours de sortie furent présentés comme des jours de danger pour lui. L'Université elle-même imita plus qu'elle ne l'aurait dû les internats jésuitiques, et cette organisation à la façon d'un régiment devint le trait fondamental de l'éducation française. Je crois qu'il n'en peut rien sortir de bon. L'église, le monastère, le collége du moyen âge (bien différent de nos lycées), ont à leur manière élevé l'homme, créé un type d'éducation plus ou moins complet. Une seule chose n'a jamais élevé personne, c'est la caserne. Voyez le triste souvenir que gardent souvent nos jeunes gens de ces années qui devraient être les plus heureuses de leur vie. Voyez combien peu rapportent de cette vie d'internat des principes solides de morale et ces instincts profonds qui mettent l'homme en quelque sorte dans l'heureuse incapacité de mal faire. Une règle uniforme ne saurait produire d'individualités distinguées. L'affection du maître et des élèves est, dans de telles combinaisons, presque impossible.

Quel est le maître, en effet, avec lequel l'interne d'un lycée est le plus souvent en rapport? C'est le surveillant, le maître d'étude. Il y a parmi ces maîtres respectables bien des dévouements cachés, d'honorables abnégations; mais je crains qu'il ne soit toujours impossible à l'État de former un corps de maîtres d'étude qui soit à la hauteur de ses fonctions. Il n'en est pas ainsi pour les professeurs; seul, je l'ai dit, l'État aura un corps de professeurs éminents. Pour les maîtres d'étude, c'est tout l'inverse. Condamné à une position subalterne à l'égard des professeurs et de l'administration, le corps des surveillants dans les établissements de l'État, malgré de très-honorables exceptions, laissera toujours à désirer. Or un pareil corps, presque insignifiant si l'État se borne à son vrai rôle, qui est de donner l'instruction dans des externats, devient le plus important si l'État s'impose la tâche difficile de former l'homme tout entier.

Une grande différence se remarque encore à cet égard entre nos mœurs et celles de l'Angleterre et de l'Allemagne. En Angleterre, en particulier, l'éducation est beaucoup moins surveillée dans le détail que chez nous. Vous allez sentir le contraste par un exemple. Chez nous, chaque élève reçoit un devoir journalier. Non-seulement le professeur vérifie si le devoir est fait; mais, dans l'intervalle des deux classes, des précautions sont prises pour que l'élève le fasse. On l'enferme à certaines heures dans une salle; pendant ce temps, il est surveillé, on lui interdit la lecture des livres étrangers à la tâche du jour; un maître d'étude est chargé de l'aiguillonner sans cesse. En Angleterre, les choses se passent autrement. Si l'élève, revenant en classe, n'a pas fait son devoir, il est très-sévèrement puni. Dans l'intervalle, on le laisse libre; s'il lui plaît de faire tout d'abord son travail, s'il lui plaît d'attendre à la dernière heure, cela le regarde. Toute lecture, non immorale, lui est permise. Que la tâche soit faite, voilà tout ce qu'on lui demande. Je préfère cette méthode; elle inculque mieux le sentiment du devoir. L'excès des mesures préventives paraît de la sagesse; il n'a qu'un inconvénient, c'est de couper du même coup la racine du bien et celle du mal, c'est-à-dire la liberté. Tout ce qui réduit l'homme à l'état d'automate lui enlève sa valeur, et prépare l'abaissement de la nation assez imprudente pour croire qu'on affermit l'ordre social en affaiblissant l'individu.

En toute chose, mesdames et messieurs, revenons aux traditions qu'un christianisme éclairé et une saine philosophie sont d'accord pour nous enseigner. Le trait le plus glorieux de la France est qu'elle sait mieux qu'aucune autre nation voir ses défauts et se critiquer elle-même. En cela, nous ressemblons à Athènes, où les gens d'esprit passaient leur temps à médire de leur ville et à vanter les institutions de Sparte. Croyons que nous continuerions mal la brillante et spirituelle société des deux derniers siècles en n'étant que frivoles. C'est mal honorer ses ancêtres que de n'imiter que leurs défauts. Prenons garde de pousser à outrance ce jeu redoutable qui consiste à user sans rémission les forces vives d'un pays, à faire comme les cavaliers arabes qui poussent au galop leur cheval jusqu'au bord du précipice, se croyant toujours maîtres de l'arrêter.—Le monde ne tient debout que par un peu de vertu; dix justes obtiennent souvent la grâce d'une société coupable; plus la conscience de l'humanité se déterminera, plus la vertu sera nécessaire. L'égoïsme, la recherche avide de la richesse et des jouissances ne sauraient rien fonder. Que chacun donc fasse son devoir, messieurs. Chacun à son rang est le gardien d'une tradition qui importe à la continuation de l'œuvre divine ici-bas. Tous nous sommes frères en la raison, frères devant le devoir, frères devant Dieu. L'égalité absolue n'est pas dans la nature. Il y aura toujours des individus plus forts, plus beaux, plus riches, plus intelligents, plus doués que d'autres. C'est devant Dieu et devant le devoir que l'égalité est parfaite. A ce tribunal, le pauvre courageux et sans envie, l'homme simple mais dévoué, la femme obscure qui remplit bien sa tâche de tous les jours, sont supérieurs au riche qui éblouit le monde par son opulence, à l'homme vain qui remplit la terre de son nom. Il n'y a pas d'autre grandeur que celle du devoir accompli; il n'y a pas non plus d'autre joie. Étrange est assurément la situation de l'homme placé entre les dictées impérieuses de la conscience morale et les incertitudes d'une destinée que la Providence a voulu couvrir d'un voile. Écoutons la conscience, croyons-la. Si, ce qu'à Dieu ne plaise! le devoir était un piège tendu devant nous par un génie décevant, il serait beau d'y avoir été trompé. Mais il n'en est rien, et, pour moi, je tiens les vérités de la religion naturelle pour aussi certaines à leur manière que celles du monde réel. Voilà la foi qui sauve, la foi qui nous fait envisager autrement que comme une folle partie de joie les quatre jours que nous passons sur cette terre; la foi qui nous assure que tout n'est pas vain dans les nobles aspirations de notre cœur; la foi qui nous raffermit, et qui, si par moments les nuages s'amoncellent à l'horizon, nous montre, par delà les orages, des champs heureux où l'humanité, séchant ses larmes, se consolera un jour de ses souffrances.

ALPHABETICAL LIST OF
KINGS AND EMPERORS OF FRANCE,
MENTIONED IN THE TEXT

Charles le Gros	884–888
Charles VI	1380–1422
Charles VII	1422–1461
Charles IX	1560–1574
Charles X	1824–1830
François I	1515–1547
Henri II	1547–1559
Henri III	1574–1589
Henri IV	1589–1610
Jean II	1350–1364
Louis VI (le Gros)	1108–1137
Louis VII (le Jeune)	1137–1180
Louis IX (Saint Louis)	1226–1270
Louis XI	1461–1483
Louis XIV	1643–1715
Louis XV	1715–1774
Louis XVI	1774–1792
Louis-Philippe I (Roi des Français)	1830–1848
Napoléon I	
Consul	1800–1804
Empereur	1804–1814
Napoléon III	
Président	1848–1852
Empereur	1852–1870
Philippe-Auguste	1180–1223
Philippe IV (le Bel)	1285–1314
Philippe VI (de Valois)	1328–1350

For EU product safety concerns, contact us at Calle de José Abascal, 56–1°,
28003 Madrid, Spain or eugpsr@cambridge.org.